U0611372

大雅

为一种品格注脚

新师说
XINSHISHUO

DABIANGE SHIDAI DE
ZHEXUE

大变革时代的哲学

孙伟平 著

广西人民出版社

　　孙伟平，1966年生于湖南常德，1996年毕业于中国人民大学哲学系，哲学博士。现为上海大学社会科学学部教授，博士生导师，《世界哲学》杂志主编，中国现代文化学会副会长，中国辩证唯物主义研究会副会长。曾任中国社会科学院哲学研究所副所长。"百千万人才工程"国家级人选，获国家"有突出贡献中青年专家"称号，享受国务院特殊津贴。主要从事价值论、伦理学、社会历史观和文化问题研究，著有《事实与价值》《伦理学之后》《信息时代的社会历史观》等，发表论文300多篇。

出版说明

　　每个时代的优秀教师，都以他们独特的言说影响着时代的精神状况乃至历史走向。今天仍然如此。因是，以出版的形式保存并共享这些珍贵的声音，以加深这种影响的广度和深度，是我们尝试"新师说"丛书的初衷。

　　早在人类轴心时代，柏拉图学园的门扉上就镌刻着"不懂几何学者不得入内"，学园里的教师们极深研几，试图以像数学一样精确的方式，对复杂而微妙的世界进行解释和分析，并赋予它们以秩序。孔子杏坛讲学，目的也是传授一种贯通天道与人伦的法则，这种法则既是宇宙的动力，也是我们日常生活与内心秩序的基础。此外，他们还试图唤醒一种行动的力量，一种合理塑造这个世界的简便方法。这些，对后世影响至深。

　　在今天，即使那些最好的教师或许都不再具有以上雄心。但哪怕是出于功利化的考量，他们的工作也并非可有可无。一旦跳出宏大的历史之流，把他们放到具体而微的时代横剖面，我们就能意识到这一点。他们对经典的熟稔以及对时代的感知，使得传统呈现出历久弥新的光亮，也使得时代的问题在一个不一样的视野中被照察。这些，对于我们处理今天的问题，无疑是富于启示性和建设性的。

　　除此之外，我们也有着其他方面的兴趣，我们希望保持足够的开放性，以面向世界与人本身的丰富性，以及思想的诸多可能。课堂蕴含着无限宝藏，积历史之厚，展未来之阔，愿"新师说"延续古老的"师说"传统，一如我们先人以及很多文明在传承中所做的那样。

目　录

导论　变革时代的"时代精神"

　　智慧的人，推着时代的列车向前走；愚钝的人，被时代的列车拖着走！

　　时代是对"时间之流"的一种描绘。它是从经济、政治、科技等视角对人类社会发展的特定阶段的高度概括，是对一定历史时期人类社会的基本特征和发展趋向的综合反映。时代的洪流披荆斩棘，滚滚向前，是无论什么人都阻挡不了的！

　　任何一个时代都是鲜活的，都有与之相适应的时代精神。这种精神是反映社会进步的发展方向、引领时代潮流、为社会成员普遍认同和接受的哲学理念、价值观念、思维方式等的综合体现。变化着的时代精神不仅是时代发展的重要标志，而且是推动社会发展的重要动力。

　　考察哲学在现时代的适应性和生命力，必须批判性地反思哲学与现时代的关系，特别是以创新的姿态，与时俱进地发展哲学，使之准确地捕捉、反映时代精神，成为"时代精神的精华"。

一、真正的哲学是"时代精神的精华"

哲学与时代的关系，历来是一个意味深长的有趣话题。

黑格尔曾经悲观地认为，哲学的产生总是落后于时代，"密涅瓦的猫头鹰要等黄昏到来才会起飞"。确实，哲学因其冷静的"反思"等特性，往往落后于时代的生活实践，人们甚至常常发现哲学在重大现实问题面前"失语"。

然而，这并不一定是哲学的"常态"。真正的哲学是勇敢的，也是敏感的，敢于直面时代的变迁，敢于应对生活实践的挑战，敢于并敏于对生活实践的问题作出回应。例如，作为"实践的唯物主义者"，马克思就并不满足于"解释世界"的哲学。他突破理论与实践的截然二分，明确地将哲学的主旨调整为"改变世界"，要做为人类解放报晓的"高卢雄鸡"，表现出强烈的现实针对性、历史使命感和时代责任感。马克思波澜壮阔的一生，既是与现存社会不妥协战斗的一生，也是为人类的美好未来孜孜求索的一生。

实际上，哲学与时代之间，存在着密切的互动关系。

首先，任何哲学都是一定时代的产物，都具有鲜明的时代性。黑格尔曾经说过："每个人都是他那个时代的产儿。哲学也是这样。""妄想一种哲学可以超出它那个时代，这与妄想个人可以跳出他的时代，跳出罗陀斯岛，是同样愚蠢的。如果它的理论确实超越时代，而建设一个如其所应然的世界，那末这种世界诚然是存在的，但只存在于他的私见中，私见是一种不结实的要素，在其中人们可以随意想象任何东西。"①哲学作为"思想中所把握到的时代"，可以从孕育它的特定时代中，找到其产生和赖以存在的现实基础和理性根据。

其次，真正的哲学不仅是时代的产物，而且应该是"时代精神的精华"，"文明的活的灵魂"。马克思指出，哲学家并不像蘑菇那样，是从地里冒出来的，他们是自己的时代、自己的人民的产物，人民的最美好、最珍贵、最隐蔽的精髓都汇集在哲学思想里。黑格尔也曾指出，哲学是时代精神"最盛开的花朵"。哲学是活在思想中的时代，是思想所集中表现的时代内容，是时代精神的集中概括。哲学的价值就在于深刻体现自己时代的本质特征，反映自己时代的精神诉求，形成指导实践的独特智慧。当然，我们也必须指出，并非任何时代产生的任何哲学都正确地把握了"时代精神的精华"，触及了"文明的活的灵魂"。只有真正触摸到了自己所处时代的脉搏，从总体上把握了时代的特点和发展趋势，概括性地反映了时代的本质内涵，才是富有时代特色、具有时代水准的哲学。

再次，由于不同时代的异质性和实践差异，每一时代的哲学往往具有不同的内容和形式。时间是人类活动的空间。而人类活动具有自主性、目的性、计划性和创造性，也具有历史延续性和积累性；随着时间的一维单向流失，不同时代的人类活动往往具有内容和形式方面的质的差异；从而导致哲学思想的内容和表达形式发生变化。即是说，每一时代的哲学都是一种"历史的产物"，在不同的时代具有完全不同的内容和形式。因为哲学不但从内部就其内容来

---

① 黑格尔：《法哲学原理》，商务印书馆1961年版，第12页。

说，而且从外部就其形式来说，都必须和自己时代的科技发展、实践形式、生活方式和文化模式紧密接触，相互作用，给予重大的时代性问题以充满智慧、富于启迪的回答。例如，农业时代的生产方式基于"铁和火"，生产组织形式是以土地为核心的自给自足的小农经济；工业时代与机器的使用息息相关，按照"资本的逻辑"追求规模化、标准化的大机器生产，实行以市场为导向的专业化的分工、协作；信息时代肇始于信息科技革命和信息产业的崛起，基于互联网和全球市场的信息生产、传播和应用是典型的生产方式……不同时代的生活实践反映在哲学上，必然形成不同的哲学理念、价值观念、思维方式和哲学精神。

第四，哲学作为"时代精神"，对于时代的生活实践具有反作用。马克思深刻地指出：从前的哲学家们只是用不同的方式"解释世界"，而问题在于"改变世界"。真正的哲学不是虚构的"精神花朵"，不是闲人们的无病呻吟，而是从实际活动着的人出发、关注人的生活世界的哲学，是认识世界和改造世界的世界观和方法论，是反思和批判世界、治疗和变革世界的精神武器。只有密切关注哲学与时代、实践的互动关系，敏锐地反映时代走势和潮流，洞察社会发展的历史必然性，哲学才能与时俱进，成为时代前进的号角，社会变革的先导，解决具体问题的精神武器。

最后，真正的哲学不能停滞和僵化，必须随着时代的沧桑巨变而不断发展。恩格斯在论述哲学需要随着自然科学基础的发展而发展时说，随着自然科学领域中每一个划时代的发现，唯物主义也必然要改变自己的形式。随着时代主题的转换、科技创新的发展、实践方式的变化、社会关系的调整，作为时代精神之精华的哲学必然在关注重大现实问题和迎接各种质疑与挑战中增添新的内涵、注入新的活力,以新的理论观点、方法和精神满足时代的变迁和实践的需要,为各种时代性问题提供经得起实践检验的理论方案,或者为回答时代性问题开辟新的方向和道路。

可见,哲学是时代性的"大智慧",具有与时俱进的理论品质。真正的哲学总是站在时代潮头,倾听和把握时代的真切呼声,关注和反映实践中的各种矛盾,反思和求解实践中的各种问题,主导和参与时代的社会变革,并随着时代的发展而不断改变自身的形态。与时代绝缘、与生活实践没有任何关系的普适哲学,根本就不可能存在;背弃时代、脱离生活实践的哲学,也必将为时代和人民所抛弃。只有充满时代气息、不断丰富和发展的哲学,才能适应时代变迁的需要,具有无限的生机与活力,实现自身的功能和价值。

二、人类正处于一个大变革时代

历史的车轮滚滚向前。敏锐的人们早就注意到了:从历史发展的眼光宏观地看,当今时代正在发生重大变迁,我们正处在一个大变革时代。至少,如某些学者所指出的,相比马克思等经典作家所处的时代,当今时代已经发生了翻天覆地,甚至具有实质意味的变化!

这究竟是一个什么样的时代?时代的总特征到底发生了什么实质性的变化?不同的人可能会有不同的看法。但是,只要不怀偏见,那么,如下一些变化是越来越多的有识之士普遍关注的。

首先,从世界大格局看,当前仍然处于马克思、恩格斯所断言的无产阶级反对资产阶级、社会主义逐步取代资本主义的时代。

20世纪初，列宁根据时代的新变化曾对时代精神进行了新的概括，认为19世纪末20世纪初，人类社会进入了一个"帝国主义与无产阶级革命的时代"。在列宁看来，帝国主义是资本主义发展的最高阶段，是垄断的、腐朽的和垂死的资本主义；由于世界政治经济发展不平衡，不可避免地接连发生争夺市场和原料、争夺投资场所和势力范围、争夺世界霸权和扼杀弱小民族的帝国主义战争；战争必然引起革命，导致整个资本主义世界崩溃，进入无产阶级革命的时代；无产阶级革命是世界性的，要求各国工人阶级结成紧密的联盟，采取协调一致的革命行动。有学者对列宁的论断提出了一些异议，认为列宁对资本主义的生命力、自我调节能力和发展潜力估计不足；对帝国主义战争及其与无产阶级革命的关系的看法过于简约；对世界社会主义革命的进程和胜利前景过分乐观；只强调了国际阶级斗争，对民族国家的作用重视不够；等等。但是，列宁对他所生活时代的本质特点的认识是深刻的，与马克思、恩格斯的概括是一致的，认为时代主题仍然是无产阶级反对资产阶级、社会主义逐步取代资本主义，这一点在现代世界也没有过时。

当然，我们也必须正视苏东剧变后世界格局所发生的巨大变化。当今世界的时代主题已经不再是"革命与战争"，而是"和平与发展"。我们必须冷静观察当今时代的许多新情况、新问题，以及其所内蕴的哲学和文化意义。例如，由于苏东剧变，冷战结束，苏联模式的社会主义失败了，国际共产主义运动陷入了相对的低潮期；同时，发达资本主义国家不断进行内部调整，如对社会生产的无政府状态进行宏观调控，通过高工资、高福利政策改善工人阶级的生存与生活状况。但是，发达资本主义国家的经济、政治危机并未消失，金融危机和局部战争不断爆发，一些发展中的资本主义国家更是步履蹒跚，生产力和人民生活水平提升艰难。冷战结束后，两极对峙的格局基本终结，世界正朝着多极化方向发展。与此同时，历史并未像福山所说的那样真的"终结"，社会主义与资本主义的竞争、较量远未结束，它日益表现为能否全面、协调、可持续发展的竞赛，表现为对民众、民心的全面争取。此外，中国等社会主义国家的改革开放政策成就斐然，理论和实践中取得了许多突破性成果，如"社会主义初级阶段""社会主义市场经济""三个代表重要思想""以人为本的科学发展观""社会主义和谐社会""生态文明""四个全面与中国梦"……这令社会主义表现出强大的适应性和生命力。历史已经进入了一个新的"后冷战时代"。"后冷战时代"并不仅仅是时间上的"冷战之后"，而是具有更为深刻的内涵，即表征资本主义和社会主义将在一定时期内长期共存、相互竞争。这也是中国特色社会主义建设难以回避的国际环境。

其次，从人类文明的演进来看，我们正经历工业文明向生态文明的过渡，正迎来一个人与自然休戚相关的"生态时代"。

18世纪的英国工业革命拉开了工业时代的序幕。工业文明以人类征服自然、改造自然为主要特征。三百多年来，世界工业化导致人类征服自然的步伐登峰造极：一方面，创造了前所未有的生产力，创造了前人难以想象的物质财富，另一方面，也严重透支了环境，造成了越来越严重的全球性的生态危机。我们居住的美丽星球被破坏得千疮百孔，满目疮痍，不忍卒睹。在人类狂妄的贪婪和无以复加的自信心面前，曾经美丽的地球正在无声地呻吟，再也没有能力支撑工业文明的"高歌猛进"。

生态危机为工业文明"掠夺式"的发展敲响了丧钟。然而，人类无处可逃，地球是人类赖以生存、生活的唯一家园。与其说地球在人类活动面前尤显脆弱，需要我们的精心呵护，还不如说人类根本就离不开地球。如果地球毁灭了，人类也必将灭亡。古人尚且懂得："不违农时，谷不可胜食也；数罟不入洿池，鱼鳖不可胜食也；斧斤以时入山林，材木不可胜用也。"今天，我们更应该高扬哲学反思、批判的大旗，追寻一种新的文明形态，确保可持续发展的可能性。在这一背景下，"生态文明"走进了人们的视野，并日渐成为人们的普遍性共识。无论是主动迎接，还是被动接受，人类社会历史的脚步都正在迈进"生态时代"。

生态文明是人类批判和超越工业文明的结果，是人类文明发展理念的升华，发展道路和模式的新探索。作为人类文明的一种新形态，生态文明是人类社会历史文化发展的成果，也是可持续发展的目标。对于资源紧张、环境脆弱的中国来说，推进生态文明建设，建设美丽中国，实现中华民族永续发展，是不得已的正确选择，也是实现"中国梦"的重要内容，还为推动世界发展、探索新的文明形态注入了活力。

今天，中国已经吹响了生态文明的时代号角。生态文明成为治国理念，可以视为中国迈入生态时代的宣言书。那么，生态时代究竟包含哪些内涵？面对生态危机，我们应该怎么做？应该如何运用科学技术这把"双刃剑"？生产方式、生活方式如何与生态发展相协调？生态文明的背后隐含着人类价值观念和思维方式怎样的深刻变革？等等，这些既是发展过程中的重大理论问题，又是重大现实问题。

再次，随着信息科技的快速发展，特别是电脑、手机、互联网、物联网等高科技成果的普及性应用，人类正在迈入"后工业"

的"信息时代"。

信息技术深刻地改变了世界。人们生活在数字化、虚拟化、时空压缩化、开放式、交互式的电子时空，认识和实践活动的深度、广度得到实质性拓展，能动性、自由度前所未有地提高，人类面临着有史以来最诡异的一种生存变异和活动革命。社会生产方式、社会组织结构以及人们的生活方式、文化价值观念，都正在被迅速、彻底、全方位地改变，一种新型的技术社会形态——"信息社会"正在席卷世界的每一个角落。

信息时代和"信息社会"的到来，改变了哲学既有的理论视野，对既有哲学理论、方法提出了一系列尖锐的挑战。例如，信息"既不是物质也不是能量"，甚至不能简单划入意识范畴，这冲破了物质和意识的二分对立观；"电脑"的发展和机器思维、人机互补和互动、人工智能等的突破性进展，导致既有的思维或意识理论十分苍白，并对人作为"万物之灵"的地位提出了挑战；社会生产的全球规模的分工协作，虚拟实践、虚拟交往的出现，改变了实践的结构和形式，导致人类的生存和活动方式明显变化，实践与认识、知与行等之间的原则界限已经模糊；信息成为最重要的经济和社会资源，信息产业强势崛起，传统产业日益信息化，知识经济正在快速扩张，传统的资源观、资本观、劳动观、价值观、财富观、权力观等都在发生改变；虚拟技术发展迅速，虚拟族群、虚拟家庭、虚拟企业等大量涌现，社会组织方式正在重构，传统管理方式面临困境，文化价值观念在交流与撞击中剧烈变化；电子社区、虚拟共同体、网络社会等具有不同的性质和发展趋势，它与工业社会或现实社会的关系需要厘清……这一切，已经凸显为把握时代和时代精神的理论生长点。

最后，随着资本主义或共产主义的全球开拓，随着整个世界的信息化、网络化，随着环境等"全球性问题"的突显，当今社会正在迈入一个"全球化时代"，即全球相互联系、相互依存、深刻互动的时代。

全球化以交通的快捷方便、资本的全球逐利、信息的充分流通和共享最为典型。现代交通运输工具、通信工具的广泛使用，信息的即时流通和充分共享，远程交往的普遍化……导致世界变得越来越小，我们居住的星球正在成为一个"地球村"。在全球一体化进程中，哪怕是曾经的穷乡僻壤，也被裹挟进喧闹的世界潮流里。在发达国家和跨国企业的主导下，封闭的自给自足的自然经济被打破了，生产要素在全球范围内自由流动和配置，全球市场已经形成，资本、技术、劳工、生产、贸易、服务等都实现了全球化，全球经济已经紧密联系在一起。现代社会日益开放，不同宗教、不同民族国家、不同利益集团之间的竞争日益加剧，文化和文明的冲突也前所未有地突出出来。

全球化是一个复杂的历史过程，是世界现代化的最新阶段。今天，全球化运动早已溢出经济领域，广泛辐射到宗教、政治、法治、社会、科技、文化等领域。人类面临的一些新老问题，已经演变为影响世界各国、决定人类命运的全球性问题。这些问题涵盖广泛，既包括人们熟悉的生态和环境问题、资源和能源问题、人口和粮食问题、阶级和民族问题等，也包括由于科技和社会发展导致的一些新问题，如核扩散的威胁、基因技术的负效应、数字化犯罪、恐怖主义、文明的冲突，等等。全球性问题以否定的形式强化了世界的一体化和相互依存性，要求人们立足整体和全局的高度系统地思考问题，协同解决问题。尽管马克思提出了"世界历史理论"，初步奠定了全球化理论的哲学基础。但是，当今全球化的深度、广度和力度，全球化对经济、政治、文化、社会的全方位影响，全球化对于人类公共利益和协同发展的强调，仍然是过去不可想象、不可同日而语的。它为我们提供了一个新的思考问题的视野，提出了如何适应开放社会、通过对话整合公共利益、通过协商实现包容性发展、通过解放人类从而解放自我等新课题。

很明显，上述这些时代变迁不是孤立的，而是相互关联、相互作用的。它们是从不同视角、不同方面对时代的具体刻画，而它们交织在一起，相互影响，相互作用，已经令我们置身于一个全新的大变革时代！

三、通过创新推进哲学的时代化

哲学是时代的号角。哲学作为"时代精神的精华"，自然具有强烈的时代意识，与时代的发展和变革休戚相关。

哲学能否真正把握时代，关键在于能否解放思想，紧扣时代主题，以实事求是的态度，紧密联系生活实践，随着时代的变化不断进行自我审视、自我批判，依据实践的发展创新、检验、完善理论和方法。康德引用贺拉斯的诗感叹："乡下佬等候在河边，企望着河水流干；而河水流啊、流啊，永远流个不完"。哲学也是一条波澜壮阔、奔流不息的大河，我们怎能企望抽刀断水，将它凝固化、僵化，变成一池波澜不惊的死水呢？

毋庸讳言，一定的哲学是在特定时代的历史条件下产生的，具有鲜明的时代性，但同时，它又高扬反思和批判的旗帜，具有与时俱进的理论品格。如果我们只是盯着"故纸堆"，只是盯着伟人语录，不因应时代而不断创新和发展，那么，就必然会落后于时代，并被时代的列车无情地抛弃。例如，当代马克思主义哲学的要义，就在于正确处理坚持与发展、创新的关系——既坚持马克思主义哲学的本真精神，又要以发展和创新为核心，反映当代世界发展的潮流和各国社会主义的实践，实现哲学观、哲学理论和哲学思维的全方位突破。

第一，坚持实践倾向，用心倾听生活实践的呼声。生活实践是哲学理论之"源"，是哲学生生不息之本根所在。哲学具有鲜明的实践品格，书斋里不食人间烟火的"学院派哲学"，并不是一种"好哲学"。例如，马克思就不屑于、也绝不满足于闭门造车式的"解释世界"，他对于构建体系完整、结构精致的哲学理论了无兴趣，对空洞而贫乏的逻辑思辨极度厌恶，更没有精力与已经过时了的理论观点反复纠缠，而总是直面时代的生活实践，坚持认为问题在于"改变世界"。因此，马克思主义哲学创新的关键，在于通过广泛的调查研究，捕捉时代基本矛盾所表现出来的重大问题和挑战；对时代的挑战和生活的拷问进行冷峻的梳理和分析，提炼与创造这一时代特有的哲学理念、方法和精神。当然，还要坚持实践是检验真理的唯一标准，坚持生活实践对一切理论、方法和精神的裁判权。

第二，强化问题意识，以重大的时代性问题研究为突破口。马克思曾经说过：问题是公开的、无所顾忌的、支配一切个人的时代之声。问题是"时代的格言"，是表现时代自己内心状态的最实际的呼声。任何一个时代都有属于它自己的问题，准确地把握并解决这些问题，就会把理论、思想和社会大大地向前推进。当然，对现时代人们关注的问题本身不可盲目，而是需要进行认真的清理、分析和判断。我们必须弄清楚，哪些才是现时代的重大问题，哪些是属于过去时代、已经解决了的问题，哪些是根本不成为问题的"伪问题"。如果将时间和精力聚焦于已经解决了的问题，或者"伪问题"，那么不仅无异于浪费时间和生命，而且可能将哲学思考导入歧途，对生活实践产生一定的负面影响。

第三，以现时代火热的实践探索为基础，提炼哲学的内容和形式。哲学不应该是封闭的学院派理论，而是生活实践中尝试性、创造性的解题思路和方法。对当代社会实践中面临的挑战和问题，真正的哲学主张以"向前看"的实验、创新的方式，通过知行合一的"做"加以解决。从内容方面说，它强调如同邓小平那样，破除理论和实践的界限，通过实事求是的、开放性的探索实践，在实践中加以发展，并以之为基础提炼出源于实践又高于实践，既"精"而又"管用"的哲学理念、方法和精神。从形式方面说，它强调，根据时代主题的转换，转变哲学的研究对象、思想范式和话语系统。以马克思主义哲学为例，马克思主义哲学产生于批判资本主义、进行无产阶级革命的历史过程中，具有鲜明的革命性和阶级性，而随着时代主题转变为和平与发展，革命胜利后的社会主义国家的工作重心调整为现代化建设、追赶世界先进水平，因而应该将以革命为主旨的思想范式和话语系统转变为以建设为主旨的思想范式和话语系统，实现从"革命哲学"到"建设哲学"的理论转变。

第四，以"有容乃大"的胸襟，汲取一切可能的学术资源和思想智慧。当代哲学的创新是一个系统工程，不能割断历史和外部联系，不能排斥任何可能的学术资源和思想智慧，不能拒绝"中西马"之间的深入对话和互动。以马克思主义哲学为例，马克思主义哲学本是一种"西方哲学"，是马克思和恩格斯立足西方的哲学文化传统、根据西欧资本主义的实际和工人阶级运动的需要而创立的，它与中国文化传统（包括哲学传统、语言和思维方式、文化价值观）和中国具体实际存在明显差异，甚至可以说，具有相当程度的异质性。在中国化马克思主义哲学的创新中，要求始终保持博大、开放、包容的胸怀，广泛吸收和借鉴人类思想文化发展中的一切优秀成果，创造出"说汉语"的当代中国哲学。当然，无论什么哲学资源都不能盲目照搬、简单套用，而必须立足实际情况进行反思、选择，在实际运用中通过消化、改造而促进创新。

最后，永葆哲学的开放性，运用过程性思维创新哲学。一切皆流，万物皆变。世界不是"既成事物的集合体"，而是"过程的集合体"。由于时代仍然在演进，生活实践仍然在继续，由于时代问题的深刻性、复杂性及其暴露程度等历史局限性，由于从具体的生活实践到一般性理论的抽象并非易事，因此，哲学创新不可能一蹴而就，不可能毕其功于一役。它必然是一个与时俱进、逐渐生成的历史过程，一个在时代的生活实践中不断检验、完善、发展的历史过程。在急剧变革的时代，坚持辩证法所要求的这种历史性、过程性，是一种不可或缺的哲学智慧。

第一篇

现代哲学的价值论转向

第一讲　哲学：时代精神的精华

　　哲学是人类的一种古老、玄奥、引人入胜的精神活动。

　　哲学往往与聪明、智慧相联系，是活跃人的大脑、挑战人的思维极限的一种"精神体操"。

　　虽然哲学令人向往，虽然哲人令人钦佩，然而，究竟"哲学是什么"，如何思考才是"哲学"，却是从来都没有共识、想来就令人头痛的大问题。人类在这类问题上"浪费"的才华，实在是难以计量。

一、哲学是什么？

　　从词源上看，"哲学"一词源出希腊语 philosophia。Philosophia 是由 philein 和 sophia 两部分构成的动宾词组：philein 是动词，指爱和追求；sophia 是名词，指智慧。philosophia 的字义即是"爱智慧"。

最早使用 philosophia（爱智慧）和 philosophos（爱智者）这两个词语的是毕达哥拉斯。据蓬托斯的赫拉克利特在《论无生物》中记载，当毕达哥拉斯在同西库翁或弗里阿西亚的僭主勒翁交谈时，第一次使用了 philosophia 这个词语，并且把自己称作 philosophos。毕达哥拉斯还说，在生活中，一些奴性的人生来就是名利的猎手，而 philosophos 生来则寻求真理。他明确地把爱智者归入自由人的行列，也把自由和真理联系在了一起。

1874年，日本启蒙家西周在《百一新论》中首先用汉文"哲学"一词来翻译 philosophy。后来，黄遵宪、康有为等将日本的译称介绍到中国，后渐渐通行。当然，在中国思想史上，也有类似的词源。例如，《尚书·皋陶谟》中说："知人则哲，能官人。"《孔氏传》解释说："哲，智也，无所不知，故能官人。"

哲学的历史自然比"哲学"这一概念悠久。在一定意义上，我们可以说，自从有了人，就有了哲学。然而，时至今日，究竟哲学是什么？或者说，哲学应该是什么？仍然是一个令人苦恼、古老而又常新的谜题。应该注意的是，"哲学是什么"的问题与"什么是哲学"的问题并不等同。虽然人们常常对这两个问题不加区分，但它们是两个不同性质的问题。"什么是哲学"问询的是哲学的外延，它很容易加以回答，或者说可以给出无穷多的答案，如老子、孔子、苏格拉底、柏拉图、亚里士多德、休谟、康德、马克思、海德格尔、哈贝马斯等人的哲学思想是哲学。而"哲学是什么"追问的是哲学的内涵，是人们关于哲学的本质的一致性界定，它才是人们十分苦恼、至今没有明确答案的问题。混淆"什么是哲学"与"哲学是什么"，将导致人们将自己的或自己认同的哲学狂妄地视为哲学的全部或哲学的一般本质，从而莫衷一是，争吵不休，却永远没有结果。

　　一些才华横溢的哲学家在哲学领域中耕耘了一辈子，可是，当他总结一生、回首往事的时候，最困惑的问题往往依然是——"哲学是什么"。我自己也向来不愿主动跟人提起我的专业，因为说不清楚"哲学究竟是干什么的"之类的问题。或许，回答不了"哲学是什么"，并不令人奇怪。毕竟，对于任何一门学科来说，最困难、最无法达成一致的，往往都是对于自身的界定。因为这种界定是这一学科一切探索的前提，而对前提的反思与批判往往是自身难以承担的，常常在本学科的视野和论域之外。当然，哲学之缺乏公认的定义或"不可定义性"，同时也表征着哲学的理性自主性，保证了哲学对待自身的自由、开放态度，保证了哲学不断创新、发展的生机和活力。

　　由于"哲学是什么"的问题悬而未决，难以形成共识，因而在这个充满智慧的领域，人们众说纷纭，莫衷一是。哲学学科成了一个著名的"聚讼之所"。

　　有人说，哲学太玄奥、太深刻了，根本不是普通人能够弄懂的，也有人认为，哲学与所有人都相关，"人人都是哲学家"；有人说，哲学太抽象、太灰色了，令人望而生畏，也有人说，哲学没有什么特别的，哲学就是生活，它就在我们的生活中；有人说，哲学太玄虚、太空洞了，"学了等于什么也没学"，也有人认为，一切学术的精华皆在哲学，只有哲学家才配称真正的爱智者，才有资格担当治国重任（即"哲学王"）；有人说，哲学中充斥着大而无当的"宏大叙事"，缺少动人的故事和细节，也有人觉得，哲学从不局限自己，"宏大叙事"和"鸡毛蒜皮"中皆有"学问"；有人说，哲学喜欢诡辩，善于把简单的事情弄得复杂，也有人说，哲学最讲道理，真正的哲学是朴素的；有人说，哲学是一门科学，哲学原理可以像科学命题一样加以证明，也有人坚持，哲学是一种个性化的人文体验，指望用科学方法进行证明是徒劳的；有人讨厌哲学，特别痛恨哲学的刨根问底，以及不妥协的批判，也有人发现，哲学的"前提性批判"最为彻底，有助于重大的根本性的学术创新；有人贬低哲学，认为哲学无用，充斥着虚妄不实的幻想，也有人对哲学寄予厚望，幻想从哲学中得到奇异非凡的启示；有人觉得哲学不大通人情，不容于常识，经常与疯子、梦幻者为伍，也有人以敬畏的心态仰视它，把它视为一种"高智商的劳动"；有人害怕哲学，认为"让哲学一闹，本来明白的事情也弄糊涂了"，也有人由衷地喜欢哲学，认为它可以锻炼自己的思维，挑战自己的思维极限……

令人不安甚至让人叹为观止的是，在哲学史上，上述每一种说法，包括针锋相对的观点，都不难找到支持它们的例证。即是说，那些彼此对立的意见，似乎都有存在的理由。

由于"哲学是什么"的问题悬而未决，难以形成共识，因而哲学界的"混乱""无序"就几乎是必然的，哲学界的争吵、互相攻击也无可避免，甚至围绕谁的哲学最为纯正、最称得上"哲学"，也可以成为茶余饭后的谈资，甚至成为争取各种世俗功利的理由。

在无穷无尽的争吵中，往往少不了"勇者的武断"和"强者的霸权"。典型的是在近代以来的西式强势话语中，由于某些学者认为，只有西方哲学才是"标准模式的哲学"，因而关于中国哲学（以及其他非西方哲学）的合法性就成了一个问题。有些学者依据西方哲学范式断言，中国根本就没有哲学，或者说，中国只有具体的哲学观点、哲学思想，从来就不存在学科建制的哲学。

这一观点实际上肇始于黑格尔对中国哲学的质疑。黑格尔的质疑传入中国后，引起了中国哲学界的一场大讨论。应该说，这场大讨论对于反思中国哲学史的学科创建范式和研究方式，实现中国哲学史的学科自觉，是很有意义的；然而，断言文明古国之一的中国没有哲学，或者中国哲学不合法，则明显是西方哲学中心论的产物，是普遍化的知识哲学观的产物。因为，这种观点只看到了哲学的普遍性的一面，甚至是将西方哲学视为当然的"普遍"，而没有看到哲学的特殊性或丰富的个性，忽视了哲学的开放性和生成性。其实，哲学不仅具有普遍性，还具有特殊性，包括民族性、地域性，乃至哲学家的个性；不仅中国、印度、西方、南美、中东、非洲的哲学类型各不相同，而且在上述地域的不同时空中，还有不同的哲学传统，千姿百态的哲学形态。世界上并不存在一种"普遍的哲学""一般的哲学"或者"世界的哲学"，就如同不存在"一般的人""一般的苹果"一样。哲学总是具体的，它通过各种各样的历史形态，如不同的哲学流派、哲学体系、哲学观点、哲学方法、哲学思维方式等表现出来。不同哲学的形态、体系、观点、方法、思维方式往往具有自身的个性或特殊性，有些甚至是自成一体的。

类似这样奇怪的现象、问题，在哲学领域，我们还可以举出许多。以至于有人觉得哲学家"比较怪""不好打交道""不易于沟通""不太正常"，甚至"像疯子一样"。只不过，比较遗憾的是，"哲学是什么"的问题至今确实没得到解决。如此基本的问题没有答案，如同一座大山横亘在哲学工作者面前，令人深感"压力山大"，同时，也呼唤人们关注哲学，交出新的富于智慧的答案。

二、哲学是"科学"？

由于"哲学是什么"的问题悬而未决，难以达成共识，因而在解答"哲学是什么"时，出现了许多令人无可奈何的意见，甚至出现了一些让人觉得啼笑皆非的见解。

例如，有些学者声称，哲学太难了，根本无法给哲学下一个定义。也许我们只能说："哲学就是哲学！"虽然"哲学就是哲学"是不得已的同语反复，但是，目前"没有比这更好的界定了"。而且，"哲学就是哲学"，如同"大师就是大师"一样，已经包含了大量难以言传的信息，已经包含着丰富的历史内涵。

因为"哲学是什么"难以回答，还有人另辟蹊径，从反向角度入手，运用排除法，排除那些"非哲学"的东西。例如，哲学不是科学，哲学不是宗教，哲学不是政治，哲学不是艺术，哲学不是常识，等等。这些人认为，如果"非哲学"的东西逐一排除了，那么也就间接接近哲学的真谛了。

其实，这类外延方面的排除法，还是有一定道理的。毕竟，外延定义也大致可以算是定义的一种类型。并且，在区分、排除的过程中，不可避免地"触摸"到哲学的真谛。

在这里，我们不妨重点谈一谈，为什么哲学不是"科学"，以期收到举一反三的效果。

在历史上，哲学与科学的关系曾经异常亲密。在哲学的童年，在"爱智慧"的旗帜下，哲学与科学曾经处于笼统、混沌未分的统一体中。像中国古代的《易经》，就不仅是一部深奥的哲学经典，而且包含着丰富的科学知识。但是，自从天文学、地理学、物理学、化学、生物学、医学、心理学等具体科学分化出来以后，生产具体知识的任务就由各门具体科学承担了。这时又有人认为，哲学是高于各门具体科学的"科学"，是凌驾于各门具体科学之上的"科学之科学"或"知识总汇"，各门具体科学只提供不完全的、相对的真理，只有哲学才能提供完全的、绝对的真理。

实际上，这些观点都是应该打个问号的，仍然是一种混淆哲学与科学的观点。

哲学确实与科学具有相似之处。例如，它们都雄心勃勃，都关注现实生活世界，都回答生活实践提出的问题，都试图弄清"世界的真相"……但是，它们之间又存在实质性的差异，哲学是一种异于科学的基础性学说。例如，科学试图以一种"超人"的、客观化的视角谈论自己的主题（包括研究人自身时），哲学则坚持一切知识都是有主体的，它是服务于人的；科学试图认识存在的事物和所发生的事件，解释事物的构成和运动规律，哲学则以此为基础，旨在弄清这一切对我们有什么意义，我们应该怎么办；科学惯于将认知分割和细化，从多角度、多领域把握对象，哲学则倾向于综合性地思考，特别是综合思考它与人、人的活动的关系……

自哲学和具体科学分化以来，哲学就不再生产具体知识了，也不再以获得具体知识为使命。套用库萨的尼古拉的说法，哲学是一种"有学问的无知"。独立后的各门具体科学能够承担获得相应领域的具体知识的任务。在各自领域内，各门具体科学不仅能够解释现象之间的联系，也可以超越这些现象去说明自然物的原因，发现现象背后的本质和规律。关于世界是怎么样的，人们可能获得怎样的世界图景，获得关于世界的什么样的知识，哲学只能借助于具体科学，并且不会知道得比具体科学更多。也就是说，具体科学的知识界限，一般即是哲学的界限。

而且，咀嚼哲学史我们发现，哲学领域并不存在什么人们普遍认同的"知识"。无论什么类型的哲学，都不需要一致的、公认的见解。哲学与科学都要直面现实问题，但已有确定的令人满意的答案的问题，就不再是哲学问题了。哲学问题，诸如：人是什么？我是谁？死亡有什么意义？什么是正义？什么是幸福？什么是自由？……似乎永远值得反思和追问，而且永远也不会有确定的令人满意的解题方法和答案，历史上的哲学家们总是前赴后继地穷索它们。而反观现实，一切具有充足理由、可以实证检验从而被纳入知识大厦、为大众公认的确定性内容，都已经不再是哲学，而成了某门具体科学的内容。

哲学研究与科学也大不相同。科学研究可以由不同人重复进行，甚至必须经过他人的重复验证才能获得认可；而哲学研究是个体性的，它不能简单依赖他人的研究，即使是同样的问题，也需要独立思考，寻找新的视角和方法。也正因为此，哲学不能如同具体科学一样进行知识积累，各种独创性的、有影响的哲学流派、哲学体系之间，很难说有直接的确定的知识传承关系，他们往往都是从"哲学是什么"出发，"从头做起"，独立地展开自己的思考的。这给人们一个深刻的印象，即当各门具体的自然科学一步一个脚印、踏踏实实地向前推进时，哲学尽管历尽艰辛，苦苦求索，却不能理直气壮地说丰富了人类的"知识宝库"。互相竞争的科学假说或理论，总是能够通过诸如逻辑分析和"判决性试验"，决定谁能进入科学大厦，丰富人类的知识宝库；但"最权威"、最自信的哲学家也很难证明，他是正确的，而对手的观点则与错误为伍，毫无价值。例如，在物理学方面，爱因斯坦毫无疑问超过了德谟克利特，超过了伽利略，超过了牛顿，但就哲学而论，今天的哲学家无论如何厉害，都不能证明自己比老子、苏格拉底、柏拉图、亚里士多德更富有智慧，贡献的哲学观念、观点和方法更为"正确"。

在上述意义上，哲学明显有别于具体科学，或者说已经不再混同于具体科学。宣称哲学是"科学的科学"或者"知识总汇"，也是一种狂妄自大。因为哲学甚至并不简单接受、认同具体科学的假设和理论，而要追问这些假设和理论的前提，澄清其中使用的基本概念（如对数学追问"数是什么"，对物理学追问"原子是什么"，等等），反思其中使用的方法，检查具体知识是否是伪知识，特别是，沉思和追问这一切对我们意味着什么，我们对之应该具有什么样的态度，我们可以以之为基础进行怎样的价值创造。

这样，哲学就区别于具体科学，成为一种不受知识限制的智慧、一种创造性智慧、一种"创意的生产方式"。哲学作为智慧而非具体知识，其功能与价值存在实质差别：具体知识告诉人们世界上"有什么"或"没有什么"，"是什么"或"不是什么"，"可能怎样"或"不可能怎样"，从而以客观的形式规定着人类实践的范围、程度和运行轨迹，提供着实践的基础和可能性；哲学智慧导引人们反思和批判一切（包括具体科学的前提和基础），从而使人们懂得什么是有意义的或无意义的，什么是合意的或不合意的，什么是值得的或不值得的，什么是必要的或不必要的，从而以主观的形式提供着实践的必要性、动力、热情以及运行指向。具体知识以外在、强制的力量，通过铁的规律性、必然性，规定着实践的可能性和方式；哲学智慧以"合目的性"、以内在的自觉自愿的要求，像一只

"看不见的手"规范、约束、导引着人的实践，使之向着满足主体（人）的更多、更高层次的需要，向着提升、发展人的方向拓展，并提供克服实践中的各种困难的力量。具体知识是当下的、肯定性的、有限的，可以实证、积累和传授；而哲学智慧是超越性的、否定性的、无限的，它除了需要通过学习，更需要通过怀疑、反思、追问、批判来"悟"得，它怀疑、追问其他一切思考的前提，否定、批判其中似是而非的观念，反思、提炼各种具体学科的结论，从而引领人合理地行动，包括合理地开展科学活动。哲学作为"科学之后"的一种探索，一种对于真理的追求，一种探索真理的方式和方法，具有不可替代的价值。但那种与科学、知识相混淆的哲学，除了造就自身的自负与自大之外，还使得哲学在一定程度上失去了怀疑意识，放弃了自我反思、自我否定、自我批判的特性，实质上走入了自误且误人的误区。

三、"哲学就是哲学史"

由于"哲学是什么"的问题一时难以解决，越来越多的学者倾向于避重就轻地、没有多少风险地坚持："哲学就是哲学史"。

毋庸讳言，哲学史是那么源远流长，哲学流派是那么异彩纷呈，哲学学说是那么汗牛充栋，不同哲学的思想风格是那么迥然相异，哲学家们的观点是那么标新立异、甚至针锋相对，因而，从全部哲学史理解、把握哲学，也绝不会是一件容易的事。今天，恐怕没有什么哲学学者敢吹牛说，自己博览群书，把古今中外主要哲学家的著作都读完了！至于真正"读懂"并把握其精髓，那就更不好说了！

我们不妨钻进光怪陆离的哲学史，先进行一番简明扼要的梳理吧。

(1) 探索世界的"本原"与"始基"——本体论哲学。

在人类社会早期，一切思想活动都处于笼统、混沌未分的状态。在"爱智慧"本能的支配下，哲学和科学相互交织，融为一体。人类最初的哲学主要是探讨世界的"本体""本原""始基"，探索世界万物的源泉和最终归宿。世界各个文明发源地的哲学家提出和论证了许多关于世界"本体""本原""本根""始基"的思想，如泰勒斯的"水"、阿那克西曼德的"无限者"、阿那克西米尼的"气"、赫拉克利特的"火"、毕达哥拉斯的"数"、巴门尼德的"存在"和"非存在"、恩培多克勒的"四根（地、水、风、火）"、阿拉克萨哥拉的"种子（奴斯）"、德谟克利特的"原子"和"虚空"、柏拉图的"理念"、亚里士多德的"第一实体"……；中国的"阴阳""五行（金木水火土）""道"；等等。这类关于世界"本体""本原""始基"的探讨，开始往往比较具体，后来则逐渐走向抽象。

总体来看，古代本体论具有神秘性、朴素直观性、模糊不确定性等特征。相比原始神话和巫术等用象征、比喻来解释世界，它毕竟有了实质性的进步，使人类思维从表象思维进入了抽象、逻辑思维阶段。

(2) 宗教神学的婢女——经院哲学。

欧洲中世纪是宗教神学统治的时期，哲学失去了独立的地位，沦为宗教神学的婢女和附庸。宗教神学不仅将超自然的"上帝"视为世界的本原和创造者，视为一切智能和情感的根据，而且还视为一切价值的源泉和标准，其他的一切不过是分有了上帝的价值，并从上帝那里获得存在的理由，因此，一切信仰、思考都围绕着"全智、全能、全善、永恒、无限"的"上帝"来进行。

经院哲学的主要工作是基于古希腊的哲学遗产和基督教的经典《圣经》，对"上帝"的存在和"全智、全能、全善、永恒、无限"进行体认和证明。安瑟伦关于上帝存在的本体论证明，托马斯·阿奎那关于上帝存在的证明，都曾经为人所注目。与神学本体论相适应，心与物、人的存在与灵魂不死及其关系，等等，都成为哲学思考的基本问题。除了依靠"先信仰，后理解"来说明世界，经院哲学还借助各种直观的表象、逻辑的论证以及体制化的教规和仪式，坚定人们的信仰，发挥自己的独特作用。

(3) 科学的认识工具——"认识论转向"。

近代是哲学走向成熟的时期。随着文艺复兴、实验科学的兴起，特别是科学的里程碑式的突破——牛顿力学的巨大成功，人们在哲学观念上发生了巨大的转变。科学逐渐成为一切学术（包括哲学）的范式，知识至上、理性主义、客观主义、逻各斯主义在思维王国中的地位得以确立。人们认识到，科学不仅能够解释现象之间的联系，也可以超越这些现象说明自然物的原因，达到现象背后的本原或本体。关于世界是怎么样的，人们可能获得怎样的世界图景，获得关于世界的何种知识等问题，哲学并不会知道得比科学更多。也就是说，科学的界限一般即哲学的界限。既然科学自身具有认识世界本体的能力，哲学存在的必要就受到了严峻的质疑。于是，哲学只得放弃关于"世界是什么"的本体追问，转而思考"如何认识世界"这一认识论问题，即出现了哲学的认识论转向。

认识论转向是拟科学或以科学为范式的，它结出了许多卓有成效的果实，建立了一个庞大、系统的知识论、真理论体系。同时，哲学也成为科学认识的工具。不过，拟科学的认识论存在实质性的缺陷，如推崇客观性和普遍性，工具理性或实用理性泛滥，导致人的"退场"，导致人的地位的失落；忽视人的主体性，忽视人的非理性因素，过分强调物对人的决定、制约作用，哲学追求说"神话"（不容置疑的"真理"）而非"人话"；人的信念、信仰、理想、价值、自由、创造等受到忽视，并为规律性、必然性和决定论所笼罩……这样的哲学往往自诩为"科学之科学"，或者"知识的总汇"，但实际上，不过是依附于科学的"科学之附庸"。

（4）哲学的使命是进行语言分析——"语言学转向"。

西方古典哲学发展至黑格尔已经达到"顶峰"。但黑格尔哲学那庞大的思想体系，无所不包的"总结性"内容，"空泛思辨（不实证）"的论述风格，引起了越来越多的人的不满与反感。孔德第一个举起了"拒斥形而上学"的旗帜，开创了"实证哲学"之路。后来，一大批才华横溢的分析哲学家，如戈特洛布·弗雷格、伯特兰·罗素、路德维希·维特根斯坦、乔治·摩尔以及维也纳学派的逻辑实证主义者，从"拒斥形而上学"出发，由关注认识能力问题，转向关注、分析表达这种哲学认识的语言媒介。他们认为，传统思辨哲学的误区就在于他们错误地使用了语言，制造了种种无法解决的哲学问题，因而他们将语言分析视为哲学的使命，希望从现代逻辑输入精确性，从现代科学引入方法论，把语言问题当作突破口，运用逻辑分析和语义分析的方法，使哲学逻辑化、科学化和分析化，由此达到哲学思想的明晰性和确定性，从而单独地、确定地、一劳永逸地解决一个个具体的哲学问题。后来，这演变为一场波澜壮阔的哲学运动，语言分析成为英美甚至整个英语世界占主导地位的哲学研究方式，并在欧洲大陆乃至全世界产生了深远的影响。

"语言学转向"强调了哲学讨论的语言中介和分析工具，澄清了不少哲学疑难问题，使哲学思维方式的训练得以前所未有地加强。特别是，它强调"语言的界限就是世界的界限"，试图通过语言这种"思想的直接现实""现实生活的表现"来把握世界，从语言的意义研究世界的意义，有其合理性和独到之处。但是，将哲学仅仅局限于语言分析是否健康、有益，值得质疑。因为仅仅精确、清晰是不够的，精确性、清晰性既不能保证正确性、合理性，也不能保证理论的深度和重要性。精确性、清晰性只是达到目的的手段，而不是目的本身！特别是，分析哲学坚持相对于生活实践的"中立"态度，超脱于具体的文化传统、社会制度、意识形态以及人们的人生价值观，拒绝对任何现实问题表态，从而使哲学越来越技术化、专业化、"学院化"，越来越脱离火热的生活实践。这或许在形式上使哲学更加精致、也更加精确了，但是，因为拒斥哲学的实际内容，割裂了哲学研究内容与形式之间的关系；这种哲学主要在于"看病"，而不在于"开药方"，并不能直接帮助人们解决面临的实际问题。正因为如此，语言分析哲学在当代哲学中已经逐渐式微，越来越沦为一种纯粹的哲学方法了。

（5）以"变革世界"为宗旨——价值哲学。

无论是哲学的"认识论转向"，还是"语言学转向"，都是"拟科学"的，科学研究范式受到一致的顶礼膜拜。19世纪末20世纪初，由于德国哲学家洛采和新康德主义者重新发现了"价值"，并将之置于哲学的中心地位，一般价值论产生了。这时，人们回首反思，蓦然发现，哲学并不只有"拟科学"一种方式。实际上，在"拟科学"哲学指向的"实然"世界之外，即事实世界之外，还存在着另一个世界，即"应然"的价值世界。哲学作为求解人与世界之谜的智慧之学，不仅包括说明世界之谜的"宇宙智慧"，而且也包括指点人生迷津的"人生智慧"。甚至关于人生、价值、意义等的探讨，在许多时候还曾是哲学探讨的主旋律。例如，众所周知，中国传统哲学乃至整个东方哲学，都主要是以伦理、政治问题为主向度的；在西方哲学，特别是欧洲大陆的哲学中，人本主义思想也源远流长；马克思主义哲学更是把对资本主义的无情批判、把对未来共产主义社会的理想憧憬，作为自己的思想主线；至于伦理学、美学、宗教学、政治哲学、经济哲学、法哲学等哲学分支，一直都以价值讨论为主题……在哲学史上，关于事实、知识、真理的探索，与关于价值、人生、实践问题的求索，自古以来相互映衬，相得益彰。仅仅只有"拟科学"的哲学，实质上是不完整的，甚至是残缺的。于是，在哲学"拟科学梦"破灭的同时，与各门具体学科再次出现综合、系统研究相一致，在总结新的时代特征的基础上，出现了价值概念，出现了一种寻求上述领域的价值之共同特性的"一般价值理论"运动，即哲学领域出现了所谓"价值论转向"。

　　"价值论转向"导致哲学的宗旨和使命发生了一次深刻的革命：传统哲学的主旨在于描述、说明和解释世界，致力于证明现存世界的合理性，追求的是与客观世界相符合，发现世界的规律和必然性，获得关于世界的事实或真理（客观知识），建构关于世界的完整哲学图景。而价值哲学的宗旨和使命在于立足时代，针对时代性问题，批判世界，变革世界。它要求在一切理论研究过程中，在生活实践过程中，以人为本，从人出发，消除人的物化、异化，特别是通过对现实世界的反思、批判、解构、治疗，创造性地建设一个合乎人性和人的目的、促进人与社会自由而全面发展的价值世界。

通过以上简明、扼要的历史回顾，我们是不是已经走进了哲学，形成了关于哲学的一个大致印象？

可以肯定地说，用整个哲学史来诠释"哲学是什么"，用哲学史上那么多风格各异、充满智慧的大脑来解决哲学的界定问题，虽然明显不是正面、直接的回答，虽然可能仍然归纳、提炼不出明确的答案，但想必离哲学的真谛已经不远了。

当然，用哲学史界定哲学的时候，应该看到，哲学作为"时代精神的精华"，是具体的历史的人类文明的"活的灵魂"，具有鲜明的时代性和历史的局限性。无论什么样的哲学，都必须保持开放的态度，与时俱进，跟上时代的脚步，顺应历史潮流，在生活实践中不断丰富和发展自己，而不能走向僵化、庸俗化、教条化。否则，这种哲学即使曾经是进步的和合理的，一旦走向僵化、庸俗化、教条化，也就会走向自己的反面，带来不容忽视的消极后果。从历史上看，一旦哲学把某一时代流行的观念、某种社会的既定存在状态、某种科学上的假说甚至某个人的意见或偏见，通过哲学加以论证，进而形成某种僵化、庸俗化、教条化的体系或学说，使之俨然成为普遍的永恒的真理，成为一成不变的"绝对真理体系"，则这种哲学往往会阻碍社会的进步，扭曲和毒化人的灵魂。例如，某一时代流行的观念通过哲学论证，似乎就成了不变的"时代精神"，从而变成难以去除的教条；某种社会的既定存在状态通过哲学论证，即使是相关的罪恶也冠冕堂皇了，不可再加反思，不准他人非议；某种科学上的假说经过哲学论证，就成了基本原理或定律，成了"人类文化之基"；某个人的意见或偏见经过哲学论证，就成了金科玉律，产生类似法典的效力。在哲学史上，不乏哲学僵化、庸俗化、教条化的牺牲品。在中国，有儒学定于一尊而后钳制思想甚至"以理杀人"之说。"死于法犹有怜之者，死于理其谁怜之？"在西欧，宗教神学之残杀异端（如烧死布鲁诺），则曾经是有组织的行为，历史已被布鲁诺之类"异端"的鲜血所浸透。当然，有人会为哲学申辩：杀人者，暴戾的统治者、权势者也，非哲学也。这当然是事实。不过，哲学自身虽未杀人，但暴戾的统治者、权势者所拥有的坏的哲学其实充当了杀人之工具、杀人之帮凶。尼采哲学之被纳粹法西斯所利用，多少可为例证。

四、哲学之"是"与"应该"

从哲学的历史、哲学的现状之事实层面看，哲学的面貌确实光怪陆离，几乎令人眼花缭乱、目不暇接。不过，拨开重重迷雾，我们仍然可以发现哲学演进的两条主线，或者说哲学探索的两个基本维度：即"是"与"应该"或者说事实与价值的双重维度。

"是"或事实维度所指向的，是关于世界"是什么"以及"如何是"的反思。从"是"或事实维度而论，哲学必须处理的是与具体科学的关系。在人类思想史上，哲学与科学（特别是自然科学）似乎有着不解之缘。在人类历史早期，在"爱智慧"的旗帜下，哲学与科学曾经是笼统、混沌未分的。自具体科学产生以来，它就以其客观性、确定性、可检验性征服了人心，成为一切学科的范式，科学甚至成为"正确"的代名词。哲学也以"拟科学"为时髦，将获得确定的知识、成为"科学"作为自己的目标。其实，无论是关于世界是怎么样的，世界是如何运动、变化、发展、生成的，还是关于

"如何认识世界",关于探索世界的一般性原则和方法,人们获得的世界的真实的总体印象(真理)如何,哲学与科学都是关注的,这里很难有截然二分的界线,只不过具体科学有其确定的具体的论域,在经验世界有其一一对应的特定的对象,更关注经验世界的"事实"和"真理";而哲学则涉及整个存在,或者说人的整个世界,因而更为宏观,更为普遍,也更为抽象,它关注和讨论的某些对象如"理念""精神""无限""自由"之类,往往具有超验性,在经验世界里找不到相应的对应物。可见,哲学与科学都尊重事实,追求真理,只是追求的着眼点、方式不一性。哲学作为"科学之后"、以科学为基础的一种精神探索,一种追求真理和创造价值的方式、方法,是具体科学不可替代的。

　　而"应该"或价值的维度所指向的,是关于人们"应如何""怎么办"的反思。从"应该"或价值维度而论,哲学必须处理的问题,典型的是与宗教以及世俗功利主义者的关系。无论在什么时候,宗教信仰、功利等问题都可以在哲学的领域之内讨论,都可以是哲学探讨的内容。但是,哲学是从人的本性、目的、利益、需要和能力出发的,它是在"世界是怎么样的"(包括人自身是怎么样的)的基础上的一种对于人自身的关怀,对于人的生活的反思和批判,对于人的理想性、超越性的追求,它指向人(及人的社会)的历史生成和完善、提升。正因为如此,它对于一切价值表现(好坏、功利、得失、善恶、美丑、荣辱等),特别是对于形形色色的命令、规范、约束、要求,都既不像宗教徒对于自身的信仰或规定性那样盲从,也不像世俗功利主义者那样斤斤计较,患得患失,而总是要立足人自身和人自己的尺度,彻底追问一个"为什么",并且不断地加以反省、追问和批判。也正是在这种动态的怀疑、反思、追问、批判中,哲学才建立了历史性的价值观念体系，才没有宣布永恒不变的信念或信仰，才没有沦为庸俗不堪的功利算计。如果放弃了怀疑、反思、追问、批判，那么，哲学就背离了其使命，失去了其高度和境界。

概而言之，哲学的"是"与"应该"维度具有很不相同的取向、特性与功能。前者在具体科学的基础上，给予我们关于世界的总体印象，告诉我们关于对象的事实情况，告诉我们"变革"对象的方法，至少是探讨如何达致这些事实、形成世界总体印象的方法；后者告诉我们什么为"好（善、美等）"，我们依据什么而行动，是否应该去行动，以及应该如何去行动。例如，在人类的重大决策活动中，总是包含着两类要素：事实要素和价值要素。事实要素是我们决策的外在依据，价值因素是我们决策的内在动力和目的。二者相辅相成，缺一不可。如果不能处理好它们之间的关系，割裂二者往往导致严重的损失，甚至灾难性后果。

哲学围绕这两个维度而展开，并不是哲学家们无中生有，无事生非，而是由现实生活实践的需要所决定的。且不说那些重大的甚至决定人类前途和命运的选择与决策，即使是在日常生活实践中，这两个维度的反思与批判也是基本的，不可或缺。只要我们不是假装看不见，那么，我们常常会发现两种截然对立的人生态度：有些人耽溺于实际的现实生活，满足于现状，得过且过，而缺乏信念、信仰、理想，缺乏改变现实的计划与勇气，这些人可以称为"应该盲"或"价值盲"；有些人一肚子的不合实际，头脑中充斥着各式各样的构想、蓝图和浪漫的梦想，就是缺乏可行的脚踏实地的计划与行动，还有些人总是从虚幻而美好的理想出发批判现实，把现实视为毫无合理性的谴责对象，而不愿意脚踏实地地变革它，这些人可以称为"是盲"或"事实盲"。无论是哪一种情况，都割裂了"是"与"应该"、事实与价值，都难以说是一种经过了反省的行为或人生。

表面上看，哲学之"是"与"应该"或者说事实与价值的双重维度各有其范围，各有其特征与功能，正如休谟、艾耶尔、赫尔等人所"发现"和论证过的，它们之间在既有的理论中存在着"裂隙"，但是，总体来看，它们并不是分离、对立的，而是内在统一的。这种统一的理由和根据其实很简单，即统一于"实际活动着的人"自身：人类之探索"是"、事实、真理，或者说人类之"应该"、之追求价值，都源自于人和人的内在本性，源自于人的生活实践的目的与需要。

在《1844年经济学哲学手稿》中，哲学大师马克思曾经指出，人的活动与动物的本能活动是有着本质区别的："动物和自己的生命活动是直接同一的。……人则使自己的生命活动本身变成自己意志的和自己意识的对象。""动物只是按照它所属的那个种的尺度和需要来构造，而人却懂得按照任何一个种的尺度来进行生产，并且懂得处处都把固有的尺度运用于对象；因此，人也按照美的规律来构造。"①在这里，"任何一个种的尺度"包括了"人的内在尺度"和"对象的外在尺度"。"对象的外在尺度"指向的是"是"或事实维度，即对象的本性、规定性如何，遵循着什么样的规律。它以外在、强制的力量，要求人的活动的合规律性、合历史必然性，规定和促使人面向对象、接近对象，走向同对象本性和规律的一致。而"人的内在尺度"指向的是"应该"或价值维度，即人的结构、本

---

① 《马克思恩格斯选集》第1卷，人民出版社2012年版，第56—57页。

性、目的、利益、需要等内在规定性。它不仅内在地构成和制约着人自身，而且从人这一方面规定、制约着人的实践—认识活动，规定、制约着人对对象的作用，促使对象的"人化"。前者要求从对象出发，依对象的本性和规律行动；后者要求从人出发，依人的本性、目的和需要行动。人们的现实生活实践就是在对象所提供的可能性范围之内，不断实现人自身的目的、满足人自身的需要的过程。可以说，一部人类活动史，就是人不断协调与解决它们之间矛盾的历史。只有在诸如视野狭隘或者割裂人自身的人那里，哲学之"是"与"应该"、事实与价值或者说"对象的外在尺度"与"人的内在尺度"之双重维度才是分裂的、对抗的、不可调和的。放眼现实，二者分裂的哲学观的广泛流行，已经造成了现代社会一系列的价值冲突、价值困境，例如，不顾人类尊严、人格的"纯粹的"科学研究和技术开发，不计资源环境代价，牺牲人类生活质量的"经济增长"，等等，就已使人类付出了惨重的代价，甚至威胁着人类的生存和未来。越来越多明智的哲学家已经意识到，是需要认真进行反省、批判和"治疗"的时候了。只有在二者统一的整全哲学观的导引下，人类才可能走出片面、偏执与极端，迈向协调、和谐与自由。

五、哲学的素养与境界

最后，我们来谈一谈哲学素养与哲学境界问题。

所谓哲学素养，就是人们通过哲学学习以及生活实践而形成的由哲学观点、哲学思维方式、哲学精神等要素组成的精神和心理品质的总和。虽然绝大多数人不专门从事哲学研究，不打算做职业哲学家，但是，每个人都需要一定的哲学素养，都希望"富于智慧"地工作和生活。智慧是一种有效获取知识、运用知识的能力，一种无形却又时时处处体现出来的灵性。有知识没有智慧，知识或者发挥不了作用，正如俗话所谓"聪明反被聪明误""两脚书橱"或"书呆子"；或者在小事上斤斤计较，故弄玄虚，大事、大方向却不明智，有小聪明而没有大智慧。富于哲学智慧的人，往往会顺应时势，"事理通达"，处世、办事、待人接物巧妙得体；富于哲学智慧的人，在小事上也许不计较，"难得糊涂"，"大智若愚"，但往往有一种深沉的智慧、厚重的智慧、大彻大悟的智慧，越是从长远、从深沉、从大势看，越会体验到其"妙"。

然而，哲学素质的培养，人的塑造，却不是一件容易的事。这往往需要从多方面着手，自我修炼。

例如，投身自己时代的火热的生活实践，尽可能地丰富人生阅历，增长见识，锻炼才干。一个人生活、奋斗的经历，是一笔宝贵的财富，如果用心体味、提炼，就是他的思想。黑格尔曾经这样说过：同一句格言，从一个饱经风霜的老人嘴里说出来，和从一个天真可爱、未谙世事的孩子嘴里说出来，含义是根本不同的。

再如，有重点地学习哲学史，认真研读经典，提高文化品位和知识素养。经典是经过历史考验的大师杰作，用心研读，可获事半功倍之效。如果一个人认真研读了《易经》《论语》《道德经》《庄子》《孙子兵法》《坛经》《古兰经》《圣经》《理想国》等古代典籍，认真钻研过《人性论》《纯粹理性批判》《实践理性批判》《小逻辑》《精神现象学》《逻辑哲学论》《德意志意识形态》《资本论》等近现代经典，那么，其哲学素养往往能得到明显的提升。

又如，有目的、有计划地进行哲学思维训练。哲学思维训练的方式很多，如通过深入阅读哲学家的作品，了解哲学家的心路历程，把握相应的哲学理念、观点和方法；在相互尊重、相互理解的基础上，开展自由的哲学对话、讨论和批判；以彻底的反思和批判精神，追问、思考和解决人生与社会中遇到的一系列"大问题"；与具体的历史的生活实践互动，培养自己的反思、批判意识和能力。

哲学素养的提高是一个日积月累、永无止境的过程。人们"爱智慧"，人们对于哲学的学习和研究，人们的哲学素质的培养，实际上存在不同的境界。或许，我们可以大致区分如下几重境界：

境界之一，言必称哲学，哲学大师的语录不离口，晦涩的哲学术语满天飞。在生活、思考、表达时，除了引用哲学史上的经典，阐释论证哲学大师们的结论，殊少自己的独立思考。这种人实际上把哲学看作外在的圣经或教条，把自己当作某种哲学学说的信徒或奴隶，从而堕入某种哲学之中跳不出来。丹麦哲学家克尔凯郭尔说得好，"哲学每行一步都脱一层皮，它的食客就爬进去居住"。那些囿于某种哲学圈子并以此为谋生手段的人们，不正是这样的食客吗？在此境界，哲学虽可为"器"为"术"，对人的事业、人生有所助益，但这种人终究与哲学是一种外在的关系，实际上未曾入"道"，头脑不过是哲学大师们的"跑马场"，宣泄的也不过是哲学家们的既有思想。

境界之二，虽言不必称哲学，虽作不必引经典。就事论事，即景写景，依托术业，阐发哲思，探求哲理。在此境界，虽不以玄奥莫测的"哲学"唬人，虽不以高深的"哲学家"自居，然而"哲学"自在其中矣。问题仅仅在，此境界对于哲学尚处于自发阶段，缺乏对于哲学智慧的自觉把握与系统阐发。

　　境界之三，以人生为弘道之所，以事业为达道之途，将哲学融入于人生、事业之中，融通于天人、宇宙之际，让哲理哲思洒满世界，光照人生。达此境界的人超越了庸俗猥琐、蝇营狗苟、鼠目寸光，哲学已经成为人的内在本性的外在文化形式，成为内在于人的"大智慧"，人进而成了哲学的主人。一个人处在这一境界中，天下无一物不含哲理，天下无一学不是哲学。率性而为，依道而行，达到至真至善至美的"逍遥游"状态，此诚真正"哲人"也。

　　当然，哲学素养的几重境界之间并不存在截然分明的界限，它是逐次提升的一个过程，是人们研习哲学、自我修养的一个否定之否定的过程。这正如禅宗的三重境界一样：其一，"看山是山，看水是水"；其二，"看山不是山，看水不是水"；其三，"看山还是山，看水还是水"。达到哲学的至高境界，已可以在平淡中见"真迹"，在平凡中见奇伟。

　　最后应该强调，哲学素养、哲学境界的提升是一个"悟"的过程。哲学不能依靠汗流浃背的拼搏而证明自己的真理性，哲学不能依靠行政或其他命令加以普及，哲学不能依靠简单地贴标签来加以应用。哲学是冷静的，甚至是孤独的，它的发展，它的价值的实现，是一个有其规律和特点的渐进的历史过程。每一个人，每一个民族和国家，只有真正投身现实生活实践，努力倾听时代的声音，提炼时代与生活实践的"智慧"，才可能真正触摸到哲学的真谛，才可能获得哲学潜移默化的影响。因此，人们对哲学的孜孜追求，哲学之价值的实现永远"在路上"。哲学不死，哲学永远与人类同在，哲学永远在滋养和塑造着人类。实际上，如果人们总是走在哲学探索之路上，依照哲学的方式批判现实和变革世界，在哲学的光照下自我完善和自我提升，这已经就是一种"大智慧"。

第二讲　洞悉价值世界的奥秘

伴随现代哲学的"价值论转向",价值概念在哲学中的地位日益凸显。只要翻开哲学刊物,打开哲学著作,我们不难发现,价值概念成了一个使用频率特别高的词汇。然而,我们同时也会发现,人们运用的价值概念十分含混,歧义丛生,甚至直接对立。这造成了大量的误解和混乱,也削弱了"价值论转向"的革命意义。

其实,价值并不神秘,它不过是人类社会生活中的一种常见的现象。很明显,价值与人们所熟知的事实大异其趣,甚至具有对立意义。事实是事物存在的状况和发展规律,具有不以人的意志为转移的客观性;无论是谁观察和检验这一事实,结果都不会有什么不同。而价值却非常不一样,它是主客体之间的一种特定关系,不能离开人和人的生活实践加以理解,常常表现出因人而异的特征。

理解价值概念,不能简单照搬科学认识论处理事实概念的模式和方法。只有立足科学的实践观,从具体的历史的人出发,深入人们的现实的价值活动过程，才能正确把握价值现象的本质和规律，深刻洞悉价值世界的奥秘。

一、价值究竟是什么?

古希腊著名寓言家伊索曾是一名奴隶。一天，他的主人突发奇想，想为难一下伊索，叫他去买"世界上最好的东西"来做酒菜，大宴宾客。聪明的伊索跑到市场上，买回来一堆动物舌头。主人不高兴了，责问他为什么买舌头，伊索振振有词地说：舌头能说出最美的语言和最高的智慧，描绘人世间一切最美好的东西，因而是"世界上最好的东西"。主人听了，不知如何反驳，却又心有不甘，于是再生一计，吩咐伊索去买"世界上最坏的东西"。伊索买回来的仍然是一堆舌头。他的解释同样有道理：长舌翻卷搬弄是非，能将人世间的一切颠倒黑白，能说出最刻薄、最恶毒的话语，因而是"世界上最坏的东西"。结果，虽然奴隶主们自恃高贵，自以为聪明，却也无话可说，只能用并不美味的"嚼舌头"来下酒。

这个故事真实与否，我们无从考证。舌头是否真的应该为这里的"好""坏"负责，也可以搁置不论。我们所关注的一个核心问题是：究竟什么是"好"，什么是"坏"？关于"好坏"，难道就完全"说不清楚"？而如果一定要说得清清楚楚，那么，我们应该如何去说？

在现实生活中，类似"好坏"之类"说不清楚"，或者还没有说清楚的概念，还有很多很多。我们如果愿意，可以很容易地罗列出一个长长的清单。例如，是非、善恶、美丑、利弊、得失、成败、功过、优劣、高下、祸福、荣辱、尊卑、贵贱、有用与无用、先进与落后、应该与不应该、正当与不正当，等等。并且，语言是可以活用的，还有一些概念在特定语境中，也可以表达类似的意思。

实际上，在现代哲学中，这类"说不清楚"的概念有一个总体性的名称，我们将它们统称为"价值"。

那么，什么是价值？所谓价值，就是人们在实践和认识活动中建立的与对象之间的一种特殊关系，即对象是否满足人们的需要的关系，或者对象对于人们的生存和发展所具有的意义。

准确地把握价值概念的这一定义，我们需要抓住以下二个关键点：

一方面，我们必须明确，价值是离不开对象的。

价值总是相应的对象对于人的意义。对象对于人的作用是形成价值关系的客观前提和基础。在人们的社会生活中，任何对象都具有一定的属性或功能。例如，面包可以充饥，净水可以解渴，钢笔可以写字，汽车可以代步，枪弹可以杀人，读书能令人充实，旅游能令人广博，科学知识能转化为生产力……对象的这些属性或功能是它们对人具有价值的必要条件。它们决定着对象是否能够满足人们的需要，以及满足人们的哪一方面的需要。例如，因为葡萄、水具有能够满足人们的需要的某种属性或功能，它们才成为人们生存、生活和发展所需要的对象，才对人们具有这样、那样的意义，才具有正面的或负面的价值。如果葡萄不能食用，不包含人体所需要的营养成分，它就不可能成为人们喜欢的食品。如果水不具有饮用、灌溉、发电、清洁等功能，它就不可能成为生命之源，成为人类的重要资源。

　　另一方面，我们必须明确，价值也是离不开人的。我们甚至可以说，一切价值都是相对于人而言的。在人与人类出现之前，在人的生活世界之外，世界不过是按照自然规律运行的"自在之物"。千百年来，无机的自然界就那样自我运行，自生自灭，哪里谈得上好坏、得失、利害、善恶、美丑之分，哪里谈得上对于人的意义和价值？只有在人们的现实生活中，切实满足了人的需要，促进了人的发展，对象的价值才会呈现出来，得到人们的承认。

　　或许会有人跑来争辩说，阳光、空气和水对于植物的价值，不是一目了然吗？如果没有阳光、空气和水，植物可能存活、生长？这种反诘看到了价值的关系性质，看到了事物和事物的相互作用与对象和人的价值之间的类似性，因而似乎颇有道理。只是，如果我们不将价值泛化，扩展到事物之间的相互作用或效应，它就经不起进一步的推敲。其实，没有人的存在和人的需要，没有阳光、空气、水、植物与人的关系，阳光、空气、水和植物之间只能说存在某种"关系"，又哪里谈得上阳光、空气、水之于植物的意义或价值呢？可见，即便说阳光、空气、水对于植物有价值，实质上不过是说，阳光、空气、水对于植物的作用以及对于人的生存、生活、发展有价值。

　　还可能有人举例说，春夏之交，雨过天晴，仰望蓝天，温暖的阳光和绚丽的云彩似乎在对你微笑，你不觉得天空真美吗？你不觉得这种美是"客观的"、不以任何人的意志为转移的吗？这种说法确实很抒情，很有感染力，也似乎很有道理！然而，如果我们进一步分析，那么同样可以诘问：天空的这种美就在于阳光和云彩的"微笑"吗？这种"微笑"难道不是你自己的一种心理感觉甚至幻觉吗？而且，天空真的能够"微笑"吗？天空怎么能够"微笑"？除非你对天空做了拟人化的处理，认为"微笑"是天空的一种可能的行为、一种客观的"属性"，除非你坚持认为，天空也有自主意识、心理活动，也有类似于人的思想、情绪、情感……而这类解释，前者是一种文学、审美上的修辞手法，它间接肯定了美的属人性，而后者则是一种万物有灵论的看法。

因此，只有联系现实社会中的人，联系人们的劳动实践活动，价值才能得到恰当的理解和说明。因为，劳动实践既创造了人，同时又是创造价值的真正源泉。只有在"劳动创造了人"之后，在人们的生活实践中，事物成为被利用、被加工的对象，满足人们的一定需要，帮助人们实现自己的理想，超越自我，才逐渐形成了事物与人之间丰富复杂的价值关系。比方说，在偏僻没有人烟的野地里长着一大片葡萄，在根本没有人时，或者在没有人看到和吃到这些葡萄时，虽然葡萄仍然是那些葡萄，"使葡萄成为葡萄的那些属性"也依然存在，但是，葡萄对于人的意义，或者说葡萄的使用价值，却不可能显现出来。只有当人们发现了葡萄，可以用葡萄充饥，或利用葡萄酿酒时，葡萄才真正满足了人们的需要，具体地表现出它的营养价值、经济价值。对此，列宁精辟地指出，实践是事物同人所需要它的那一点的联系的"实际确定者"。只有在人们的生活实践中，一切对象依据它们是否满足人们的需要，是否有利于人们的生存与发展，表现出不尽相同的意义。在日常生活中，人们往往会从自身出发，将一切人或事物区分为好的或坏的，有利的或有害的。所谓"好事""坏事""益鸟""害鸟""益虫""害虫""水利""水害"，等等，都是相对一定的人及其需要而言的，"好"是对人有好处，"益"是对人有益处，"利"是对人有利，"坏"则是对人不利，"害"则是于人有害，不一而足。

更具体的，价值离不开具体的人的需要、能力等"主体尺度"。"尺度"是一个形象的说法，表达的是"规定性""标准"等意思。按照马克思的说法，人们的需要就是"他们的本性"，也是人们生活实践中的一种"主体尺度"。当然，人的需要很丰富，而且是不断变化、发展着的。一般说来，只有低级的需要得到基本的满足，才会产生和满足高一层次的需要。例如，马克思曾经指出，"忧心忡忡的穷人甚至对最美丽的景色都没有什么感觉"。这是因为，忧心忡忡的穷人吃不饱，穿不暖，面临的难题一大堆，烦心的事儿一件接一件。他们的全部注意力都聚焦在生存和生理需要上，整天想着如何多赚一个铜板，如何让父母妻儿吃顿饱饭。因此，即使处在山清水秀、风景宜人的湖光山色中，或者置身于"大漠孤烟直，长河落日圆"的广袤荒漠，他们往往也会对美丽的风景"视而不见"，更不会在寒风中瑟瑟发抖、饿着肚子时，潇洒、优雅地览胜抒怀，吟诗作对，附庸风雅。只有当穷人们吃饱穿暖、生计无忧之后，才可能"聊发富人、闲人之狂"，想到这些"高雅""有诗意"的事儿。因为，当一定的需要得到满足之后，往往就会暂时"消亡"，不再作为需要而存在，这正如酒足饭饱的人暂时不会再关心吃喝问题，身体健康的人会"忘记"自己的某些身体器官，发达国家经常"忽视"了欠发达国家还希望发展、脱贫，改善人民的生活。这个时候，人们往往就会产生更高层次的需要。例如，爱与被爱、互相尊重、抒情审美、自我实现等方面的需要。这正如古人所谓的"富而好礼"，"仓廪实而知礼节，衣食足而知荣辱"，或者就像马克思、恩格斯所说的，只有经济发展了，温饱解决了，人们才有时间和精力从事精神文化活动。

同时，价值还取决于人们自身的发展程度，取决于人的素质与能力的积累和运用。马克思指出："对象**如何**对他说来成为**他的**对象，这取决于**对象的性质**以及与之相适应的**本质力量**的性质……因为我的对象只能是我的一种本质力量的确证"，"从主体方面来看：只有音乐才能激起人的音乐感；对于没有音乐感的耳朵说来，最美的音乐也毫无意义，不是对象……因为任何一个对象对我的意义（它只是对那个与它相适应的感觉说来才有意义）都以我的感觉所及的程度为限。"如果一个人的素质和能力较差，例如没有一双"有音乐感的耳朵"，那么，就既不可能产生欣赏交响乐之类音乐的需要，也不可能在倾听音乐时，产生共鸣，获得一种美的享受。在这种情况下，最美妙的旋律都显得多余，体现不出什么价值。反之，一个人的需要越丰富，素质和能力越强，他往往就越是能够与更广泛、更深入的对象建立价值关系，提升自己自由全面发展的程度。对一个社会来说，理想的境界是实现所谓"人尽其才，物尽其用"，个人与社会都得到自由而全面的发展。

可见，价值是一个关系范畴，它既离不开对象，也离不开人和人的需要等尺度。在这里，我们必须特别强调的是，虽然价值离不开对象，但价值却既不是对象本身，也不是对象固有的性质和功能。有些旧唯物主义者认为，价值就是具有价值的对象、"实体"，或者事物固有的某种属性。这种观点将价值与事实相混淆了，因为客观事物及其性质，仅仅只是一种不以人的意志为转移的事实，它本身并不是价值。此外，价值也不是人们头脑中主观想象或"构造"出来的精神意识。客观唯心主义者把某种"人造"的精神实体客观化，如柏拉图将"理念世界"、黑格尔将"绝对精神"、基督教将"上帝"视为价值之源或价值本身，这种观点是错误的。这些观点的失误在于，它们完全撇开了人，不理会人与人之间的差异，以及人自身的变化和发展，仅仅从对象的角度解释价值。这类观点根本不可能说明：为什么同一事物对于不同的人，或者对于不同时间、条件、状态下的同一个人，会具有不尽相同的价值。例如，面包对于吃饱喝足了的饱汉或饥肠辘辘的穷人，相对论对于"大字不识一箩筐"的科盲与学富五车的理论物理学家，剩余价值学说对于一心逐利的资本家和一无所有的雇佣工人，具有的价值就明显不一样。俗语所谓"饱汉不知饿汉饥"，"站着说话不腰疼"，就道出了其中深藏着的奥秘。尽管对象都是那个对象，事儿还是那个事儿，只是价值主体——人——不同了而已，或者，人本身发生了变化而已。可见，人，才是决定对象是否具有价值、具有什么价值的奥秘之所在。

二、事物的价值

曹雪芹的名著《红楼梦》想必大家都看过，许多人可能反复地读过。我自己就有事没事翻开看看，以为消遣，也经常会读出些心得，得到些意外收获。虽然人们对《红楼梦》很熟悉了，但是，恐怕没有多少人能够说得清楚《红楼梦》的价值。

《红楼梦》可以说是一部记录了中国封建社会末期生活的百科全书。不同的人根据自己的价值立场、社会角色、知识结构、兴趣爱好、利益需要、素质能力等，可以从中获得关于那个时代的许多信息，并从中受到各种各样的启迪。例如，从政的可以从中发现"官场秘诀"，CEO可以从中颖悟"管理之道"，企业家可以从中找到

"发财经验",金融家可以从中发现"生钱诀窍",建筑家可以从中找到"设计理念",园艺家可以从中发现"园林艺术",服装师可以从中寻求"剪裁思路",厨师们可以从中发掘"红楼肴馔",色情狂可以从中发现"隐蔽性事",小说家可以从中窥探"写作秘诀",艺术家可以从中寻找"创作灵感",民俗学家可以从中管窥"风俗习惯",哲学家可以从中领悟"人生智慧"……甚至,《红楼梦》本身的来龙去脉、创作意图、时代背景、人物关系、故事情节、思想实质、人生哲理等,早已成为人们探幽索隐、借题发挥、争辩不休的热门话题。这一切或粗或细地展开来,甚至发展出了一门专门的大学问——"红学"。

"红学"持续引人关注,而且随着时间推移越来越红火,令人心生感慨。由此我们不难发现,事物的价值实际上可能是无穷的,缺少的往往只是"有心人""发现的眼睛"。在现实生活中,由于对象(包括人自身)的存在和属性十分复杂,其发展存在多种多样的可能性,由于人的需要、兴趣和能力各不相同,并且复杂多变,因而,对象与人之间的价值关系就如同《红楼梦》一样,是丰富、复杂、多样化的。我们无论如何不能固守封闭的线性思维,将丰富多彩的价值世界简单化,例如,将人"物化"、异化,将人的价值以"含金量"来衡量,甚至到市场上去粗暴地兑现,或者将《红楼梦》的价值简单化、庸俗化,以为那只是描写了一大群公子小姐的男欢女爱。

由于价值的种类多种多样,我们可以从不同角度,依据不同的标准,对价值的存在形态进行分类。例如,依据对象是事物还是人,可以简略地将价值区分为事实的价值和人的价值。这里我们先来谈谈事实的价值。

所谓事物的价值，就是物质或精神文化现象满足人的需要的价值。在人们的社会生活中，事物最常见的价值有如下几种基本类型：

第一种是利或功利价值。即对象满足人的物质性需要、对人的生存和发展有利的价值。人们有时也将其称为物质价值。例如，满足人们的生理需求、物质享受、安全保障、经济利益、生态条件等方面需要的价值。它典型地表现为物质方面的权益，如效益、财富、权力，等等。显然，这有点近似于经济学上的使用价值。

由于趋利避害是所有生命的本能，由于生理需要是人的最基本需要，因而功利价值是一种基础性的价值，是产生和实现其他一切价值的前提和基础。物质利益是人们活动目的的真实内容，也是激励和支配人们活动的真实动机。利益关系是一切社会关系的"底蕴"，利益机制是社会运行的动力机制。古今中外，从来没有不根源于物质利益冲突的阶级斗争，也没有不与物质利益相联系的改革和革命。只有正视人们追逐功利这一客观事实，才能理解社会的经济现象、政治现象。

当然，人不是一架功利计算机，仅仅追求功利等物质价值，甚至将其奉为最高价值，如叫嚣"人生价值要以含金量来衡量"，则是片面的、低俗的。如果把一切价值都归结于功利，将功利价值看作人的全部价值或最高价值，则难免将人降低为动物，贬损人和人的人格、尊严，丧失人之为人的崇高。

第二种是真或知识价值。真是主观与客观的统一，是人们的认识与客观对象相符合。本来，求真是认识论、真理论的范畴，但是，由于追求、掌握和运用真理是人类生存、发展和完善的基本前提，因此，真对人具有极其重要的、多方面的价值。从这个意义上说，真也是一种价值。

求真的价值表现在：求真能够使人们认识对象，建构真实的世界图景，满足人们的求知欲；求真能够帮助人们消除对象的神秘感和异己感，摆脱愚昧、无知、迷信和盲从；求真能够促进人们提升理性能力，塑造丰富的内心世界；求真能够为人们的行为提供依据和指导，促进人与社会的发展。社会需要真知，人生需要求索，历史已经彻底否弃了"知识越多越反动"之类莫名其妙的信条。

追求真理，为真理而献身，是人类崇高而伟大的信念，也是有志之士核心的价值取向和追求。它要求人们具有敢于面对真理、不懈追求真理的人生态度和精神品质。只有真正的勇士才敢于直面惨淡的人生，才敢于正视淋漓的鲜血，才有勇气匍匐在现实粗糙的地面上，立足残酷的现实，创造美好的未来。

第三种是善或道德价值。即满足人的意志需要的价值，也就是人们的行为合乎自己或他人的目的与需要，有利于调节和创造良好的人与自然、人与人、人与自身的关系的价值。

善是与恶相对而言的，是指称人类行动的道德意义的价值范畴。善的价值的表现形式丰富多样，如公正、正直、诚实、仁爱、善良、勇敢、勤勉、节俭，等等。古希腊哲学家曾将智慧、公正、勇敢、节制作为人类生活的四种主要美德。

德国著名哲学家康德曾经感叹："有两样东西，我们愈经常、愈持久地加以思索，它们就愈使心灵充满日新月异、有加无已的景仰和敬畏：在我之上的星空和居我心中的道德法则。"前者表达了对大自然的深情敬畏，后者则是对道德价值的无上推崇。我国古代哲学家荀子则说："水火有气而无生，草木有生而无知，禽兽有知而无义。人有气有生有知亦且有义，故最为天下贵也。"即是说，讲仁义，有道德，是人别于动物界甚至人之为人的标志性特征。"人无德，其异于禽兽几希？"极端不讲道德的人，历来被认为"形同禽兽"，甚至"禽兽不如"！这类人存在于世界上，不过是让人唾骂的"行尸走肉"！

第四种是美或审美价值，即满足人们的审美需要的价值。在审美体验中，人的本质力量在对象中得到了合乎人性的实现或对象化，使人产生或愉悦、或狂喜、或神清气爽、或超凡脱俗的审美效果。

美是与丑相对而言的。丑也是一种广义的美。美的魅力在于感染人，塑造人。从旖旎秀丽的自然风光，到维纳斯神秘迷人的微笑；从改天换地的生产劳动，到气势恢宏的航天探索；从美不胜收的轻歌曼舞，到妙趣横生的相声小品；从门捷列夫的元素周期表，到曹雪芹的《红楼梦》……当你置身于美的环境之中，发现了那种美，你就会感到由衷的喜悦。有时，还会让你的思想受到陶冶，灵魂得到净化，获得积极向上、振作进步的勇气。

最高境界的美是真与善的最高统一，是合规律性和合目的性的统一。特别是，当人们战胜了各种困难，超越了自身原有的局限，体现了自己的才能和力量，体现了创造的智慧和激情，就会体验到一种由衷的愉悦感，体会到一种克服局限、"战胜自我"的自由。

在以上四种价值中，利是满足人们的生理需要的价值，是实现其他一切价值的前提和基础。真、善、美则是满足人们的精神、心理、文化等需要的价值，人们有时也称之为精神价值。真、善、美意味着对人的人格和尊严的肯定，意味着对人自身的进一步提升。物质价值和精神价值（真、善、美）体现了人生奋斗的不同层次，体现了人生奋斗各个方面的目标和理想。

在精神价值中，真、善、美之间也不是孤立或割裂的，而是一个有机的整体。其中，真是最为基础的价值，其本质在于主观符合客观，获得关于事物本性和规律的真知灼见。善是对人们的社会关系的调节，是对人们的行为的激励或约束，体现了人们的合目的性。美的本质在于合规律性和合目的性的统一。广义的美和善是交融的。美因道德而可以成为更高的善之美，善由于美而可以成为更高的美之善。美与善的高度融合"必定会对全人类造成一种简直是奇迹般的销魂之美"。利、真、善、美体现了人生奋斗的不同层次，体现了人生奋斗各个方面的目标和理想，它们之间相互影响、相互作用，最后统一和升华为一个更高层次的价值，即自由。

最后应该指出的是，事物的价值的具体的表现形式，具体的发展变化，都是丰富、多样化的。例如，它们存在着真实价值与虚假价值、正价值与负价值、高价值与低价值、瞬时价值与永恒价值、潜在的价值与现实的价值等之分。各种不同种类、不同形式的价值在不同条件下彼此相伴而生，相互交织在一起，并不断地发展变化，从而构成了人类丰富多彩、错综复杂、动态发展的价值世界。

三、人的价值

1982年7月11日，69岁的掏粪老汉魏志德在掏粪时，被粪池中散发出的刺鼻沼气熏倒，跌入了粪池。24岁的第四军医大学空军医学系三年级学生张华路过，听到呼救声，毫不犹豫地跳入粪池，救出了老农。令人扼腕长叹的是，年轻的张华却被沼气熏倒了，从此再也没有醒来。

　　风华正茂的大学生因救掏粪老农而死，引发了举国上下一场关于"大学生救掏粪老农值不值"的大讨论。有人认为，一位"文革"后我国自己培养的、前途无量的大学生与一位掏粪老农对社会的贡献差异是一目了然的。张华的行为不值得，按现在的说法，实在是"太傻了"！也有人认为，"见义勇为的精神是不能用经济价值衡量的"，"生命的价值从来都不在于等价交换。在生命的天平上，难道精英就比老农更重？一个社会、一个民族怎能如此势利？"……

　　面对社会舆论的众说纷纭，莫衷一是，我们需要立足时代，认真反思与事物的价值不同的另一种价值形态，即人的价值。

　　所谓人的价值，就是具体的历史的人及其活动对于作为主体的人的价值。它包含十分丰富复杂的内容，大致可以概括为两个方面，即个人价值和社会价值。

　　个人价值是个体及其活动对于个体自身的价值，是人通过自己的活动满足自身的需要。

　　社会价值是个体及其活动对于他人、社会的价值，是人通过自己的活动满足他人、社会的需要，即对他人、社会有所付出，做出贡献。

　　在中国漫长的历史中，包括在中华人民共和国成立后"左"的时期，整个社会奉行的是绝对的集体主义、整体主义观念，人们特别强调国家或集体利益，往往并不太注重个人价值，包括个人的生命价值。人们常常认为，讲求个人利益，追求自我价值的实现，是狭隘的、自私的，必须予以斗争、批判，"狠斗私字一闪念"。"文革"结束后，伴随拨乱反正的思想解放运动和改革开放，曾经像崇拜神坛上的偶像一样的群体迷信开始动摇，人们的自我价值意识也开始冒头。"大学生救掏粪老农到底值不值"的大争论，正在是在这一时代背景下突出出来的。这场没有答案的讨论的意义已溢出了讨论本身，成为中国思想解放运动的一个标志性事件。

应该说，正是在"大学生救老农值不值"的辩论中，当代中国人对个人价值的观念才重新严肃地得到审视。这场讨论是对"文革"时期，乃至中国历史上不尊重个体价值的一个反拨。通过大讨论，越来越多的人意识到，每一个人的生命都只有一次，都应该珍惜，应得到尊重；每一个生命的价值是平等的，生命难说轻重，不能分贵贱，不能分三六九等。每一个个体都有其独特的价值，而并不只是集体机器上的一颗可替代的"螺丝钉"。而且，毫无疑问，每一个人来到这个世界上，都需要成就和完善自己，使自己的人生具有意义，最大限度地实现自己的个人价值。不珍惜个体的生命，不尊重个人的人格，不承认甚至贬斥个人价值，是一种反人性、不人道的观念和做法。对此，我们应该坚持"人是目的"、以人为本的理念，认真地反省历史，审视现实。

但是，与此同时，我们也不能将个人价值绝对化，将之凌驾于集体或社会价值之上。应该看到，人的本性毕竟在于社会性，任何人都是社会大家庭的一分子，是组成社会的一个要素，是处于社会相互作用之网上的一个"纽结"。只有通过社会遗传和教育，在一定社会环境中，一个人才能成长为真正的"人"；也只有在一个社会中，通过社会性的实践活动，一个人才能实现自己的个人价值和社会价值。因此，为社会奉献，为人类造福，是每一个人都应该做的事，甚至可以说，是每一个人"分内的事"。否则，人人极端自私自利，"拔一毛利天下而不为"，甚至只知索取，绝不奉献，那么，任何一个集体都会坐吃山空，社会难免一片混乱。长期纷争、动荡的结果，是谁也不得安宁，得不到好处。甚至，集体、社会根本就不可能继续存在和发展，陷入土崩瓦解，从而个人的生存和发展也将失去基本的保证。那个时候，就真正是万劫不复的"世界末日"了！

而且，个人价值与社会价值并不一定是绝对对立的。正如马克思、恩格斯所指出的，个人怎样"表现自己的生活"，他们自己也就是怎样的。一个人在社会中生活、表现自己，他的个人价值也就是他的社会价值，或者说个人与社会相统一的价值。勤勤恳恳地为社会奉献，为人类造福，不仅与人们的自我完善、自我实现不相冲突，而且还是人们自我完善、自我实现的根本途径。从这一意义上说，人的社会价值具有更加重要的意义，也更加得到人们的尊重。正因为如此，爱因斯坦强调，一个人的价值，应该看他贡献什么，而不应该看他取得什么。

实际上，大学生张华生前已经对争论的问题，包括个人价值与社会价值的关系，给出过明确的回答。他曾对他的同班同学董希武谈起过舍己救小学生的大学生邵小利。当时社会上有人认为，邵小利用一个大学生的生命去换取一个小学生的生命不符合价值规律。张华对董希武说："这种计算方法是庸俗的，落后于起码的文明道德。我如果遇到邵小利这样的事，我决不去计算价值，人和动物的区别，就体现在这些地方！"只是没想到，一语成谶，说完这句话仅仅十几天，张华就用行动实践了自己的信念。

总之，个人与集体、社会是有机地、不可分割地联系在一起的，个人价值与社会价值也是相互联系、交织在一起的。社会价值是通过无数的个人价值的追求活动实现的，社会价值的实现又能为个人价值的实现创造更好的基础和条件。在社会生活中，每一个人都应该正确处理个人价值与社会价值、索取与贡献的关系，将实现自己的个人价值与社会价值有机统一起来，将自己的自由全面发展和社会的自由全面发展有机统一起来。

四、价值的主体性

观世音菩萨是深受中国民众推崇的佛教"神仙"。但观世音菩萨是男身还是女身？他（她）会在何时、会以什么面目出现？他（她）具体负责帮助人们排解哪些方面的困难？为什么观世音菩萨能够有求必应？一般人恐怕很难说得清楚。佛教的解释很有意思：人若修成正果，达到"罗汉"以上的级别，就没有世俗的性别之分了。观世音菩萨之所以有时现男身，有时现女身，是随缘而化的。所谓随缘而化，是指根据所行善事的环境、对象和需要，随时改变自己的形象，从而以最适宜的方式普度众生。这也即是千面观音的来历。

价值就如同千面观音一样，也具有"随缘自化"的特点。在不同的时间、条件、环境下，对于不同的人来说，对象的价值并不是单一、固定、僵死的，而可能呈现出不尽相同、不断变化的价值。当然，任何对象都不是法力无边的菩萨，不可能自己化成价值。这里的主动权掌握在人们自己手中——价值的主体是人，必须由人们在生活实践中，主动地将各种价值选择、创造出来。

也正因为此，价值具有鲜明的属人性或主体性。所谓价值的主体性，是指价值本身的特点直接与具体的人相联系，它直接表现和反映着人的目的、利益、需要和能力。价值的主体性可以从不同角度进行刻画，但主要从如下一些方面表现出来：

首先，价值具有个体性。这即是说，任何对象对于不同人的价值都可能不同，表现出"因人而异"的特点。

由于每一个人所处的时代、所担当的社会角色不同，利益与需要不同，素质与能力不同，因而同一个对象，对于不同的人的价值是不同的，有时甚至是完全相反的。这也即是说，价值具有"因人而异"的特点。在现实生活中，我们常常发现这样的情况：对一些人是好的、有益的东西，对另一些人却是坏的、有害的；对一些人是善的、美的东西，对另一些人却未必是善的、美的。例如，根据劳动法，缩短劳工的工作时间，增加劳工工资，提高劳工福利，广大劳工肯定会说"好"，由衷地支持和拥护。相反，眼睛盯着成本、利润的资本家们，心情则可能完全不同。因为，缩短工作时间意味着每个劳工的产出下降，成本上升；增加劳工工资、提高劳工福利，更是需要多付真金白银；这都意味着可剥削的劳工的剩余价值减少，资本家的利润减少。他们只要有可能，就会不停地高喊，"亏本了"，"受不了了"，"没法干了"。在存在劳资对立时，特别是在私有制条件下，劳资双方的倾向和观点相左，甚至激烈冲突，是难以避免的现象。

价值的"因人而异"是十分常见的现象。俗话说，"趣味无争辩"，"一千个观众就有一千个哈姆雷特"。"人上一百，形形色色"，大家的趣味是什么，有什么独特之处，本就不值得非议，更不值得争辩。在不同人眼里，或由不同演员演绎，哈姆雷特的形象可能大相径庭，不同的人喜爱或者不喜爱哈姆雷特，也是很正常的事。在现实生活中，正是因为人们的利益和需要不同，兴趣和爱好不同，素质和能力有差异，因而价值世界才会如此地五光十色，才会如此地丰富多彩。如果在这个世界上，人们所认可的是非成败、利害得失、善恶美丑等都完全一样，全社会总是"心往一处想，劲往一处使"，那么，这个世界必然会是色彩单一、单调贫乏的，文化上则难免失去生机和活力，落得个"沙漠化"、生态失衡的后果。"文化大革命"政治挂帅、一切皆算政治账导致的后果，年纪稍大些的人都会印象深刻，甚至历历在目。那时候，不仅政治上全国人民一致地"以阶级斗争为纲"，通过"抓革命"而"促生产"，生活中也是高度趋同，连穿的衣服都只有蓝、黑、白、绿、黄等少量几种颜色，外国人讥讽我们是"蓝蚂蚁""黑蚂蚁"。因此，如果对于所有的事，特别是涉及人们切身利益的事，涉及人们日常生活需要的事，全社会只有一种声音，众口一词地喊好或喊坏，那就值得我们警惕了。

在历史与现实中，价值主体有许多层次和各种各样的类型，除了作为整体的人类之外，还有宗教、民族、国家、地区、阶级、阶层、企业、群体、个人，等等，同样的对象对于他们来说，其价值往往表现出相应的独特内容：以人类为主体的价值具有人类普遍性或社会历史性，以宗教或民族为主体的价值具有本宗教或民族的特点，以阶级、阶层为主体的价值具有阶级性，以地区为主体的价值具有地域特色，以企业为主体的价值具有本企业的利益侧重点，以某一群体为主体的价值具有相应的群体性，以个人为主体的价值具有个人性或狭义的个性，等等。这些特性是不可能也不应该简单抹去的，诸如无产阶级与资产阶级、社会主义与资本主义的根本冲突，甚至无法调和。

其次，价值具有多维性。即对于同一个人来说，一定对象对于他的价值可能是多方面的、多层次的。

我们知道，每个人都是活生生的有血有肉的人，都存在着十分复杂的结构和特性，都具有多方面、多层次的利益和需要，而且，同一个人在不同方面的素质和能力不一样，兴趣和爱好不一样，因此，某一对象与同一个人也可以建立多方面、多层次的价值关系。

就拿一块平平常常的石头来说，只要我们的思维不是"单打一""一根筋"，那么不难发现，这块石头可"不简单"。它可能具有多方面的属性和功能，这些属性和功能都可能满足人们的某种需要，从而对人具有某种特定的价值。例如，石头不仅可以满足人们建房修路、建桥筑堤、垒床砌灶、修筑猪圈狗窝等需要，实现其众所周知的价值，而且还可以突破常规，实现某些独特的价值：在人们写字作画时作为镇纸，危急时刻作为武器自卫，船只空驶时作为压舱之物，像曹冲称象一样作为度量衡……如果是一块漂亮的石头或者奇石的话，那它的价值就更不得了，除了上述这些方面的价值，它还可能满足人们的艺术审美需要，令人爱不释手，被人小心翼翼地珍藏，或拿到市场上卖个好价钱。

当然，这块石头到底具有哪些价值，不仅取决于石头的模样、材质和功能，而且更取决于人们的需要和能力，特别是人们的需要和能力发展的状况与程度：人们的需要和兴趣越是狭窄，石头的价值可能就越是贫乏、单一；人们自身的发展越全面，需要的层次越多，能力越强，石头的价值就可能越是丰富、多样。这正如马克思指出的，人的本质力量、包括人的感觉是随着生活实践的发展而不断丰富发展的："只是由于人的本质的客观地展开的丰富性，主体的、人的感性的丰富性，如有音乐感的耳朵、能感受形式美的眼睛，总之，那些能成为人的享受的感觉，即确证自己是人的本质力量的感觉，才一部分发展起来，一部分产生出来。"也正因为此，人们的本质力量、人们的需要和能力等越是自由、全面发展，人们就越能感受到世界上价值的多样性，也就更有可能创造出丰富、多样的价值世界。

再次，价值具有时效性。即具体的价值关系不是永恒固定的，而是随着对象与人自身的变化而不断变化的。

我们知道，世界是运动、变化、发展着的，"一切皆流"，万物在变，所有的一切都处在永恒的变化发展过程之中，"太阳每天都是新的"，任何人也是一样，不可能停留在婴幼儿状态，永远长不大，不可能"青春永驻"，长生不老。人们的需要、能力也在不断变化、动态发展着。因此，一定对象对于同一个人来说，它有没有价值，有什么样的价值，也不可能僵死固定，一成不变。有的时候，即使对象本身没有发生明显的变化，它对人的价值也不会永远不变，而完全可能随着人们自身的变化，特别是人们的需要和能力的变化而变化、发展而发展。

杜甫《春夜喜雨》诗云："好雨知时节，当春乃发生。随风潜入夜，润物细无声。"当春天来临，万物萌芽生长，农民们的庄稼刚刚播种，一切都等待春雨的滋润，恰逢其时，一场久盼的春雨突然降临，春旱解除了，农民们的生计有了希望，个个喜不自禁，笑逐颜开，这时候的绵绵春雨，真是适时的"好雨""喜雨"。然而，如果已经暴雨成灾、洪水泛滥了，但春雨仍然淅淅沥沥下个不停，淹没庄稼，冲毁道路，毁灭家园，弄得民不聊生，流离失所，这时的春雨，就变成令农民们诅咒的"坏水"了。

对于价值的这种因时而化、顺时而变的时效性，人们并不陌生，在现实生活中多有见识。最为典型的是，这些年来，人们越来越认识到了古董、文物的价值：今天的古董、文物大多在当年并不名贵，有些甚至是过去的日常生活用品，但是，随着岁月的汩汩流逝，却可能身价倍增，甚至价值连城。这是因为，虽然它们在当年并不起眼，司空见惯，不足为奇，但是，却可能记载着那个年代人们的生活，寄托着那个时代人们的情感，成为人们对已经逝去的那段历史的纪念。今天席卷大江南北的收藏热，包括苏区文物收藏热、"文革"文物收藏热，农业或工业文物收藏热，都可以折射出人们对这种价值的认可和重视。

关于价值的时效性，人们尽管没有从理论上下功夫琢磨，却常常会有一些真切的体验，甚至有不少深刻的感悟。例如，人们对于"雪中送炭"的由衷赞誉，对于"雨后送伞"的诙谐调侃，对于"抓住机遇促发展"的深刻认识，对于"时间就是金钱""时间就是生命"的高度"概括"，以及外交工作中"没有永恒的敌人，也没有永恒的朋友"的感慨，等等，就非常形象地诠释了价值的时间效应。价值的鲜明的时效性表明，人们的价值生活是一个动态的过程，一个不断变化、不断发展、不断提升的过程。在现实生活中，总是有许多价值等待着我们去发现，还会有更多的价值等待着我们去创造。一个志向远大、有所追求的人，总是会不懈努力，不断超越过去和现在，以自己的实际行动，创造美好的未来。

可见，价值与客观的、不以人的意志为转移的事实是不一样的。价值具有个体性、多维性、时效性，或者笼统地说，具有鲜明的主体性，是一种以人们自身的尺度为尺度、因人而异的关系，是一种随着人们自身的变化而变化、发展而发展的关系。换句话说，某一对象究竟有没有价值，有什么样的价值，虽然与对象是否存在、是否具有某种性质、功能密切相关，即在一定意义上具有客观性。但是，更重要的，它要取决于人自身，取决于人的需要和能力，要反映人自身的特点，反映人的自由全面发展的程度。不明白这一点，就不可能真正区分事实与价值，就不可能真正洞悉价值的奥秘。

五、价值的客观性与绝对性

庄子是我国古代著名的相对主义思想家。他有一个著名的观点："以道观之，物无贵贱""万物一齐，孰短孰长"。他认为，人世间的一切是非、善恶、美丑，等等，并无原则界限，都是相对而言的。"是亦彼也，彼亦是也。彼亦一是非，此亦一是非。"是非可以不论，善恶不妨并存。圣人尚智慧，设差别，讲仁义，教礼乐，一切本没有什么意义。"与其誉尧而非桀也，孰若两忘而化其道。""是非之彰也，道之所以亏也。"因而应该循道自化，"齐万物""等贵贱""一生死""不遣是非"，"不以好恶内伤其生"。

庄子生活的时代，战乱频仍，民不聊生，以周礼为核心的道德价值已经沦丧殆尽。在绝望而悲剧性的人生中，庄子不仅同是非、齐善恶，而且怀疑一切，否定一切："可乎可，不可乎不可。道行之而成，物谓之而然。恶乎然？然于然。恶乎不然？不然于不然。恶乎可？可于可。恶乎不可？不可于不可。"在庄子看来，人之生死都没有什么特别的意义，一切"方生方死，方死方生"。甚至，庄子还将死视为对生之烦恼、痛苦的彻底解脱。当庄子相濡以沫的妻子驾鹤西去时，他的好友惠施怀着沉痛的心情前往吊唁，却惊奇地发现庄子毫无哀色，正在"鼓盆而歌"！

　　庄子真是"超脱"得彻底！但是，在日常生活世界，价值世界真的一切都无所谓吗？是非、善恶、美丑、贵贱、荣辱等价值，都是主观的、相对的，没有任何标准可言吗？

　　我们恐怕不能这么极端。实际上，我们肯定价值具有主体性，肯定价值因人而异、因时而异、因地而异，"一切以时间条件为转移"，并不是说，价值是完全主观的、相对的，完全没有客观性、统一性和绝对性。在这里，我们不能走向片面和极端，陷入"价值无争辩"之类主观主义、相对主义的泥坑。

　　主观主义完全从人的精神与心理状态理解和规定价值，认为价值是人的兴趣、欲望、情绪、情感、态度或其产物。如罗素认为，当我们断言这个或那个事物有"价值"时，我们只不过是在表达我们的感情；培里认为，价值最终必须被看作是"欲望或兴趣的函数"。

　　在这里，我们需要明确的是，价值的主体性并不等同于主观性，更不等同于主观随意性。主观主义割裂了价值与对象之间的关系，是价值本质问题上的唯心主义观点。主观主义没有看到，或者说忽视了，价值在一定意义上是具有客观性的。

　　首先，价值作为一个关系范畴，存在于具体的人和对象相互作用的过程之中。某一对象是否对人具有价值，具有什么价值，不是由人和人的需要单方面决定的，它同时也取决于对象本身，取决于对象是否存在，是否具有满足人的需要的性质和功能。例如，古代没有发明无线手机、互联网，那么，对于古人来说，根本就不可能有所谓手机、互联网的价值，也根本不可能像今天这样，实现远距离的即时通讯，"天涯若比邻"。

　　其次，人们的需要并不是纯粹主观的，不能将"想要"与需要混为一谈。例如，一个人生了病，往往需要看医生，打针吃药，如果讳疾忌医，打针怕痛，吃药怕苦，那么只能进一步增加苦痛，加速死亡；欠发达国家需要发展，如果以"越穷越光荣"来逃避，那么只会令百姓们忍饥挨饿，生活窘困，民不聊生。从人们的需要的客观性方面理解价值，才能够真正从人和对象的整体关系的角度，理解价值是一种人与对象之间的相互作用及其结果。

再次，人们的需要的产生、发展与消亡，需要满足的方式和程度，也不是随心所欲的，它要受社会历史条件和人们的社会实践活动的制约。无论是人的生理需要，还是人的心理需要，也无论是人的物质性需要，还是人的精神性需要，在根本上都与人的社会存在状况相联系，与人的社会实践以及在这种社会实践中的发展相联系，都有着它自身不依赖于人和人的主观意志的客观性和必然性。正是社会实践创造出来的不断发展着的需要，规定了一定对象对于人有没有价值，有什么价值，以及这种价值可能发生什么样的变化。绝不能脱离具体的社会历史条件，脱离人们的社会实践，空洞地谈论人们的需要和需要的满足。

因此，强调价值的主体性，强调价值"因人而异"，并没有也不能否认价值的客观性。某一对象对人是否具有价值，有什么样的价值，并不是由人们主观、随意地决定的，它具有一定的客观性、确定性。只有尊重价值的这种客观性、确定性，才能正确地理解和把握它，合理地变革它。

相对主义是主观主义的孪生兄弟。它认为，一切价值都是相对的、不确定的，"公说公有理，婆说婆有理，天下无公理"。相对主义虽然看到了价值的主体性，看到了价值是相对于人和人的需要来说的，但是，却片面夸大了价值的相对性、不确定性。

实际上，承认价值具有客观性，也就在一定意义上承认了价值的确定性、绝对性。而且，虽然价值在不同人之间可能是个性化的、相对的，但是，对于每一个确定的人来说，包括对于每一个确定的群体或共同体来说，在一定时间、条件下，价值却是一定的，这也是可以确定的。例如，在中国土地革命时期，打土豪分田地，利益受损的地主、富农当然不甘心，必然负隅顽抗，但广大农民能得到实惠，必然衷心拥护；消灭资本主义私有制，消除剥削和压迫，资本家自然一万个不愿意，但一无所有的工人阶级却肯定欢欣鼓舞，因为他们在革命中"失去的只是锁链，得到的却是整个世界"。类似的一切都是可以肯定的，也不难在生活实践中加以证实。

此外，对于不同的人、不同的社会共同体或者整个人类来说，在一定程度上，价值也具有共同性和统一性。例如，任何人作为一个"人"，作为社会大家庭的一个成员，因为属于共同的物种而具有共同的尺度，因为人自身的社会性和相互依存关系而具有共同的利益和需要。而且，任何人只有在互动的社会关系中，在一定的价值秩序中，才能健康地生存、生活、发展，才能实现自我的价值，同时也为他人的价值实现创造条件。这必然要求人们在社会交往中，形成一定的共同价值标准，接受一定的共同价值秩序。

随着全球化、信息化时代的到来，人们的交往范围不断扩大，交往深度不断拓展，人与人之间的相互依存、相互渗透、相互影响关系正在日益加强。生活环境的这种社会化、全球化，极大地突破了人们的狭隘视野，突出了人类文化精神中的"类意识"、整体精神，要求人们真正作为"社会人""世界公民"思考问题。这要求人们在交往、互动过程中，超越自身狭隘的私利，抑制各种可能膨胀的私欲和不负责任，在诸多共同的目的和需要导引下，从整体和全局的视角看待问题，尊重基本的"底线伦理"，追求人类共同价值，并为自己和他人的价值实现互相提供条件。

总之，在人们具体的历史的社会实践的基础上，价值的主体性（包括主观性）与客观性、相对性与绝对性等不是完全对立的，它们是相互依存、相互作用、辩证统一的。那些执其一端、片面地加以绝对化的观点，如主观主义、相对主义，既经不起逻辑上的仔细推敲，也不符合价值生活的实际。只有正确理解价值的主体性与客观性、相对性与绝对性的辩证关系，明确反对主观主义、相对主义，才能准确把握价值概念的内涵，将价值哲学建立在坚实的基础上，逐步让哲学的"价值论转向"的意义凸显出来。

第三讲　现代哲学的价值论转向

　　19世纪末20世纪初，德国哲学家洛采、新康德主义弗莱堡学派的文德尔班、李凯尔特等人，试图将价值和评价问题置于哲学的中心地位，提出构造"价值哲学"。从此，一般"价值论"（the theory of value）或者说"价值学"（axiology）就诞生了。而随着价值问题成为哲学的"中心问题"、一般价值论的出现，特别是时代变迁过程中凸显出来的价值困惑和价值危机，在现代哲学中，特别是在西方哲学中，已经或正在出现所谓"价值论转向"。

　　作为"时代精神的精华""文明的活的灵魂"，哲学的"转向""转型"并不是偶然的、任意的，而总是有其深刻的理论与实践根源。如果我们能够冷静地审思现代哲学所处的时代背景，反思现代哲学自身面临的问题和挑战，那么，我们就会发现，哲学的"价值论转向"既是哲学理论自身发展的必然，更是时代与生活实践发展的要求。

一、"拟科学"的哲学面临困境

在人类思想史上，哲学与科学——特别是自然科学——有着不解之缘。哲学几乎从一开始就视自己为科学，或者要求自己成为严格的科学。甚至，哲学对自己的"科学品质"的要求还很高。例如，胡塞尔在《哲学作为严格的科学》中指出，哲学要求自己满足最高的理论需求，并且在伦理—宗教方面，"使一种受纯粹理性规范支配的生活成为可能"。在历史上，哲学似乎表现卓越，与科学同样地杰出。由于哲学的目标是要得到最高的、最确定的知识，在这样的宏伟目标激励下，哲学的献身者们一直显得意气风发、斗志昂扬！

1.哲学源远流长的"拟科学"之梦

咀嚼历史，人们发现，人类早期的思想探索并未分化为各门独立的学科，哲学和科学都交织在"爱智慧"的混沌、笼统状态之中，哲学与科学之间并无明确的分野。人们最初关于万物的"本原""始基"的探索，如泰勒斯的"水"，毕达哥拉斯的"数"，德谟克里特的"原子"，以及中国的"阴阳""五行"学说，都既是科学，也是哲学。

后来，随着探索走向深入，哲学和科学逐渐分道扬镳，天文学、地理学、物理学、化学、生物学等具体科学逐渐形成。这个时候，如下一种意见逐渐明朗化了：具体科学集中于解释经验现象之间的联系，而哲学则侧重于追问经验现象背后的本原或本体。亚里士多德的观点具有代表性："有一门学术，它研究'实是之所以为实是'，以及'实是由于本性所应有的禀赋'。这与任何所谓专门学术不同；那些专门学术没有一门普遍地研究实是之所以为实是。它们把实是切下一段来，研究这一段的质性；如数学就在这样做。现在因为我们是在寻取最高原因的基本原理，明白地，这些必须是禀于本性的事物。若说那些搜索现存事物诸要素的人们也就在搜索基本原理，这些要素就必须是所以成其为实是的要素，而不是由以得其属性的要素。所以我们必须认清，第一原因也应当求之于实是之所以为实是。""我们研究的主题是本体；我们所探讨的正是本体的原理与原因。"①于是，本体论问题成为人们关心的主要问题。

走出人类思想史早期的混沌状态，摆脱中世纪神学的束缚和羁绊，随着文艺复兴之后近代西方实验科学的兴起，特别是科学的里程碑式的突破——伽利略、牛顿力学的巨大成功，（自然）科学取得了前所未见、至高无上的权威。这正如卡西尔在《人论》中指出的：在变动不居的宇宙中，"科学思想确立了支撑点，确立了不可动摇的支柱"。在现代世界中，"再没有第二种力量可以与科学思想的力量相匹敌。它被看成是我们全部人类活动的顶点和极致，被看成是人类历史的最后篇章和人的哲学的最重要主题"。中国在近代科学发展中落伍了，"赛先生"姗姗来迟。但是，"赛先生"自"落户"中国后，古老的华夏大地风气为之一变，也出现了对科学的顶礼膜拜。例如，1923年，胡适在《科学与人生观》之序言中指出，科学已经拥有了"无上尊严的地位"，无论是什么人，都不敢公然表示"轻视或戏侮的态度"。

在自然科学成功的耀眼光环下，科学几乎被"神化"了，似乎

---

① 亚里士多德：《形而上学》，吴寿彭译，商务印书馆1959年版，第58、241页。

成了正确、真理、正义、至善、至美等的代名词。对科学的顶礼膜拜，对科学方法的极度迷信，对科学真理的孜孜追求，盛极一时。从此，科学成为一切学科的判据，成为一切学术的范式，其他学科必须依照这个范型加以衡量，理性主义、客观主义、知识至上等倾向在思维王国中的统治地位得以确立。

在这种氛围中，科学也成了哲学的范型，成了哲学的头脑和主宰，尽管在不同发展阶段，主宰哲学的可能是不同的具体科学，甚至不同人对它的意见也不尽相同。例如，在17世纪，数学成了哲学的主宰，因而产生了笛卡尔、霍布斯、斯宾诺莎、莱布尼茨和巴斯噶；哲学为心理学所统治之后，产生了贝克莱、休谟、孔狄亚克和康德；到了19世纪，在谢林、叔本华、斯宾塞、尼采和柏格森等人的著作中，作为哲学思想背景的则是生物学。在科学的光芒照耀之下，哲学研究如同其他人文科学、社会科学一样，也往往借鉴和模仿自然科学的范式和方法，特别是一些领先的自然科学的范式和方法，如近代以前几何学中的公理化范式和方法，近代以来占主导地位的物理学范式和方法，以及更一般的科学实证范式和方法，以建构所谓"科学的哲学"。

科学的高歌猛进逐渐让人们认识到，科学不仅能够解释现象之间的联系，也可以超越这些现象，说明自然物的原因，把握现象背后的本原或本体。关于世界是怎么样的，人们可能获得怎样的世界图景，获得关于世界的什么知识，哲学并不会知道得比科学更多。实际上，在这些问题上，科学的界限往往就是哲学的界限。说得不客气一些，哲学往往只有仰仗科学，才能"看见"世界。

既然科学也具有认识世界本原、本体的能力，或者说科学主宰着哲学的视野，那么，哲学存在的必要性、合理性就受到了严重的质疑。在这种情形下，哲学便改弦更张，在一定程度上放弃了关于"世界是什么"的本体追问，转而以各门具体科学为基础，思考"我们的知识如何可能"或者康德的"先天综合判断如何可能"。即是说，出现了哲学的认识论转向，"如何认识世界"，认识的基础是什么，成为哲学的新主题。例如，笛卡尔给哲学规定的中心任务是："我们知道什么，我们的知识的依据是什么？"康德给自己的"批判哲学"规定了考察和研究人的认识能力，确定人的认识能力的范围与限度的任务，并把"先天综合判断如何可能"视为认识论的根本问题。

认识论转向导致哲学观、哲学研究方式发生了重大转变。无论是经验实证的研究，还是理性推理和思辨，都取得了许多丰硕的成果。据此，哲学家们建立了一个庞大、系统的知识论或真理论体系，形成了一套系统、完整的认识世界的方法。迄今我们十分熟悉的哲学教育体系和教科书体系，包括每个人都学习过的"马克思主义哲学原理"，以及哲学教育中习以为常的"灌输"方式，都是这种"科学"的认识论转向的产物，或者说，是以这种"科学"的认识论转向为基础的。因为坚信哲学是客观的科学，是唯一正确的理论，哲学观点是已经证明了（并不断被证明着）的"科学原理"，因而就"规定"了要求背诵、考试时唯一正确的标准答案。对于教学大纲、教学要点以及教科书体系，就有了理由和"权力"进行"灌输"！他们振振有词地宣称，如果不将科学的、正确的东西"灌输"给青年学生，不去主动"占领"青年学生"空空如也"的头脑，坏的、错误的东西就会"乘虚而入""兴风作浪"！如果将青年一代"弄丢了""教坏了"，后果岂不是不堪设想，又岂不是不负责任？

在认识论转向之后，学术界认为，现代哲学还有一个所谓"将哲学科学化"的"语言学转向"：哲学以关于语言的逻辑分析为使命。语言学转向强调了哲学讨论的语言中介和分析工具，使哲学思维方式的训练得以前所未有地加强，但同时，也使哲学更趋技术化、专业化、学院化，那些极端的语言哲学家更是片面强调哲学分析的"价值中立性"，从而使哲学严重脱离了人，脱离了人的现实生活，脱离了时代所面临的那些激动人心的问题。

无论是哲学的认识论转向，还是语言学转向，都具有浓厚的科学色彩，都是以自然科学为范式、借鉴或模仿自然科学的产物，是科学化或"拟科学"哲学思潮的结晶。在这种情况下，"科学的世界观""知识哲学观"成为哲学观的经典形态，"拟科学"的实证性、客观性、普遍有效性成为哲学的目标或追求，哲学主要表现为以追求知识（真理）为目标的"科学认识论"。也正因为此，"哲学就是认识论"的观点曾颇有市场。

2."拟科学"的哲学面临困境

我们在第一讲中曾经专门论证，哲学根本不是科学，也不可能成为科学！这实际上是许多著名哲学家的共识。例如，胡塞尔就指出："虽然哲学的历史目的在于成为所有科学中最高的和最严格的科学，它代表了人类对纯粹而绝对的认识之不懈追求（以及与此不可分割的是对纯粹而绝对的评价与意愿之不懈追求），但哲学没有能力将自身构建成一门真实的科学。"[1]

而且，在哲学与具体科学分化之后，这种"拟科学"的哲学之存在的合理性值得怀疑、需要论证；用科学的方法来解决哲学问题，也值得怀疑，需要论证。因为，哲学有其自身的特点，"科学化

———
[1] 胡塞尔：《哲学作为严格的科学》，倪梁康译，商务印书馆1999年版，第2页。

的哲学"既模糊了哲学与科学的区别,在一定程度上使哲学丧失了"智慧之学"的美誉,更丧失了哲学之反思、批判与治疗的功能。特别是,因为其中人的"退场"(这种哲学中只能见到大写的人、抽象的人,常常找不到具体的、历史的、活生生的"人",有人说这种哲学是"人学空场"),或者说人"退居次席",在工具理性泛滥的情形下,哲学几乎背离了其本性,迷失了其方向:它的目的不再是具体的、历史的、活生生的人及其幸福,不是人的价值、自由以及理想世界的创造,不是个人与社会的自由全面发展,而是要科学地描述、说明和解释世界,建立宏大的世界图景。即使在科学地描述、说明和解释世界之时,主要强调的也是物对人的决定或制约作用,它忽视了人的一些主体性因素,特别是非理性因素、心理因素的探讨,忽视了人的主体性、主体间性及其作用,过分强调物对人的决定、制约作用,忽视了人的选择、建构和创造的作用,人的价值、自由以及理想世界的创造,都为规律论、决定论所笼罩……甚至,在对物、对象的解释方面,它也存在着许多严重的失误,如追求必然性,忽视偶然性;强调确定性,忽视不确定性;追求精确性,忽视模糊性……诸如"归纳问题"的出现,就是对其典型的根本性追问,对其无可挽回的致命打击。

扩展视野,我们发现,现代科学自身正面临严峻的挑战,它是否如同以前人们想象的那么客观,那么可靠,也不断受到质疑。例如,根据汉森的"观察渗透理论",观察总是受到观察主体的背景知识等的影响,观察结论渗透着既有的理论,根本不可能是纯粹客观的;休谟提出的归纳问题一直没有在逻辑上得到解决,科学理论思维和论证的逻辑基础并不可靠。科学活动并不单纯,不可能孤立于科学家的历史文化背景、科学共同体的价值规范等进行。进一步地，科学活动作为人类的一种"本质性活动"，本身就是一种"人为的"和"为人的"价值活动。所谓"与价值无涉"，所谓"价值中立"，所谓"为科学而科学"，都经不起推敲，甚至难以想象。因此，按照所谓"纯粹科学的方式"研究科学，几乎是不可能的！至于那种"拟科学"、远离人和人的价值世界的哲学，就更是天方夜谭了。

当"拟科学"的哲学面临内部的根本性冲击、哲学的"拟科学梦"逐渐破灭之时，又受到了现实社会的无情挤压和冲击：短视追逐短期利益的"人定胜天"、臣服自然，导致人与自然的高度对峙和严重冲突；市场经济、"资本的逻辑"对社会与人的扭曲和异化，使"人为物役""人对人是狼""他人即是地狱"成为普遍的事实；自动化、快节奏的异化社会，未经思考、匆匆而过的人生，导致人们紧张、焦虑、愤懑、迷惘，导致人的生存意义的失落……特别是，伴随科学技术与市场经济的突飞猛进，全球化时代的来临，所有这些社会冲突、价值困惑、文化危机愈来愈普遍化，愈来愈难以控制，愈来愈难以单独地加以解决。

走出"拟科学"的哲学的这种困境，走出"科学的世界观""知识哲学观"，在以人为本、"人是目的"的前提下，深层次、全方位、综合性地进行价值反思与批判，重新思量哲学的对象、使命与任务，还哲学以"智慧之学"的本来面目，逐渐成为一种强大呼声。

二、哲学的价值维度重新进入视野

人们在苦苦求索之中，蓦然回首，突然有一个"重大发现"：在科学认识论指向的"实然的"世界之外，也即事实世界之外，一直存在着另一个世界，即"应然的"或价值的世界！

哲学作为求解人与世界之谜的智慧之学，从来不仅包括说明世界之谜的"宇宙智慧"，而且也包括指点人生迷津的"人生智慧"。甚至，关于人生、价值、意义等的探讨，在许多时候还曾经是哲学探讨的主旋律。

例如，在古希腊，苏格拉底第一个将哲学从天空召唤下来，使它立足于城邦，并将它引入家庭之中，促使它研究生活、伦理，研究善和恶，研究正义与非正义。苏格拉底以及智者们所论辩的话题，大多是有关政治法律、伦理道德以及宗教生活等方面的价值问题。这正如亚里士多德观察到的，这时人们放弃了"对自然的研究"，哲学家把注意力转向"政治科学和有益于人类美德的问题"。如果仔细分析西方哲学，特别是细细品味一下欧洲大陆哲学，那么我们会发现，以价值为主题的哲学，例如基督教哲学、人本主义思潮以及政治伦理方面的讨论，实际上源远流长，蔚为大观。只不过，它们有时被"科学的光芒"所遮蔽了，有时人们又嫌它们不够客观、精准，拒绝纳入哲学的范畴。

而中国传统哲学乃至整个东方哲学，则主要是以伦理政治等价值问题为主向度的。例如，中国哲学虽然源远流长，流派众多，但主要哲学传统不外是"儒释道"。儒家以君主专制与群体优先为前提的价值主体意识、以"仁"为本位价值、偏重道德的价值规范意识、以"礼"为中心的社会秩序观念、"至善"理想与"修身为本"的价值实践意识构成的价值体系；道家以"道"为价值主体、以"任自然"的价值意识、"绝圣弃智"和"无为而治"的价值实践意识、"反者，道之动；弱者，道之用"的价值行为选择、回归自然和"小国寡民"的价值理想构成的价值体系；佛教以"万般皆假"和"忘却自身"的"超主体（人）"意识、"一切皆空"和"人生皆苦"的价值意识、以"五戒"为基础的价值规范意识、注重智慧的价值实践意识、盼望"涅槃"的价值理想境界构成的价值体系。都包含着丰富而深刻的价值思想，至少可以说，它们都是以价值为主向度的。

可见，在哲学史上，关于事实、知识、真理的探索，与关于价值、人生、实践问题的求索，自古以来就是人们孜孜穷索的"两个半球"。它们一直"分庭抗礼"，有时相互分离、相互对立，有时又相互交织、相互影响。仅仅强调"拟科学"的哲学，实质上是不完整、不准确的。例如，如果把目光投向那些具体学科，我们会发现，千百年来，价值论的内容一直是许多具体学科的主题，如伦理学之善恶，美学之美丑，宗教之圣俗，经济学之得失，政治学之正义和非正义，法学之公正与不公正……缺乏的只是一般价值概念，以及一般哲学层面上的理论思考。于是，在哲学"拟科学梦"破灭的同时，与各门具体学科再次出现综合、系统研究相一致，在总结新的时代特征的基础上，价值概念出现了，一种寻求这些领域的价值之共同特性的"一般价值理论"的运动兴起了，哲学领域出现了所谓"价值论转向"。

在现代哲学史上，新康德主义的弗莱堡学派在哲学的价值论转向中发挥了重要作用。在"回到康德去"的旗帜下，文德尔班、李凯尔特等着重从价值论角度解释康德学说，强调哲学的首要问题不是实在问题，而是应当问题，即价值问题。

例如，弗莱堡学派的代表人物文德尔班批评"实证的时代"重客观性，轻主体性；重事实，轻意义；重证据，轻情感。科学和实证主义分别从外部和内部对哲学构成瓦解之势，一是它放弃了哲学的教化功能，结果，"只见事实的科学造就了只见事实的人"，这种"科学人"在使用技术时只对事实负责，而不对人负责；二是它排斥对"整个人生有无意义"的问题，把人生及生活世界与科学、哲学相隔离；三是认为形而上学问题无意义，"拒斥形而上学"，无异于将哲学连根拔起。文德尔班断言："哲学只有作为普遍有效的价值的科学才能继续存在。哲学不能再跻身于特殊科学的活动中（心理学现在还属于特殊科学的范围）。哲学既没有雄心根据自己的观点对特殊科学进行再认识，也没有编纂的兴趣去修补从特殊学科的'普遍成果'中得出的最一般的结构。哲学有自己的领域，有自己关于永恒的、本身有效的那些价值问题，那些价值是一切文化职能和一切特殊生活价值的组织原则。但是哲学描述和阐述这些价值只是为了说明它们的有效性。哲学并不把这些价值当作事实而是当作规范来看待。"①

文德尔班的"高足"、弗莱堡学派的另一代表人物李凯尔特继承和发展了文德尔班的观点，并使之系统化了。李凯尔特试图把康德的先验哲学运用于社会历史领域，认为自然科学与历史科学的根

———————————

① 文德尔班：《哲学史教程》（下卷），罗达仁译，商务印书馆1993年版，第927页。

本区别不在于研究对象之不同，而在于认识兴趣和方法的不同。自然科学的兴趣在于一般的东西，运用的是"一般化"的方法，以便形成普遍的规律；历史科学的兴趣在于个别的东西，运用的是"个别化"的方法，以便记述特殊的事件。他认为，文化与自然的区别就在于，文化永远是有价值的，自然则与价值毫不相干。在历史科学中，筛选历史材料，评判历史事件，都需要以价值为标准。如果没有价值，就没有历史科学。他甚至将价值凌驾于一切存在之上，认为价值在主体和客体之外形成了一个独立王国。

正是基于对哲学的科学化、实证化的批判，弗莱堡学派才将价值论作为哲学的科学基础，视价值问题为哲学的核心问题。

哲学价值论转向的重要标志，是出现了一系列价值范畴，它们被置于哲学的核心地位。这类基本范畴很多（当然，有些是与事实性范畴对应出现的），如"事实"与"价值"，"是"与"应该"，"存在与意义"，"生活"与"实践"，"主体"与"客体"，"主体性"与"客观性"，"目的"与"手段""意向""需要""情感""能力"，"认知"与"评价"，"选择"与"创造"，"价值观念"和"核心价值观"，等等。而其中的核心范畴是"价值"，其他范畴都是围绕"价值"的存在及其性质，对于"价值"的认识（"评价"）以及"价值"的创造与实现而展开的，它们一起构成了一个"范畴群"。

现代哲学引入"价值"范畴，或者说现代哲学对价值问题的重新关注，是对哲学作为人的生存智慧的重新首肯，是对"人是目的""以人为本"以及要求哲学回归人的生活实践的反响。它不仅仅是哲学上的一种研究视野和趣向的转变，更反映了人们对哲学的一种全新的理解，对以哲学的方式变革世界，同时也变革自身的一种更高的追求。对此，我们在下一讲中将会系统阐述。

三、生活实践中价值问题的突显

从最根本的意义上讲，价值论的兴起，现代哲学的"价值论转向"，不过是现时代生活实践发展的必然反映。

19世纪以来，随着时代的急剧变迁，科学技术和商品经济的高速发展，人们的社会生活发生了巨大的变化，各个层次、多样化的价值冲突广泛而激烈地表现出来，人类面临着前所未有的精神危机——传统价值的毁灭、价值的无根基性、存在意义的失落、生活的荒谬化……在人们的心目中，传统的价值平衡被彻底打破了，"价值"一词的意义前所未有地凸显：

在"人定胜天"等观念的引导下，在追求最高利润的市场经济驱使下，贪婪的人类将自然仅仅视为征服、改造、利用的对象。这诚然冲破了慢节奏的、田园牧歌式的农业文明，使人类逐步实现了工业化，尽享现代文明的成果，然而，掠夺性地对待自然，破坏了曾经和谐、宁静的生存环境，造成了严重的能源危机、粮食危机、环境污染、气候变暖、物种灭绝、土地荒漠化、水资源匮乏……在日益严重的生态失衡面前，人类的生存环境正在逐步恶化，人们面对失去家园的惶然与困惑，人与自然的关系又重新成为人们思考的问题。

随着科学技术和商品经济的高速发展，物质财富极大地丰富起来，越来越多的商品出现在大众面前，供人们比较、选择；达尔文"物竞天择，适者生存"的进化论教条，强化了人们的选择和生存意识，残酷的市场竞争，优胜劣汰，也要求对人们的需求有清晰的了解。于是，需要、选择、自由一时成为时髦的字眼，甚至选择职业、选择生活方式、设计理想人生、建构理想社会……都一再为人们所强调。同时，商品经济、市场经济的发展，商品关系的无孔不入，人们对于金钱和利润的疯狂追逐，扭曲了人的心灵，败坏了传统的人际关系，毒化了曾经纯朴的社会环境，造成了人的失落和异化，"人对人是狼""他人就是地狱"成为人们嘴边经常性的话题。人与人之间这种不和谐甚至冲突的不良社会关系，使人们的集体观念、社会责任感相对淡漠，并使人们陷入了深深的忧虑与不安之中。这一切不可避免地引发了关于人生的意义和价值、社会的秩序与公正的思考：如何在不同的价值之间进行选择？应该委身于什么样的生活？应该选择怎样的人生？是否可能拒斥人的物化与异化？什么样的社会才是"好"社会？怎样才能实现社会的公正与和谐？这类思考不断敲打着人们的灵魂。

伴随着科技、经济、社会的高速发展，人与自然、他人、社会之间关系的变化，人的内在精神状态也开始失衡。整个社会为发展而发展，为增长而增长，增长成了一种无目的、无理性的竞赛，经济的发展本身成了目的，人自身不是作为目的居于发展的中心，而是成为经济发展的手段，人被异化了。在先进的科技工具面前，在高度自动化的大机器生产过程中，人成了"机器的奴隶"，"人为物役"成为普遍的事实，人自身遭到了冷落，变得渺小而无助……这导致人内心十分不平衡，普遍产生孤独、寂寞、苦闷等心理，产生焦虑、紧张、不安等情绪，甚至导致人存在的意义失落了，人成了无居所的流浪者，生活本身荒谬化了。

传统的观念认为，科学活动本身，它所取得的任何一项具体成果，本身不是价值，而且也不涉及或意味着"好""坏"之类价值，而是价值上"中立"或"无涉"的。持这种观点的人认为，科学追求的是纯粹真理，客观性是科学的生命。在进行科学观察、试验、概括、推理、评价与验证的过程中，必须撇开主体的目的、利益、需要、兴趣、情感、欲望等主观偏好，以如实反映对象的客观本质和规律为唯一目的。他们甚至宣称，这种"中立性"正是科学的"客观性"与优点之所在，也是科学工作者人格理智诚实的表现。如果一个人将价值因素导入科学研究，那将是十分不严肃的，他甚至不配称为"科学工作者"。但是，随着科技的发展导致人的能力空前强大，人类的生产和生活得以前所未有地改善，科技成果的滥用和误用却破坏了曾经和谐、宁静的生存环境，导致人与自然的高度对峙和严重冲突。而生物化学武器、毁灭性的原子武器，以及高新技术如基因技术、克隆技术等的新进展，提出了大量有待解决的伦理难题，如人工流产的合法性，试管婴儿、代理母亲对传统人伦的冲击，克隆技术引发的应否允许复制人类自身（"克隆人"）的争论，等等。这直接冲击了"人"自身，使人的尊严、人格受到挑战，使得人们对曾经高度信赖的科学技术之价值产生了怀疑，关于科学技术的价值问题、科技发展与人性的关系问题重新凸显出来。

20世纪两次世界大战的爆发，大规模地摧残了业已建立的文明，野蛮地夺走了数千万人的生命。两次世界大战空前的激烈与残酷，曾经深深地触动、震撼了人们的心灵，引发了哲学家们关于一些重大价值问题的重新思考：什么是人性？什么是正义？在人与人之间、国家与国家之间，应该建立怎样的公正与秩序？在战争与和平、实力与正义、臣服与尊重之间，应该采取什么样的态度？沉重的思考还没有产生结果，跨入新世纪，新的挑战又接踵而至：冷战结束后，正当美国凭借其一枝独秀的经济和军事实力，在全球骄横地推行单边政策，致力于建立世界政治经济新秩序之时，其向来平静的后院却突然发生了"地震"。2001年，发生在美国的"9·11"恐怖袭击事件，摧毁了资本主义工业文明象征之一的纽约世贸大厦，并直接夺走了约3000人的生命。随后，被激怒了的美国不惜代价，在世界范围内疯狂发动"反恐战争"，阿富汗、伊拉克、利比亚、叙利亚……一个个主权国家被拖入战火，无数平民百姓流离失所，难民潮如洪水般涌出，令世界各国头痛不已。这场前所未有的新型的恐怖与反恐怖的战争，可能会把人类拖向何处？人们在隆隆的炮火声中，正忧虑地关注与等待。

　　甚至一些传统的问题也出现了新的表现形式。例如，传统的"南北问题"——全球性的贫富差距问题仍然在以新的方式加剧：一方面，财富在少数国家、少数人手中快速积聚，富可敌国的富翁已经并不鲜见；另一方面，民不聊生的国度、无数饥寒交迫的贫民与难民比比皆是。据统计，目前世界基尼系数为0.7左右，超过了公认的0.6危险线。在富人们享受舒服、安逸甚至奢侈腐化的同时，饥寒交迫的穷人们如何获得"体面的生活"，实现自己的价值？"东西问题"——不同社会制度和文化价值的关系问题也日益突出。在日益拓展的人类交往中，多极的或多样化的、古老的或新生的世界文化或文明，由于宗教信仰、意识形态、风俗习惯、生活方式等方面的差异，难免出现碰撞与冲突，甚至发生不同文明之间的战争。哈佛大学著名政治学家塞缪尔·亨廷顿甚至提出"文明的冲突"理论，认为冷战后世界冲突的根源不再是意识形态的或经济的争夺，而是文化方面的差异，主宰全球的将是不同文明的国家或集团之间的"文明的冲突"，下一次世界大战将是"文明大战"。或许亨廷顿的观点过于夸张，过于武断，但是，他毕竟提出了一个严峻的问题：

在人类交往日益紧密、空间日益缩小，而利益和价值的冲突却愈演愈烈的今天，不同的宗教、民族和国家应怎样相处？矛盾是不可避免的，矛盾的解决方式可否发掘出新意？

诸如此类的问题还有很多。更具冲击力的是，随着交通、通信工具的发展，特别是信息技术的普及和应用，世界交往日益扩大，整个世界变成一个"地球村"，进入了所谓的全球化时代。而随着全球化时代的到来，所有这些价值问题和挑战都正发展演变为"时髦的"却更令人头痛的"全球性问题"。在这种情况下，上述价值困惑、价值冲突不断溢出原有的范围，变得普遍化了，人们的思考也一再突破原有的理论框架，投射到许多新的领域。近些年来，全球范围内广泛的价值矛盾与价值冲突，以及对于人类共同价值、全球伦理的追寻，就是典型一例。因此，这种价值现象及对其思考的复杂性本身，已经不能限于某一局部、某一方面、某一领域之中，它需要一种深层次、全方位、综合性的考察和反思。这一切都促使哲学有所反映，直接导致了"价值"概念凸显，导致了一般价值理论的兴起。从此，形形色色的价值理论占据了学术界、理论界、政坛、"神坛"乃至大众生活的舞台，成为人们争相研究和应用的"显学"。

四、简要的结论

正是因为"拟科学"的哲学面临前所未有的困境，相对于事实维度的价值维度被重新"发现"并突显出来；正是因为时代变迁过程中价值困惑、价值冲突的大量存在，价值反思与批判不断走向深入；正是因为价值问题在理论与实践中不可或缺的地位，特别是因为"人是目的"，人与人的价值更具有统摄性，因此，在哲学探索中，在哲学理论建构中，便不可遗漏价值问题，不可忽视一般价值论，甚至应该实现"价值论转向"，建构以价值论为中心和归宿的现代哲学体系。

实际上，如果我们删繁就简，那么不难发现，现代哲学正是向这样的方向发展的。今天，不仅哲学理论中出现了价值论这样的基本理论分支，而且，关于现实价值问题的探讨正在成为热点，以至经济哲学、政治哲学、法哲学、社会哲学、文化哲学、科技伦理（特别是医学伦理）、环境伦理、信息伦理等研究成为"显学"。

哲学的这种历史性的"转向"，意味深长，又意义非凡。这正像乌尔斑所描绘的："在思想史上极少像现在这样，'价值'问题如此重要地占据人们关注的中心。现实的人类价值观念已经发生了如此根本的变化，毫不夸张地说，它导致了哲学重心从知识问题向价值问题的逐渐转移。现在，人们对曾经耳熟能详的所谓'我们令人忧虑的道德'这一问题的谈论，都是以'创造价值'和'保存价值'为特征的。知识问题本身，也全部地或部分地成了一个价值问题。"①

当然，由于现代哲学的价值论转向时间不长，价值论自身也不太成熟，因此，如何看待这种转向，如何"落实"这种转向，如何实现这种转向的价值，如何乘此机会推动哲学创新，都需要我们解放头脑，踏踏实实、一步一个脚印去做。路漫漫其修远兮，价值论转向需要人们潜心求索！

---

① Wilbur Marshall Urban, *Valuation: Its Nature and Laws*, London Swan Sonnenschin & CO.Ltd.New York: The Macmillan CO.1909, p.xviii.

第四讲　价值论如何"改变"哲学

价值论的产生，是现代哲学中的一个影响深远的大事件。

价值论的产生，也是时代、实践发展的要求。置身当今世界（包括中国）文化、文明转型时期，面对价值矛盾、价值冲突普遍而尖锐的情形，哲学不能"失语"。特别是在转型更为快速、文化价值观冲突更为剧烈的中国，哲学价值论必须"站出来"，追逐时代潮流，把握时代精神，以中国特色的现代化建设为基础，进行新的反思与创造。

从理论建构的角度看，应该做的事情很多，但价值论研究自身的突破是基本的方面。我们不妨先来回顾、总结价值论30多年来的研究进展，并通过自觉反思，发现深入研究的突破口。

一、从中国价值论兴起谈起

中国价值论兴起的历史进程，与"真理标准大讨论"开启的思想解放运动相伴随，与中国改革开放、探索中国特色社会主义道路相吻合。应该说，正是现时代生活实践的一系列价值矛盾和价值冲突，引发了关于价值问题的哲学思考，催生了作为哲学基础理论的价值论。同时，价值论的兴起，又推动了关于实践、主体、人、人的异化等问题的探讨，导致人的目的、利益、需要、能力、价值问题成为热点，从而推动哲学发生了实质性"变革"，推动哲学更加关注人本身，更加关注人的幸福生活、社会的公正发展。

1. 中国价值论的兴起

蓦然回首，中国价值论研究已经走过了30多年的风雨历程。

在"极左"路线在神州大地肆虐时期，特别是在史无前例的"文化大革命"时期，人及其人格、尊严遭到肆意践踏，价值问题的讨论属于思想禁区。在"革命集体主义"氛围中，鲜有人讲"自我"，追求自己的个人价值的实现。自"真理标准大讨论"开启思想解放运动、拨乱反正、改革开放以来，中国哲学界在反思和批判中，重新"发现"了"人"，重新"发现"了"价值"，令价值问题的讨论成为一股风潮。

自那时以来，哲学界发表了大量研究价值论基础理论的著作和论文，研究现实价值问题的就更多更杂了，几乎没有办法统计。号称从事价值论研究的学者如雨后春笋般涌出，粗略估算，也有300多人。至于从事与价值论相关问题研究的学者，由于关联领域众多，则更是难以计数。特别是，随着应用伦理学、政治哲学、法哲学、文化哲学等成为"显学"，队伍呈现日益壮大之势。在国际学术界，中国也已经在价值论领域取得"人数上的优势"。视中国学者参与的情况，国际价值哲学会议往往会有"小型"会议与"中型"、"大型"会议的区别。

在哲学的"价值论转向"大潮中，价值论的应用成果极其丰硕。除了在经济学、政治学、法学、伦理学、美学、教育学、文艺学、民俗学、科技社会学等领域的应用之外，关于传统价值观、西方价值观（包括西方提出的"普适价值"）、社会主义核心价值观以及"人类共同价值"的讨论，参与者之众，发表论著之多，令大多数学科望尘莫及。

价值论的兴起，也有力地反哺了哲学基本理论的研究，价值论作为哲学基础理论的地位也日渐巩固。一些被中国学者广泛采用且极具影响力的高等教育哲学教科书，例如，20世纪八九十年代，李秀林等主编的《辩证唯物主义和历史唯物主义原理》，肖前等主编的《马克思主义哲学原理》（上下册），都及时吸收了价值论的研究成果，并将"价值"与"真理"相并列，引人注目地加以讨论。跨入新世纪以来，袁贵仁主编的"马克思主义理论研究与建设工程重点教材"《马克思主义哲学》，专辟一章系统地讲解价值论；王伟光主持的"国家社科基金特别委托项目"《新大众哲学》，将价值论与唯物论、辩证法、认识论、历史观相并列……在这些广泛征求意见、经过权威审定的哲学成果中，价值论作为马克思主义哲学基础理论分支的地位得到了广泛承认和明确首肯。今天，不承认哲学包括价值论这一基本理论分支的人，自然还有一些，但如果认真分析一下，那么不难发现，大多是一些坚持"科学哲学观"、哲学观念和哲学思维早已"定型"的官员和学者。

综而观之，我们可以说，中国价值论的兴起，不仅是哲学（包括马克思主义哲学）研究的创新性成果，而且直接改变了哲学的结构和面貌，称得上是一项改写中国哲学史的划时代成就。

2. 中国价值论兴起的历史必然性

毋庸置疑，中国传统哲学虽然是以伦理、政治为中心的，但是具有独特而丰富的价值理论和实践资源，然而，历史上一直没有产生学科意义上的"一般价值论"。直到20世纪70年代末80年代初，价值论才破茧而出。这比西方哲学界晚了80年左右。

中国一般价值论的兴起，既是对传统哲学的不满意，也源自于中国那个特殊时期社会生活实践的呼唤。

从理论层面看，中国价值论的兴起源于20世纪70年代末的"真理标准大讨论"。这场著名的讨论在解放思想、拨乱反正方面发挥的作用世所公认，但很少有人注意它在哲学理论方面的冲击力，以及它在相对固化的哲学理论方面撕开的"突破口"。实际上，这场讨论在哲学上的直接后果是将实践的观点确立为马克思主义哲学的首要的基本的观点，重申了"实践是检验真理的唯一标准"这一基本原理。虽然"实践是检验真理的唯一标准"是马克思主义哲学的一个常识性命题，但随着讨论的深入，人们越来越发现，这一命题所蕴含的内容丰富异常，并不像有些人想象的那么简单。遵循哲学反思和批判的传统，人们在讨论中进一步追问："什么是检验实践（成功与否）的标准？""以什么人的实践为标准？""如何看待实践中人的目的、需要及其与真理的关系？"诸如此类的追问直接涉及了价值、评价等问题。这与传统哲学中的事实、认知（真理）维度迥然不同，自然而然成为中国价值论研究的逻辑起点。循此进一步发掘，人的问题、主体性问题、价值选择问题、价值创造问题等逐一浮出水面。由于人们早就对源自苏联"联共布党史"第四章第二节的马克思主义哲学"教科书体系"不满，批评它是一种"拟科学"的知识论、真理论哲学体系，其中忽视了人的问题、价值问题，忽视了人的主体性因素和作用，因而在哲学领域，不仅发起了关于实践问题、主体性问题、人道主义与异化问题、人的价值问题等的大讨论，而且逐步深入到哲学观、哲学对象、哲学理论结构、哲学思维方式、哲学精神等的反思和重构。参与讨论的学者越来越多，讨论越来越深入，成果也日益丰硕……一时间，价值问题的研究成了学术界瞩目的"热点"。

从实践层面看，价值论的兴起则渊源颇多。首先，应该是对中国转型时期复杂、多变的社会生活实践中的呼唤的回应。新中国成立以来，在"反右""文化大革命"等"左"倾时期，曾经发生过大量罔顾法律法规，贬损人的人格和尊严，甚至"不把人当人"的事件。当其时，国家领导人、战功赫赫的将军、"国宝级"的著名科学家、艺术家等都可能"挨整"，被随意地揪出来批斗、侮辱。至于"地富反坏右"等"反派人物"，作为"无产阶级专政"的对象，更是处在风雨飘摇、朝不保夕的境遇中，其人格、尊严就没有什么人关心了。整个社会有时陷入是非颠倒、善恶不分的疯狂状态，社会大众的价值信仰、价值标准、价值取向和价值秩序极度混乱。随着20世纪70年代末解放思想，拨乱反正，开始改革开放的历史进程，国家逐渐走上正轨，人们的思想禁锢逐渐被打破，可以相对自由地思考，进行自己的选择。特别是改革开放之后，随着商品经济、市场经济建设的深入，关于集体利益与个人利益的冲突问题，关于公平与效率的关系问题，关于个人价值和社会价值的选择问题，关于两极分化与社会公正问题，等等，越来越能左右人们的视线，社会大众开始重新认识贫穷、发展、利益、金钱、效率等价值现象，意见尖锐对立，争论空前激烈。

如果我们扩展视野，不难发现，整个世界实际上都普遍存在广泛而深刻的价值危机。就如同我们在上一讲提及的，基于"资本的逻辑"对短期利益的疯狂追逐，导致人与自然的高度对峙和严重冲突；商品经济对人与社会的扭曲和异化，使"人为物役""人对人是狼""他人即是地狱"成为普遍的事实；自动化、快节奏的异化社会，未经审慎思考的人生，导致了人的紧张、焦虑、不满和生存意义的失落……特别是，伴随现代科技与市场经济的突飞猛进，全球化时代的来临，所有这些社会冲突、价值困惑、文化危机愈来愈普遍化，愈来愈难以控制和解决。

至于在冷战结束、"文明的冲突"凸显的背景下，在以美国为首的西方"价值观外交""价值观结盟"的挤压下，以中国特色社会主义实践为基础，围绕转型时期价值观建设和社会主义核心价值观建设的讨论，就不仅关系到中国特色社会主义道路的内涵，关系到中国特色社会主义前进的方向，而且是中华民族自立于世界的思想理论前提。毕竟，只有确立了明确而坚定的先进价值观，才能表明什么是"中国特色"，才能说明什么是"中国道路"，从而打造负责任的"中国形象"，提升中国的文化软实力，为解决"挨骂"（西方妖魔化中国）问题寻找突破口。

直面全新的生活实践，回答上述问题呼唤一种深层次、全方位、综合性的哲学反思与批判。在反复的求索中，人们的视线逐渐聚焦到一个概念之上，那就是"价值"。因为人们发现，上面提及的那些问题颇有些"怪",并不像对于事实的认知那样,可以不考虑具体的主体和主体性因素,求得客观的统一的标准答案,并在生活实践中进行严格的"实证检验"。相反,关于它们的思考是"有立场"的,受具体的主体(不同的人或人群共同体)影响很大,受具体的主体性因素影响很大,往往呈现出"因人而异"的结果,极可能"因人而异",因不同的人所处的环境、条件不同而不同,因不同的人自身的发展而发展。而这种鲜明的属人性或主体性,正是价值现象迥异于"客观的"事实的特点。它要求一种全新的解题思路,一种全新的哲学思维方式。

价值维度的哲学思考具有鲜明的主体性,也因此而表现出更加明确的针对性、更加深邃的穿透力、更加活跃的生成性。立足价值哲学研究的新成果,人们发现,许多涉及价值的问题,包括一些传统的"老问题",价值维度的思考往往也会彰显出新颖、独特的意义。例如,关于社会主义(共产主义)的认识,以往的哲学基于"拟科学"的哲学观,基于不以人的意志为转移的社会历史规律,往往只注意强调社会主义(共产主义)的"历史必然性",而历史反思与生活实际的发展则使人们认识到,社会主义(共产主义)作为人类最美好的价值理想,对它的认识还有另一个维度——或许是更重要的维度——即社会主义(共产主义)是无产阶级和人民群众自主的"价值选择",同时也有赖于无产阶级和人民群众的创造性实践。如何在深刻把握客观历史规律的基础上,自觉地进行价值选择,实事求是地开展价值创造,显然需要有对于价值和价值选择问题的深刻反思,需要共产党人发挥自身的主体性,不懈地进行创造性的探索。

可见,正是因为理论与实践两方面的因缘际会,价值论才以一种"历史必然性"的姿态应运而生，并不断地与生活实践相印证，得到丰富和发展。

二、价值论与认识论的学术差异

与传统哲学"拟科学"的认知倾向相比，哲学的价值论转向是对原有的以知识、真理为核心的哲学体系的反动，是对"认识论转向"的反动。这两种哲学之间存在着深刻的学术差异。概而言之，这主要可以归结为如下一些方面：

第一，认识论与价值论的理论出发点不同。"拟科学"的认识论的直接出发点是对象世界、客观世界。它不仅承认外部世界的先在性或优先地位，而且将之视为人类活动的客观基础和前提。而价值论的出发点是实际活动着的人（主体），是人的现实生活、活动的世界。它不仅承认外部世界是人类活动的客观基础和前提，更强调"从主体方面理解"世界，从人自身的角度出发，以人为中心，展开人的实践和认识活动。

第二，认识论与价值论研究的对象不同。认识论研究的对象是事实——客体性事实，或者说，关于客体的存在、性质、功能及其发展变化的状态。它是客观存在的，在很大程度上是"外在于主体"的，甚至可以是"超主体"的或者与具体主体无关的存在。在主体关于客体的认知过程中，各种主体因素可能会产生这样那样的影响，就如同相对论、量子力学测不准原理所揭示的一样，但认知却必须以反映客体的"本来面目"为目标，甚至以排除各种主体因素的"干扰""污染"为目标（尽管由于"观察渗透理论"等原因，这种"理想"不可能实现）。而价值论研究的对象是价值，是"世界对于人的意义""客体对于主体的意义"，即客体的存在及其状态与主体的本性、需要和能力之间的关系。这种研究对象虽然也不能随意想象，任意解释，也是一种事实，即价值事实，但价值事实毕竟是一种特殊的事实，一种与主体相关的事实，一种依主体不同而不同的事实。主体对于价值本身是不可或缺的"构成性要素"，或者说，没有主体或主体性因素的参与，就根本无所谓价值可言。因此，对价值的本质的理解，对价值的评价与把握，必须考虑研究对象的特殊性（如主体自身的构成性、参与性，以及其对价值本身和研究过程的影响），必须从主体的角度、根据主体尺度进行，并根据主体的实际状况及其历史发展进行验证。

第三，认识论与价值论提问方式的重心、特征不同。认识论的提问方式主要以"是""实然"为特征，如"世界的本原（始基）是什么？""事物的本质是什么？""哲学所发现的世界图景是怎样的？""我们如何认知世界？""我们如何才能达到对于世界的认知？"价值论的提问方式则主要以"应该""应然"为特征，如"世界应该是怎么样的？""我们应该怎么做？""我们应该将世界改造成为什么样子？""我们应该委身于什么样的生活？""我们应该成为什么样的人？"休谟以及后来的一些哲学家，通过对"是"与"应该"及其"承担裂隙"——"是"与"应该"、事实与价值分属二个完全不同的且互不相关的领域，"是"或事实判断并不承担"应该"、价值判断，或说具有某种"承担裂隙"——的经典论述，道出了这两种提问方式的实质性区别。

第四，认识论与价值论运思的方向、目标不同。认识论追求的目标是发现或"正确"反映事物的本质属性和规律，以指导人们的思想和行为，即在于客观反映对象和客体的存在、性质、功能及其发展变化的状态，获得超主体、超时空、普适性的客观真理，获得关于自然、社会和思维的普遍有效性知识，致力于建立某种"科学的"理论体系。他们常常认为或宣称自己研究的结果是"科学""知识"，或者努力获得一种科学地位，至少获得一种"准科学"地位。认知的结果进入"科学知识"的序列，成为"科学大厦"的一部分，是认知活动的最高境界。而价值论追求的目标是"主体性真理"，有人甚至称之为所谓"价值真理"（当然，这一概念有些似是而非），即相对于具体主体（人）的真理，它实际上指的是对象和客体相对于具体主体的合理、有利、有效、善、美、好、更好，诸如此类。它试图在具体的历史的人类生活实践，包括科学发展的基础上，讨论主体和客体之间的各种可能关系和应然关系，并通过自主的负责任的创造性活动，寻求变革世界、从而变革自身的理想、信念、原则和方式。

第五，认识论与价值论所体现的基本特性不同。事实（真理）是以"对象、客体的外在尺度"为根据的，其根本特性在于超主体的、不以人的意志为转移的客观性。而价值是以"人的内在尺度"或"主体尺度"为根据的，其根本特性在于具体主体的主体性（个体性、多维性、动态历史性）。前者以一元的因果联系为基础，侧重于追求客观、普遍、"一"、唯一、绝对、固定、必然，即相对于事实、对象、客体的"无主体"的或超主体的"一"、唯一，适用于任何时间、条件下的任何人，任何人都可以对之加以重复性的检验。当然，由于非欧几何、多值逻辑、概率逻辑等的出现，由于"观察渗透理论"、归纳问题尚未解决以及整体主义和历史主义哲学观的重新强调，这种观念和追求所存在的困难，近些年来实际上被凸显出来了。与相对论、量子力学以及其他复杂性科学的出现相对应，科学的哲学观也正在发生变化，科学的主体性、偶然性、概率性、动态性等正在受到重视。科学与文化，包括与人文学科的裂隙，正在逐渐地弥合起来。后者侧重于以具体的历史的主体为根据和尺度，即相对于同样的对象，有多少不同的主体，有多少种不同的主体状况，就可能存在多少种不同的价值表现，就可能存在多少种不同的价值评价、价值选择和价值创造。这种多元、多维、复杂、动态的关系，不可以简单、单向地加以分析。

第六，认识论与价值论分别是人的不同行为方式的哲学基础。科学认识论所坚持的本质主义、基础主义，所追求的对于事物本质和规律的正确反映——客观真理，实质上是决定论的哲学基础，即人们相关的行为主要与"规律""必然""决定"相联系，任何人在铁的事实和必然性规律面前，都只能采取被动的尊重、信奉、服从的行为。而价值是以主体（人）的尺度为尺度，是因人而异，因人的发展而发展的，它与人的本性、结构、目的、利益、需要、情绪、情感、态度、素质和能力等密切相关，因而价值论主要与人的"自主""自由""选择""建构""创造"相关，即人的一切活动均与人的目的性、自主性、能动性相关，一切都并非处于必然性的"决定"之中，而常常处于人的自主、自觉、自由的选择、抉择、创造过程之中。也正因为此，人必须"自己为自己立法"，以自己的自由意志确立价值理想、价值原则、价值规范。必须自己对自己的自由选择负责，以"主人的姿态"肩负起自己行为的一切权利和责任。相应的，对于其他人，则不能采取绝对命令的态度，而主要是以情绪感染、激励，言语劝说、说服（有时可能是欺骗、利诱等），直至以榜样、典范的力量，影响他人的态度和行为。

第七，认识论与价值论的功能与精神境界不同。认识论的主旨在于反映、描述、说明和解释世界，建构关于世界的完整哲学图景，追求的是与客观世界相符合，发现世界的一般性规律（真理），致力于证明现存世界的必然性和合理性。它使用的都是一些"大字眼"，更关注"宏大叙事"，更关注整体性、普遍性、"放之四海而皆准"的真理，常常忽视具体的人及其生活，缺乏生动的故事、情节和"情趣"。而价值论的宗旨和使命则不同，它旨在反思、批判、治疗现存世界，建构、变革、创造一个新的理想世界。它更关注个别的、具体的人，关注具体的人的生活，关注人的个性化行为，关注人的价值实现，关注人与人类的命运。

总之，科学认识论以客体为中心，以超主体的普适性真理为指向，表现出"客体至上""单向认知""知识本位"等认知主义倾向。它在一定程度上忽视了人的中心地位，忽视了人的主体性及其作用的发挥。其根本特征在于寻求超主体的客观性、规律性、必然性，寻求放之四海而皆准的普适性真理。价值论则是以人和人的生活实践为中心、以人的主体地位和作用为实质的。它关注的是"世界对于人的意义、客体对于主体的意义"，是以"人的内在尺度"或"主体（人）的尺度"为根据的。价值论的根本特征在于它的"属人性"或"主体性"，表现的不是人趋近物，而是物趋近人。价值论体现了主体（人）自身的本性和目的，体现了主体（人）实践活动的方向性和目的性，体现了主体（人）对自身活动的自我调控，体现了主体（人）自身的自我创造和自我生成。

正是由于上述本质区别和倾向性，因而事实与价值之间存在着深刻的"异质性"，认识论与价值论之间存在着深刻的学术差异。这种区别和差异决定了，用"拟科学"的认识论的思路、方法来解决价值问题，是值得怀疑、需要论证的。例如，在过去思想僵化时期，在许多具体的价值问题上，如"男生留长发，女生穿短裙"是否"美"，是否属于腐朽的"资产阶级生活方式"，我们曾经都比较"较真"，竭尽心力寻求"统一"。今天我们已经明白，这类具体的价值问题还是应该让人们自己做主，"尊重差异，包容多样"。此外，我们还在历史与现实中发现了一个意味深长的事实：迷信、虔信宗教甚至邪教的人，并不一定都是文盲、科盲或愚昧无知者，其中不乏科学家、工程师在内的知识分子，可见科学、知识面对信仰、信念、理想、情感、人生观时的非自足性、不相适应性甚至苍白无力。因此，我们不能不加分析地、简单地或单纯地套用甚至照搬科学认识论的思路、规则、方法，去研究"异质性"的价值论，解决"另类的"价值论问题！从人们经常旗帜鲜明地反对或嘲笑"科学的宗教""电脑算命""科学占卜"等现象，也可以发现，人们心中对此是有一定的自觉意识的。

三、价值论对哲学的实质性改变

价值论的兴起并不是一个孤立的事件。价值论本身就是哲学自我反思、自我革命的产物，是新康德主义在康德"哥白尼式的革命"基础上反传统哲学的结晶，并与马克思发动的哲学革命一脉相承。作为现代哲学革命的一部分，从价值维度审视和"改造"哲学，不仅直接改变了哲学的结构和面貌，令哲学增加一个基本理论分支，而且将导致哲学发生全方位、革命性的变化，一种全新的哲学形态由此呼之欲出。

首先，哲学不仅包括"科学的世界观"，也包括"人学价值观"，是二者有机统一的"整全哲学观"。

如前所述，传统哲学是"拟科学"的。无论是与科学混沌一体的古代哲学，还是近代的"认识论转向"，以及现代强调语言与逻辑分析的"语言学转向"，都试图以科学为范式研究哲学，探寻世界的本原或世界的普遍规律。他们追求"拟科学"的客观性、必然性、普遍有效性，力图建立"科学的"哲学理论体系，或努力获得一种科学地位，从而导致"科学的世界观""知识哲学观"普遍流行。

现代科学的新进展，特别是科技哲学研究的新成果，令这种哲学观的片面性暴露无遗。由于观察的客观性受到质疑、归纳问题尚待解决、整体主义和历史主义重新抬头等，即使是自然科学本身也面临严峻挑战，尚需为自己的客观性、实证性进行论证，而由于哲学的人文性、抽象性和思辨性，"拟科学"的哲学之是否可能，自然更加令人怀疑。至少，缺乏价值维度的哲学是既片面又偏执的：它将历史观解释为自然观的"逻辑延伸"，"消解"了宗教、政治、伦理、法律、审美之类价值领域的特殊性和多样性，"消解"了人的生活世界和历史领域的丰富性和动态性。它漫不经心地将主体性的价值问题作为客观的事实问题来处理，宣称价值判断可以如同事实判断一样加以"证实"，获得超越具体主体的普遍性和统一性。而这常常在现实中面临尴尬，难以令人信服。虽然价值领域也存在着客观性、普遍性和统一性，却不能人为地夸大这一点，必须根据实际情况，"尊重差异，包容多样"。将主体性的价值视为客观的事实，盲目追求统一性的"价值真理"，强迫大众认同和服从，是既不合理也不宽容的做法，背离了哲学之"智慧学"的美誉。因此，虽然哲学确实需要处理事实问题，包括了"科学的世界观"，但哲学的"拟科学梦"却难免破灭。在以人为本、"人是目的"的前提下，自觉反思人与自然、人与社会、身与心的关系，必然要求将破裂的自然观、社会观、人生观、价值观重新整合起来，建构一种综合性、包容性的哲学观。即是说，哲学不仅仅是处理事实、追求真理的"科学的世界观"，也包括处理人的信念、信仰、理想等问题的"人学价值观"，是二者相互关联、相互渗透、有机统一的"整全哲学观"。

　　其次，在统一的"整全哲学观"视野中，哲学各个理论分支的关系成为反思的对象，自然观与历史观，存在论、认识论与价值论相互割裂的旧格局被打破，哲学通过重新整合面貌焕然一新。

　　实际上，哲学作为一种"大智慧"，历史上不仅是求解宇宙、自然之谜的"自然智慧"，而且是指导社会改造、指点人生迷津的"实践智慧""生活智慧"。后者不仅在古代哲学中更为常见，而且在哲学体系中居于更为核心的地位。只是在近代以来，由于理性主义、科学主义"甚嚣尘上"，后者曾经为一些哲学家所轻视，有时甚至完全被忽视了。这种轻视、忽视是一种科学主义滥觞的产物，是一种不合理的偏见。回归哲学的"大智慧"，要求我们将关于事实、真理的探索，与关于价值、实践的问题一体化地加以探索。例如，从主体（人）及价值维度出发，我们并不怀疑在人之先、在人之外的自然界的存在，但认为只有通过人的活动，被人的本质力量对象化了的属人世界，才对人具有现实意义。认识的目的绝不是"为认识而认识"，而应该服从于人的价值目的，服从于人们变革世界的价值活动。于是，存在论（本体论）、认识论与实践基础上的价值论一道，作为基本的哲学分支在更高的视野中被统摄、整合起来，形成具有内在联系的"一体化智慧"。

在一体化的哲学智慧中，并不存在所谓自然观与历史观的人为割裂，所谓"哲学原理"与各"分支学科"（如伦理学、美学、科技社会学等）的人为割裂，所谓"哲学原理"与哲学史的并列与割裂。至于大家都学习过的、非常熟悉的马克思主义哲学，从理论结构方面说，根本不应割裂为"辩证唯物主义""历史唯物主义"两个相对独立的板块，而应该是列宁所强调的"一块整钢"。近些年来，一些重要的哲学教材，如肖前等主编的《马克思主义哲学》（上下册），袁贵仁主编的《马克思主义哲学》，都已经认识到了这一点，将曾经生硬割裂的"辩证唯物主义""历史唯物主义"融通起来。

再次，变革哲学思维的视角和方式，从客体的直观的实体性思维转变为实践性的主体性的关系性思维。

马克思在《关于费尔巴哈的提纲》中指出，传统思维方式的局限性在于对"事物、现实、感性"，仅仅只是从"客体的或直观的形式去理解"，而不是"当作人的感性活动、当作实践去理解"，"不是从主体方面去理解"。即是说，它是一种实体思维，对于任何思考对象，都试图找出某个存在着的具有某种性质的本原实体，如"上帝""理念""绝对精神"等"精神"本原，原子、阴阳、"五行"等"物质"本原；是一种客体性思维，追问的是客体的存在、本性和运动规律，而不是主体或主客体的全面关系、变化发展；是一种直观形式的思维，即仅仅孤立、静止、片面地从客体方面去把握和思考问题，而不去把握人与世界、主体与客体的全面关系及其普遍联系、动态发展，不去把握主客体相互作用的动态矛盾运动。要言之，它不懂得人的生活实践作为思维方式的根源的意义。

关注人及人的价值维度的新哲学思维方式批判地扬弃了传统思

维方式，它要求"像人的生活实践那样思维"。人的思维、逻辑并不是脱离生活实践的概念游戏，不是纯粹的人的心智的"自由构造"，而是人们生活实践的形态、结构、方式、方法、原则等的反映与提炼。与生活实践的具体进程相一致，新的哲学思维方式是一种生成性思维，一种与思维对象的历史过程相一致的过程性思维。在思维倾向上，它强调要把对象当作"生活实践"，从"主体方面"去理解，即在由人的生活实践所创造的人与世界、主体与客体的全面联系、动态发展中去反映、变革对象。而且，在反映、变革过程中，人与世界、主体与客体的地位不是简单并列的，而要着重从人或主体方面展开思维，从人或主体的视角、价值标准解释和说明对象，立足主客体关系的矛盾运动辩证地反映世界、变革世界。

最后，在事实与价值相统一的哲学视野和哲学结构中，哲学思考的出发点、哲学的宗旨或使命以及哲学精神等将发生实质性转变。

价值是专属于人的范畴，其根据和秘密就在于人。人是一种现实活动着、创造着的存在物。在这种价值活动中，人不断地丰富着自己的内部世界，发展着自己的本质特征，使人之"成为人"永远处于一种创造、提升状态。因此，人自身所特有的价值活动就是人之为人的根据，就是人之"成为人"的秘密。已往的哲学由于不懂得人的价值活动的意义，不懂得人是通过自身的价值活动"变革世界"、同时"成为人"的，因而或者忽视人和人的价值世界，或者诉诸自然的或超自然（如"上帝"）的因素解释世界，形成各种扭曲、颠倒的世界图景。而从马克思的"新世界观"及价值维度理解哲学，自然而然可以得出一个结论：哲学的出发点、宗旨和使命都应该落实到实际活动着的人以及人所生活和活动的世界。这实际上也是马克思哲学革命的精髓之所在。

哲学的宗旨和使命旗帜鲜明地指向人，哲学成为一种引人注目的"人学"，是一场深刻的革命。"拟科学"的哲学的主旨在于描述、说明和解释世界，而马克思敏锐而精辟地指出：从前的哲学家们只是用不同的方式"解释世界"，问题在于"改变世界"。即是说，哲学的宗旨和使命在于针对时代性问题，批判世界，变革世界。它要求从实际活动着的人出发，关心人的生存状况和命运，关心每个人的幸福和全社会的正义，追求对于现存世界的否定、超越，消除人的物化、异化，特别是通过对现实世界的反思、批判、解构、治疗，创造性地建设一个"人为的"和"为人的"新价值世界，一个合乎人性和人的目的、促进人与社会自由而全面发展的理想世界。诚然，无论是反映、描述、说明、解释，还是批判、治疗、变革、创造，都是人类掌握世界的方式，都是人类活动的基本形式，但是，它们之间毕竟存在着实质性的区别，哲学境界和精神迥然不同。尽管"改变世界"必须以"解释世界"为基础，但"解释世界"本身并不是目的，而只是"改变世界"的过程和手段，唯有"改变世界"，才真正体现现代哲学的实质和精神。

总之，哲学价值论的应运而生，立足价值维度对哲学的反思、改造和变革，是哲学回归"智慧之学"的应有之义，是对"人是目的""以人为本"、要求哲学回归人的生活实践的明确响应。作为现代哲学革命的有机组成部分，它不仅体现了哲学研究视野和旨趣的转变，体现了哲学研究结构和方法的转变，而且反映了人们认识自己、提升自我、"变革世界"的崇高的精神追求。这样的哲学，似乎才是一种更加全面、更加合理的"生成性智慧"，才可能在人们的生活实践中发挥巨大的作用。

第五讲　作为价值哲学的马克思哲学

迈入新的时代，马克思的名字依然如雷贯耳，马克思的哲学仍然影响深刻。尤其是在社会主义中国，马克思及其哲学是毋庸置疑的"主旋律"。但是，如何看待马克思，如何理解马克思的哲学，无论是在国外，还是在国内，都是一个"有争议"的话题。因为各种原因，有些人公然对马克思和马克思哲学表示"不屑一顾"。

事实上，马克思是思想者永远的偶像。我自己从大学一年级起，就是马克思的忠实"粉丝"。曾记得，上学的时候经常逃课，一个人静静地待在宿舍或者成天泡在图书馆，以搜集、研读马克思的著作为乐，被马克思的人格魅力、睿智思想所深深折服。我个人觉得，今天有人恶意攻击马克思，随性贬低马克思，主要是不了解马克思，没有"读懂"马克思，没有掌握马克思哲学的精髓。还有些人根本就懒得认真研读，凭自己道听途说的印象，甚至凭自己的感觉，先将它"浅薄化"，歪曲得不值一驳，然后再"轻而易举"地将其"批倒"……

当然，如何正确理解马克思的哲学，确实是一个问题。基于马克思的哲学革命的基本内涵，基于马克思哲学的精神实质在于否定和批判，在于对现实世界的解构、治疗，基于现当代社会价值问题的突显，以及马克思哲学承担的历史使命，我觉得，马克思哲学主要是一种价值哲学，或者，关于社会人生智慧的价值哲学才是或应该是马克思哲学的精髓。

一、马克思哲学革命的价值意蕴

关于一种哲学的理论解读，往往必须从其哲学观开始。"哲学是什么？"在马克思看来，这是一个永恒的开放性的问题。也正因为马克思没有直接说明其哲学观，因而出现了不同的解读视角和方法，出现了风格各异甚至互相对立的解读结果。这些解读立足于马克思的经典文本，提供了一个"千面的马克思哲学"。应该承认，这些解读大多有其文本根据和合理性，也很有意义，它将马克思哲学立体地呈现在人们面前。但是，明显不一致的解读也说明，既有的解读并不能令人真正满意与彻底信服，很难说已经包含了马克思哲学的完满形态。

当然，目前无论是哪位学者宣布，他的或他所认同的某种解读是唯一正确、合理的，都是没有意义的，甚至有"话语霸权"的嫌疑。实际上，每个人都有自己独立阅读、理解的权力。基于马克思所从事的革命事业及其方式，基于我自己的知识结构、思维方式和认知趣向，我个人认为，可以从价值论的视角继续追问："马克思哲学应该是什么？"鉴于马克思哲学既是一种历史形态，又是一种"活着"的传统，因而可以立足马克思哲学的本真精神，穿过历史的重重迷雾，给问题一个开放性、过程性的回答，把马克思哲学的历史形态与应有品格结合起来。

实际上，从马克思的哲学观和他所开创的哲学革命出发，从马克思哲学的历史性、现实性与理想性、超越性相结合的角度考虑，马克思哲学是一种实践的、辩证的、历史的唯物主义，是一种从人出发、以人为本、旨在实现无产阶级和人类解放的"人学"，是一种以改变世界为手段，旨在最大化地实现人的价值、实现人与社会自由全面发展的价值哲学。

1. 把实践的观点作为首要的基本的观点

马克思几乎与孔德同时举起了"拒斥形而上学"的旗帜，对传统的一切旧哲学进行了彻底的清算与批判，同时阐明了自己的哲学主张。

在包含着"新世界观的天才萌芽"的《关于费尔巴哈的提纲》中，马克思明确地把"实践"作为新旧哲学的根本区别。马克思这样写道："从前的一切唯物主义（包括费尔巴哈的唯物主义）的主要缺点是：对对象、现实、感性，只是从客体的或者直观的形式去理解，而不是把它们当做感性的人的活动，当做实践去理解，不是从主体方面去理解。因此，和唯物主义相反，唯心主义却把能动的方面抽象地发展了，当然，唯心主义是不知道现实的、感性的活动本身的。费尔巴哈想要研究跟思想客体确实不同的感性客体，但是他没有把人的活动本身理解为对象性的活动。……因此，他不了解

'革命的'、'实践批判的'活动的意义。"①

在这段简洁精辟的文字中，马克思尖锐地揭露了头足倒置的黑格尔的唯心主义思辨哲学的本质缺陷，即只是"抽象地发展了""能动的方面"，而否定了能动的意识活动的唯物主义基础，"不知道现实的、感性的活动本身"。马克思认为，世界绝不会是"绝对理念""绝对精神"的自我运动，相反，意识只能以人们的实践活动为基础。

马克思肯定了费尔巴哈的"感性哲学"在批判黑格尔的思辨哲学中的积极意义，肯定了其超越先前唯物主义的优越性，同时又深刻地指出：费尔巴哈仍然不是从主体（人）、不是从主体（人）的现实的、感性的实践活动出发理解世界的，费尔巴哈不满意抽象的思维而喜欢直观，但他不是把感性看作实践的、人的感性的活动；费尔巴哈想要研究跟思想客体确实不同的感性客体，但他没有把人的活动本身理解为对象性的活动；费尔巴哈从来没有把感性世界理解为构成这一世界的个人的全部活生生的感性活动，不理解"革命的、实践批判的活动"的意义……

正是由于一切旧哲学不知道现实的、感性的活动本身，没有把人的活动本身理解为对象性的活动，不理解"革命的、实践批判活动"的意义，从而在近代哲学中造成了唯物论和辩证法的分离；在旧唯物主义哲学中，又造成了"唯物主义和历史彼此完全分离"，即造成了唯物主义自然观和唯心主义历史观的对立。与一切旧哲学根本不同，马克思创立了合理的实践观，认为"实践"是"人的感性存在""感性活动"，是人所特有的对象性的"改变世界的活动"。

---

① 《马克思恩格斯选集》第1卷，人民出版社2012年版，第133页。

并且，马克思把实践的观点看作是哲学首要的、基本的观点，而不仅仅是认识论的基本范畴。这里所谓的实践，正是人的价值生成与创造活动，正是价值哲学的前提和基础。

虽然马克思哲学并不否认"外部自然界的优先地位"，并不怀疑那种"抽象的、孤立的、与人分离的自然界"的存在，并不否认外部自然界的先在性，但认为那种"抽象的、孤立的、与人分离的自然界"，对人说来不过是"无"。即是说，没有进入人类实践和认识活动的"世界"，与人并无现实关系，"对人说来"并没有现实的意义和价值。人的现实的、感性的实践活动是整个现存感性世界的非常深刻的基础，只有通过人的实践活动，被人的本质力量对象化了的"感性世界""对象世界"，才对人有现实意义和价值：它既是人生存、生活的现实环境，又是进一步改变世界的前提与基础。

"社会生活在本质上是实践的"。人与人类社会不仅是在实践活动（劳动）中产生的，而且也是在实践中存在与发展的。人是社会历史活动的主体，人们自己创造自己的历史，没有人和人的社会实践活动，就没有社会的历史。"历史不过是追求着自己目的的人的活动而已。"有目的、有意识的"人的活动"，主要是人的社会实践活动。正是人的永不停息、充满创造性的实践活动，构成了人类社会的历史，推动社会矛盾运动，使人类社会生生不息，从一种社会形态转化为另一种社会形态。离开社会实践，社会生活及其发展的奥秘也就成为不可理解的东西了。

人的思维、认识的最本质和最切近的基础，正是人所引起的自然界的变化。人所要认识、把握和变革的世界，并不是那种与人分离的自在世界，而是通过实践而与人相关的感性世界、属人世界。实践才是人类一切理论认识所要解读的最终"文本"。人的思维、认识是实践的产物，它根源于实践、来自于实践。意识在任何时候都只能是"被意识到了的存在"，而人们的存在就是他们的现实生活过程。实践是产生、联结主体和客体的根本环节，是主体能动地、创造性地反映客体从而获得真理的根本环节。人的认识、思维是否具有客观的真理性，也并不是一个纯粹理论的问题，而是一个实践的问题，即人们只有在实践中才能证明自己思维的真理性。

最后，马克思强调，他的全部理论都以"改变世界"的实践为目的，强调理论必须付诸实践、指导实践，变为群众的行动，化作改造世界的物质力量。马克思、恩格斯指出：对实践的唯物主义者即共产主义者来说，全部问题都在于"使现存世界革命化，实际地反对并改变现存的事物"。马克思相信，必然会出现这样的时代：那时哲学不仅就其内容来说，而且就其表现来说，都要"和自己时代的现实世界接触并相互作用"。

2.从"实际活动的人"出发

马克思哲学的出发点和宗旨是实际活动着的人，是人现实地、历史地生活和活动着的世界。在《德意志意识形态》中，马克思、恩格斯明确宣称："我们的出发点是从事实际活动的人"，旗帜鲜明地把哲学的视角从旧唯物主义的"物"转换到"人"，从"客体"转换到"主体"方面来。他关注的重心与具体科学或"拟科学"的哲学不一样，不是事物的本性和规律是什么，而是人应该如何生活、活动，如何实现自身的解放，走向自由与全面发展之境。

实践的唯物主义与旧哲学的不同之处，在于它是以合理的实践观为基础，从人自身的活动去理解"人"，把握人的本质与规定性，确立"人"的哲学地位。同时，又从实际活动着的人即主体出发，来理解、把握和变革世界，从而实现哲学视角和哲学思维方式的转变。

实践的唯物主义相信科学业已证明了的成果，认为人来自于自然，是在生物进化的基础上成为人的。但是，人却不是自然"现成的作品"，而是人自己活动、创造的产物。人自身的活动，就是人之为人的根据。人的本质与规定性就寓于他创造自己、维持自己的生存、生活与发展的存在方式、活动方式之中。从人自身的活动去理解人、把握人，我们就能得到关于现实的人的本质与规定性：

人作为有肉体、有生命的存在，既是自然界长期进化的产物，其本身也是一种"自然存在物"，其生存、生活均离不开自然界所提供的物质生活资料。但马克思与费尔巴哈不同，他不是把人仅仅看作生物的、生理的人，不是把人的本质仅仅归结为人的自然属性，而是在肯定人的自然属性的前提下，把人看作是自身活动着的、进行着历史创造的社会主体。

现实的人不仅是自然存在物，同时也是有意识、有理性、能思维的存在物，是有精神能力、精神活动的存在物。这是人区别于一般动物的显著特征。但马克思又与唯心主义者不同，他并不把人归结或等同于意识或自我意识，而是把意识看作是人的社会实践活动的产物，看作是对客观存在的反映。也正由于人是有意识的存在物，人才有可能现实地成为实际活动着的、实践创造着的主体，才能发挥其自觉能动性，进行自由自觉的对象性的实践创造活动，从而现实地"改变世界"。

任何人都不是孤立地、单独地和自然界发生关系的，"人是类存在物"。人的类意识存在是把自己作为类存在，并使类成为人自己对象的关键：在人与人发生关系时，个人通过他人意识到自己，意识到他人与自己属于同一个类，意识到自己是这个类即人类的一分子，意识到自己是与动物不同的人的存在物。但人的类存在即人类却不是自然地联系起来的抽象共同性，"人的本质是人的真正的社会联系"，人的本质不是单个人所固有的抽象物，在其现实性上，它是"一切社会关系的总和"。

人作为对象性的、感性的存在物，是一个"受动存在物"。动物仅仅是自然界的一部分，仅仅是适应自然，而不会把外部世界作为自己活动的对象。而人作为对象性存在物，是与外部世界互相依存、相互设定的，只有外部世界作为人的对象的现实存在，人才能进行自己的活动，表现自己的本质力量，满足自己的需要，人也才成为实际生活着的现实主体。而外部世界之所以是人的对象，则是以作为外部世界对象的人的存在，以及人的对象性活动为条件的。人作为实际活动着的对象性的存在物，既是"能动的存在物"，同时也受着外部对象对其客观的制约和影响，是一个"受动存在物"。

人是现实活动着、创造着的存在物。人是通过自己的劳动实践活动，自己创造出自己来的，人自身的活动，就是人之为人的根据。恩格斯指出：人是"唯一能够由于劳动而摆脱纯粹的动物状态的动物"。当然，人在通过自己的活动创造自身的同时，也改造了外部世界，使它变成"为人的存在"即属人世界。并且，实践是人所特有的存在方式，人通过这种活动不断改造周围外部世界的同时，又不断地丰富着自己的内部世界，发展着自己的本质特征，使人之为人永远处于一种创造、提升状态。

总之，实践的唯物主义是从人自身、从人自身的活动中去理解人的。已往的哲学由于不懂得人的实践活动的意义，不懂得人自身就是人之为人的根据，也就不可能从人与人自身的活动去理解人、解释人，也就难免求诸外，而试图从自然的或超自然的原因中寻求人的本质和规定性，如把人理解为生物学意义上的"自然人"，理解为上帝、神或"自我意识"等的"化身"，其结果就难免曲解了人、失落了人。从这样的"人"出发，也就难免以扭曲、颠倒的方式，把握人与世界、主体与客体关系的全面图景。

3. 坚持主体性原则

马克思的哲学可以表述为实践基础上的主客体之间关系的学说，即主体能动地把握和改造客体，同时主体自身也得以改造的学说。

实践是人特有的存在方式。与动物单纯顺应环境的本能活动不同，人的实践是依自我目的改变自然并使之顺应人的本性和需要的活动，通过这种活动自在之物转化为"为我之物"，自然环境变成了人的一部分即"无机的身体"。也正是通过这种目的性活动，人逐渐把自己从动物界中提升出来，既创造了人的对象世界，也创造了人自己；既把对象世界变成人的活动客体，同时又改造人自身，使人成为自身活动的主体，从而在现实的、具体的实践活动中，建立起人与世界、主体与客体的全面关系。

在《关于费尔巴哈的提纲》中，马克思明确指出，不能只是从客体的形式去理解对象、现实、感性等，更要从主体（人）、实践方面，去理解、去认识与改变世界。在《1844年经济学哲学手稿》中，马克思还指出，人的活动与动物的本能活动存在本质区别：动物只是按照它所属的那个"种的尺度"和需要来建造，而人懂得按照"任何一个种的尺度"来进行生产，并且懂得怎样处处都把"内在的尺度"运用于对象。这说明，一方面，作为主体的人必须面向客体，必须重视客体的作用和效应，按客体的本性和规律办事，即按世界的本来面目去认识世界和改造世界；另一方面，更重要的是，主体总是从自己出发的，是按自己的能力、方式、需要和尺度理解客体和改造客体，认识世界和改造世界的，因此，在认识和实践活动中，都必然客观地存在着一种"主体性效应"。前者是从存在、客体的角度提出要求与限制，表明人的活动的适应性、受制约性和现实性，这是人活动的基础和条件，但是，它却不是人活动的目的和实质意义，如果仅仅停留在这一点上，就难免陷入宿命论；后者是从人、主体的角度提出要求，表明人的活动的能动性、创造性、理想性与超越性，但其自身却难以克服和超越主体（人）自身的弱点，诸如主观因素的膨胀，就可能导致唯意志论，产生各种反主体性效应，现实中既不乏"人有多大胆，地有多大产""不怕做不到，就怕想不到"之类的教训，也不乏自我异化、事与愿违、好心办坏事之类的悲剧。

可见，二者既相互对立，又相互依存、相互补充，单纯强调某一方面的尺度与规定性，都有其局限性与弱点。当其在实践过程中发生矛盾与冲突时，就要求人们不断地对二者的要求和作用加以双向调节，以实现其辩证统一。

当然，这种辩证统一并不是等量齐观。主体性在实践和认识活动中更为重要，处于更为关键的地位，起着更为关键的作用。这是因为，在主体与客体的全面关系中，作为主体的人是其中起主导作用的因素。人是现实的主客体关系的建立者，主客体之间的相互作用及其矛盾运动，也是通过主体（人）的活动来实现的。在主体和客体的相互作用乃至主客体的统一过程中，主体和客体的地位不是对等的，作为主体的人是其中主要的、能动的一方。这与其他事物之间的相互作用是不同的：在一般物质之间，作用者与被作用者是平等的，不存在主导与服从、能动与受动的关系，动物虽在一定意义上可说是活动的发动者，并把一定的对象作为自己活动的接受者，但动物的活动是受本能支配的，仍是自发的，不能能动地改造对象。而在主客体相互作用中，出现了领导者与服从者、创造者与被创造者、能动者与受动者等新的关系，而且这种相互作用还必须通过人所特有的工具作为中介，并在一定社会历史条件下，通过作为主体的人的现实活动才能实现。可见，实际活动着的人还是推动现实的主客体关系运动、发展和统一的主导因素。

从实际活动着的人或主体，以及其所生活的感性世界出发，我们就能获得对人与世界、主体与客体关系的全新把握，获得求解一切哲学之谜的钥匙。正是从实际活动着的人，以及其所生活的感性世界出发，马克思才构建了自己哲学的理论大厦，找到了"解释世界"和"变革世界"的钥匙，改变了世界历史的面貌和进程。

因此，建立在合理的实践观基础上的马克思主义哲学，要求对"事物、现实、感性"等，也要"从主体方面去理解"、分析和解决问题。现时代马克思主义哲学新形态的探索和建构，也必须在坚持客观性原则的同时，着力从主体性原则出发，实现它们的内在统一。

4.以否定、批判、变革世界为宗旨和使命

黑格尔把否定性看作事物、生命和精神运动的内在源泉，看作辩证法的灵魂。马克思和恩格斯基本上继承了这样的观点。恩格斯认为，辩证的否定乃是事物自身的一个发展阶段，一个过渡环节。真正的、自然的、历史的和辩证的否定正是一切发展的推动力。只有抓住"否定"，才算抓住了辩证法的根本。

所谓"否定"，就是事物吸收和改变原有状态而进到一个新的更高级状态的运动。这种"否定"，是事物最深层的本性，它与事物的存在和本质是直接同一的。用辩证"否定"的眼光看世界，世界万物处在一个不断变化、永恒流动的过程中；用辩证"否定"的眼光看历史，世事、人物都不过是时间长河中的匆匆过客；用辩证"否定"的眼光看思想和价值，一切传统的观念和价值都是暂时的假说、阶段性的建构，有待于超越。辩证的否定观给予人们一种勇于批判、勇于探索、勇于超越、勇于改变旧世界创造新世界的品格。

辩证的"否定"内在地与批判性相联。马克思经典性地指出：辩证法在"对现存事物的肯定的理解中"同时"包含对现存事物的否定的理解"，即对现存事物的必然灭亡的理解；辩证法对每一种既成的形式都是从不断的运动中，因而也是从它的暂时性方面去理解；辩证法"不崇拜任何东西"，按其本质来说，它是批判的和革命的。所谓"对现存事物的肯定的理解"，是指事物发展过程中的稳定性和连续性。因为任何事物，对于它所产生的那个时代和条件来说，都有它存在的根据和理由，事物的发展需要吸收原有阶段、状态的合理因素。但是，吸收的根本目的是要改变原有事物、原有状态、原有性质，过渡到新的事物、新的状态、新的性质，即"扬弃"，是"新事物"代替旧事物。事物存在，就是因为它与非存在相对应，就是因为它不断否定自己，最终趋向衰亡，而为"新事物"所取代。每一事物都内在地包含它的否定因素、否定力量，即促使它走向不稳定、走向衰落和灭亡的力量。诚然，凡是存在的都是合理的，因为它有存在的客观根据。但是，辩证法认为，任何根据也是不断变化着的，辩证法对事物的肯定的理解中，都同时包含着对现存事物的"否定的理解"，因此，凡是合理的都是要灭亡的。

辩证法的否定和批判具有彻底性，它不局限于理论和实践的某一领域之内，它既是理论批判，也是实践批判，是理论批判和实践批判的统一。

所谓理论批判，是在"理性法庭"上将那些失去现实性，因而不具备合理性的东西揭露出来，揭穿它们在实践中阻碍社会发展的不合理性的本质，揭露其理论和现实的种种悖论。然而，"批判的武器"不能代替"武器的批判"，物质力量只能用物质力量来摧毁。理论批判最终必须落实到实践批判中去。所谓实践批判，除了强调理论批判的正确性只有在实践中才能得到验证外，主要强调的是"改变世界"。

实践批判不仅是理论批判的前提和基础，是理论批判的继续和深化，而且是理论批判的目的和归宿，最终对理论批判起着决定作用。当然，理论批判和实践批判是相互关联、辩证统一的。如果只强调理论批判，忽视实践批判对理论批判的最终决定作用，就会导致像青年黑格尔派"自我意识"创造世界的抽象的空谈，陷入自我封闭的主观主义。如果只强调实践批判，忽视理论批判的指导作用，就会成为盲目的实践，往往陷入事与愿违的困境。

马克思本人的思想和活动，正是理论批判和实践批判统一的体现。他从来不把自己的理论看成终极真理式的教条，相反，他总是根据实践的发展和历史条件的变化，自觉地以批判的精神来对待一切，包括他自己做出的结论。他要求对现存的一切进行无情的批判。他通过对资本主义的无情批判，创立了无产阶级解放以及资本主义向共产主义过渡的理论，他强调通过无产阶级革命实现从理论批判向实践批判的过渡，通过批判的武器落实到武器的批判，实现对理论和现实社会的超越。

值得强调的是，辩证的否定和批判是事物的自我否定和自我批判，它既是对以前不成熟、不合理形态的公然放弃，也是对自身的自觉完善、发展，是对自身的内省性超越。马克思哲学发展的根据和动力，主要来自于内部，来自于自身的否定和批判。它总是试图在这种自我否定、自我批判中，克服自身的局限性、不合理性，通过创新实现自身的发展和超越，表现自身的开放性、历史性和过程性，从而呈现出与时俱进的理论品格。

马克思哲学否定和批判的指向，更在于"改变世界"。传统哲学的主旨在于描述、说明和解释世界，致力于探寻能够对世界作出统一的和终极的解释的本原或原则。它追求的是关于世界的事实或真理（客观知识），建构关于世界的完整哲学图景，甚至单纯为现存世界辩护，不具备价值批判以引导人们行动的功能。事实上，这是科学而不是哲学的目的，科学完全可以担当此任。或者说，这种哲学将哲学等同于一种特殊的科学了，如同有人声称的"科学之科学"。马克思则不满足于"解释世界"，不满足于把哲学视为"解释世界"的某种"科学"，他所倡导的新世界观的宗旨和使命，在于批判世界，"改变世界"，求得无产阶级的彻底解放，求得人与社会的自由全面发展。

5.扼要的小结

总之，以人的具体的历史的社会实践为基础，从实际活动着的人及其主体尺度出发，反省和批判人的生成过程和对世界的历史性改变，特别是通过哲学的反思与批判，通过哲学对现实世界的治疗和"变革"，将社会变革得更美好，提升和创造人自身，使人更加"成为人"，这才应该是马克思哲学的真谛所在。显然，如此理解和诠释的马克思哲学，已经是一种有着鲜明的价值立场、明晰的价值原则、光荣的历史使命的价值哲学。

二、马克思价值哲学的主题

马克思价值哲学有两大鲜明的主题：一是价值批判，即对资本主义乃至一切现实的无情批判；二是价值建构，即提炼出了反映无产阶级根本利益、指导无产阶级革命实践的共产主义价值体系。

1. 马克思哲学的价值批判理论

19世纪三四十年代，资本主义生产方式在英、法等欧洲国家占据了统治地位。资本主义在"仿佛用法术"从地下呼唤出巨大财富的同时，也打开了一个新的"潘多拉盒子"。伴随资本主义的产生和发展，新的价值困惑、价值矛盾、价值冲突、价值危机也在广泛产生和蔓延。资本主义带给无产阶级和劳动大众的并不是其所标榜的"自由、平等、博爱"，并不是滚滚而来的财富与幸福生活，而是极其野蛮的掠夺和剥削，是"人为钱役""人对人是狼"、人的异化和单向度等残酷现实。

作为"时代精神的精华""文明的活的灵魂"，立意"改变世界"的马克思哲学绝不向现实妥协，绝不与现实同流合污。在目睹了资本主义原始积累的血腥和肮脏之后，马克思哲学使用具有鲜明价值立场的谴责性语言，对不平等的现存社会、特别是恶贯满盈的资本主义社会进行了无情的批判，号召用暴力革命的方式彻底"改变世界"。应该说，这种价值批判与革命是马克思哲学的本质特征。

（1）对宗教的批判。

马克思出身于一个犹太人家庭，父亲是一个由犹太教改信新教的政治自由主义者。六岁时，马克思接受了基督教的洗礼，属福音教派。但马克思的父亲不是一个狂热的宗教信徒，马克思本人对宗教的信仰，也只是在追求一种高尚的理想主义的意义上信仰神的存在。自1836年10月到柏林大学学习开始，马克思在黑格尔哲学的影响下，放弃了对基督教中的神的信仰，转而寻求一种新的精神。1841年，费尔巴哈出版了《基督教的本质》一书，对马克思的思想转变产生了巨大的影响。受费尔巴哈对宗教批判的启示，马克思实现了从唯心主义到唯物主义的转变。

马克思立足唯物史观指出，要用世俗问题来说明宗教问题，宗教问题是世俗问题的表现。不到犹太人的宗教里去寻找犹太人的秘密，而是到现实的犹太人里去寻找犹太教的秘密。人们一直用迷信来说明历史，而我们应该用历史来说明迷信。从历史来看，明显是"人创造了宗教"，而不是"宗教创造了人"。宗教的根源不是在天上，而是在人间，随着那以宗教为理论的被颠倒了的现实的消灭，宗教也将自行消灭。基于宗教与世俗世界、宗教与人的关系，马克思对宗教进行了有史以来最为深刻的揭露。

在各种宗教神学体系中，特别是在各种迷信和邪教中，人所创造的形形色色的神仙鬼怪统治，异化了人本身，成为现实的人的主宰和"灵魂"，成为人的价值之源和归宿。或许，某些宗教倡导、宣扬的德性和价值是有益的，或许，令人有所敬畏、保持适度的谦卑不无好处，或许，人们确实可以从宗教中求得心灵的慰藉和安宁，但是，由于宗教是"人造"的，是还没有获得自身或已经再度丧失自身的人的自我意识和自我感觉，由于它总体上是对人的颠倒和异化，是"一种颠倒的世界意识"，因此，马克思认为，人奉献给上帝的越多，他留给自身的就越少。宗教是"被压迫生灵的叹息"，是

"无情世界的情感"，正像它是无精神活力的制度的精神一样。"宗教是人民的鸦片"！于是，对宗教的批判，就是对苦难世界的批判。对天国的批判，就变成为尘世的批判；对宗教的批判，就变成对法的批判；对神学的批判，就变成对政治的批判。

文艺复兴反对宗教神权的使命与进步意义，也正在于恢复人的地位和权威，将人的权力还给人。他们主张人性解放，反对宗教桎梏；主张人权，反对神权；主张现世的感性幸福，反对为了来世的禁欲主义。其核心口号"我是人，凡是人所具有的一切特性，我无不具有"，充分伸张了人的责任与权力。马克思既继承了文艺复兴的成果，将"人所具有的我都具有"作为最喜爱的格言，也继承了费尔巴哈对宗教的哲学批判，而且更进一步，要求彻底揭露和批判宗教神学，抛弃一切幻觉，抛弃"彼岸世界的真理"，将颠倒了的世界重新颠倒过来，确立"此岸世界的真理"，追求人的现世解放和幸福，追求人的真实价值的实现。

马克思充满激情地说："废除作为人民的虚幻幸福的宗教，就是要求人民的现实幸福。要求抛弃关于人民处境的幻觉，就是要求抛弃那需要幻觉的处境。因此，对宗教的批判就是对苦难尘世——宗教是它的神圣光环——的批判的胚芽。

这种批判撕碎锁链上那些虚幻的花朵，不是要人依旧戴上没有幻想没有慰藉的锁链，而是要人扔掉它，采摘新鲜的花朵。对宗教的批判使人不抱幻想，使人能够作为不抱幻想而具有理智的人来思考，来行动，来建立自己的现实；使他能够围绕着自身和自己现实的太阳转动。宗教只是虚幻的太阳，当人没有围绕自身转动的时候，它总是围绕着人转动。

因此，真理的彼岸世界消逝以后，历史的任务就是确立此岸世界的真理。人的自我异化的神圣形象被揭穿以后，揭露具有非神圣形象的自我异化，就成了为历史服务的哲学的迫切任务。于是，对天国的批判变成对尘世的批判，对宗教的批判变成对法的批判，对神学的批判变成对政治的批判。"①

马克思并没有在宗教批判方面投入太多。他肩负光荣使命，还有更重要的事情需要做。在揭露了宗教的巨人基础、宗教的彼岸性以及对人的异化之后，他马上就转向了"反对以宗教为精神慰藉的那个世界的斗争"，转向了政治经济学的研究，转向了经济批判和政治批判，转向了"改变世界"的革命实践，只是偶尔论及宗教。例如，马克思在《共产党宣言》中指出，在阶级社会中存在的宗教、道德等意识形式，只有当阶级对立完全消失的时候，才会完全消失。马克思在《资本论》中指出，只有当实际日常生活的关系，在人们面前表现为人与人之间、人与自然之间极明白而合理的关系时，现实世界的宗教反映才会消失。

无论如何，马克思对宗教这种"颠倒了的世界观"的批判和揭露，人们公认，是既提纲挈领、简明扼要，同时又直指要害、入木三分的！

（2）对资本主义的批判。

马克思通过商品、劳动、价值、剩余价值、异化等概念，建构了自己的政治经济学说，无情地揭露和批判了资本主义。

马克思通过对资本原始积累的考察，揭示了资本主义产生过程中血淋淋的"原罪"。一些资产阶级经济学家总是把资本原始积累描绘成田园诗般的过程，而马克思则揭露，这实际上是劳动者被残

① 《马克思恩格斯选集》第1卷，人民出版社2012年版，第2页。

酷剥夺、沦为无产者的血腥历史。"这种剥夺的历史是用血和火的文字载入人类编年史的"，这种剥夺是以最残酷的暴力为基础的，充满着血腥和惨无人道。"资本来到世间，从头到脚，每个毛孔都滴着血和肮脏的东西"。

资本主义社会遵循"资本的逻辑"，"商品拜物教"是普遍现象。马克思指出，资本主义是以生产剩余价值为目的的商品生产形式，这种生产目的和形式必然造成人与物关系的颠倒，造成自身不可克服的矛盾。资本主义世界的真正上帝是金钱。一切价值都用金钱来表示。马克思揭露，资本主义"使人和人之间除了赤裸裸的利害关系，除了冷酷无情的'现金交易'，就再也没有任何别的联系了"，"它用公开的、无耻的、直接的、露骨的剥削代替了由宗教幻想和政治幻想掩盖着的剥削"。在资本主义体制下，私有财产神圣不可侵犯，"金钱"（以资本、工厂、机器等为表现形式）具有决定一切的力量，构成一切事物的"普遍价值"。有钱就有一切，丧失钱财就丧失一切。赚钱是最大的成功，最大的欢乐，赔钱是最大的痛苦，最大的失落。资本家由于占有生产资料，成为整个社会的主宰，享有剥夺他人劳动的自由；而工人由于除了自己的肉体和劳动力之外，一无所有，只有接受剥削的"自由"。

在资本主义私有制和"资本的逻辑"统治下，人的物化、异化是无法逃避的命运。在《1844年经济学哲学手稿》中，马克思曾经深入、细致地论述了劳动的异化问题。马克思将私有制下劳动的异化视为一个过程：①劳动者同自己生产的劳动产品相异化。工人生产的财富越多，他的产品的力量和数量越大，他就越贫穷。也就是说，劳动者生产的产品越多，他能占有的就越少，从而越受自己创造的产品的奴役和统治。②劳动者同自己的劳动相异化，即劳动作为被迫的、强制性的活动而强加给劳动者，劳动者在劳动活动中不是感到幸福，而是感到不幸。③人与人的类本质相异化，即作为人类本性即自由自觉活动的劳动变成了劳动者单纯谋生的手段。工人生产得越多，他能够消费的越少；他创造的价值越多，他自己越没有价值、越低贱；工人的产品越完美，工人自己越畸形；工人创造的对象越文明，工人自己越野蛮；劳动越有力量，工人越无力；劳动越机巧，工人越愚笨，越成为自然界的奴隶。④人与人相异化，即劳动者的劳动产品为资本家占有，反过来成为统治劳动者的异己力量。工人在劳动中耗费的力量越多，他亲手创造出来反对自身的、异己的对象世界的力量就越强大，他自身、他的内部世界就越贫乏，归他所有的东西就越少。

在资本主义制度下，金钱所具有的令人扭曲的魔力，不能不让人对金钱顶礼膜拜。这导致了包括神在内的一切人们崇拜的对象的退位，导致了金钱之"本位价值"地位的确立，导致了"一切向钱看""金钱拜物教"的普遍盛行。这正如马克思所揭露的：钱是以色列人的"妒忌之神"，在金钱面前，一切神都要退位；钱蔑视人所崇拜的一切神，并把一切神都变成了商品。钱是从人异化出来的人的劳动和存在的本质，这个外在本质却统治了人，人向它膜拜。

在资本主义私有制、"钱本位"观念和"资本的逻辑"面前，人的价值世界必然是颠倒、扭曲的，人的命运也只能是被物化、异化。人的外在本质统治了人，把人贬低为物，成为"非人"。

（3）政治批判与批判的彻底性。

马克思以批判为手段、为武器，彻底清算了旧观念、旧思想和旧制度，为新制度的诞生扫清了障碍。

马克思对人类历史上一切人剥削人、人压迫人的制度进行了清算，对各种相关的政治思想和意识形态进行了批判。马克思承认，资产阶级革命让人们获得了宗教信仰自由，废除了政治等级制，基本实现了公民在政治上和法律上的平等，即实现了"政治解放"。但是，这种解放是有限的、不彻底的，它没有触动旧社会大厦的支柱——私有制，在消灭人对人依附关系的同时，保留了人对物（私有财产）的依附。实际上，这是以经济等级取代了政治等级，以一种新的奴役形式取代了旧的奴役形式。因此，马克思立足工人阶级的立场，不懈地追问和批判资本主义社会的不合理性，要求从政治解放进展到人类解放，推翻一切导致人被侮辱、被奴役、被遗弃和被蔑视的制度和关系，实现每个人和整个社会的自由全面发展。

马克思认为，无产阶级是实现人类解放的"物质武器"，而哲学则是无产阶级实现自身解放的"精神武器"。在《共产党宣言》中，马克思、恩格斯呼吁："全世界无产者，联合起来！"他们充满激情地宣布："无产者在这个革命中失去的只是锁链。他们获得的将是整个世界。"马克思、恩格斯在理论上揭露和批判的同时，还不遗余力地支持和投身工人运动，成为无产阶级革命的精神领袖和坚强战士。正是以马克思主义为理论基础，国际共产主义运动才风起云涌，令资本主义制度风雨飘摇，一度将大半个地球都"涂抹"成了鲜艳的"红色"。

马克思的价值批判是不妥协的、彻底的。一方面，它不仅包括对他者的批判，也包括不断的自我批判。马克思从来都反感人们把他的理论当做教条来膜拜，厌恶人们将它作为"超历史"的"万能钥匙"，作为禁锢思想的"国家宗教"，作为"标签"贴到各种事物上去。当他的思想不能被忠实地理解和实践的时候，他曾经发出沉重的叹息："我只知道我自己不是马克思主义者。"①另一方面，它要求把理论批判和实践批判统一起来。理论批判是在"理性法庭"上揭露一切失去现实性的东西的不合理性，以及阻碍人与社会的自由全面发展的本质，揭露其理论和现实中的各种困境和悖论。然而，"批判的武器"当然不能代替"武器的批判"，物质力量只能用物质力量来摧毁。实践批判除了强调理论批判的正确性只有在实践中才能得到验证外，还主要强调"使现存世界革命化，实际地反对并改变现存的事物"。当然，理论批判和实践批判不是割裂的，而是相互联系、相辅相成、内在统一的。理论批判对实践批判的实现、发展以及达到自觉程度具有指导作用，实践批判不仅是理论批判的继续和深化，而且是理论批判的基础和判定标准，只有在二者的互动和统一中，价值批判才能走向彻底，真正产生实际效力。

2.马克思构建的共产主义价值体系

马克思哲学是批判与建构的统一。马克思批判资本主义的目的，不是为批判而批判，而是要在否定中寻求肯定，在批判旧世界中发现和建设新世界。在否定了宗教神学的"神本位"、封建专制的"权本位"以及资本主义的"钱本位"价值体系之后，从建设的角度，马克思提出了反映无产阶级根本利益的共产主义价值体系。可以说，这一价值体系是马克思全部理论的核心。

共产主义价值体系是马克思在批判资本主义、投身无产阶级解放事业的实践中逐步确立的，应该说，这一体系的具体内涵仍处于永无止境的形成、发展与完善过程之中。19世纪三四十年代，资本主义生产方式在英、法等西方国家占据了统治地位，社会的主要矛

---

① 《马克思恩格斯选集》第4卷，人民出版社2012年版，第599页。

盾转变为资产阶级与工人阶级（无产阶级）的矛盾。以欧洲三大工人运动为标志，一无所有的工人阶级开始觉醒，并作为独立的政治力量登上了历史舞台。马克思热切地关注、支持和参加工人运动，通过创立剩余价值学说，深刻地揭露了资本家剥削工人的秘密，批判了资本主义制度及其价值体系的基础；通过破译人类社会历史发展的一般规律，揭示了共产主义必将取代资本主义的客观规律。在此基础上，第一次创造性地提炼出了反映无产阶级根本利益、指导无产阶级革命实践的共产主义价值体系。

共产主义价值体系的内容非常丰富，我们可以大致概述如下：通过无产阶级革命和建设，消灭剥削，消灭压迫，消灭异化，最后消灭一切阶级和国家，实现全人类的彻底解放；全体人民当家作主，成为平等、自由和人格独立的社会主人；消除旧式分工，使劳动成为人们自由自主的活动和"第一需要"，社会实行"各尽所能，按需分配"；每一个人都获得自由而全面的发展，并且"每个人的自由发展是一切人的自由发展的条件"。在阐述这一宏伟的价值理想时，有时马克思的描绘既精彩、浪漫，又形象、动人。例如，在阐述消除旧式分工、使人获得自由全面发展时，马克思充满想象力地描绘道："在共产主义社会里，任何人都没有特殊的活动范围，而是都可以在任何部门内发展，社会调节着整个生产，因而使我有可能随自己的兴趣今天干这事，明天干那事，上午打猎，下午捕鱼，傍晚从事畜牧，晚饭后从事批判，这样就不会使我老是一个猎人、渔夫、牧人或批判者。"

马克思发现，人类社会的发展是一个自然历史过程。通过破译人类社会历史发展的规律，他论证了共产主义价值理想的历史必然性。

　　审视和反省马克思倡导的共产主义价值体系，我们不难发现，其根本特征就在于鲜明的主体性和价值倾向性。"共产党人不屑于隐瞒自己的观点和意图"，他们公开宣称，这一价值观代表的是无产阶级的根本利益和需要，其使命和目标就是要推翻人剥削人的私有制，推翻全部现存的社会制度，实现共产主义的价值理想。当然，这一价值体系不是抽象的、概念化的东西，不是僵死的、固定不变的信条，共产主义对于我们来说不是"应当确立的状况"，不是现实应当与之相适应的理想。我们所称为共产主义的是那种"消灭现存状况的现实的运动"。共产主义是历史的、发展的，在不同的社会历史发展时期有着不同的内涵。例如，在试图推翻资本主义制度的革命时期，它重在破坏一个旧世界，通过实行无产阶级专政，建立无产阶级的政权，从而消灭剥削，消灭压迫，并最终实现全人类的彻底解放；而在革命胜利后，它重在建设，试图通过自己的努力消灭包括无产阶级自己在内的一切阶级，实现个人与社会的自由全面发展，建设一个理想的共产主义社会。

　　只要人们不怀偏见，很少有人会否认共产主义价值体系的合理性、先进性。就其基本的规定性而言，人们甚至难以质疑其某个具体的价值理念、价值取向。当然，它的许多蓝图和设想的实现，并不如人们想象的那么容易，需要付出长期、艰苦的创造性努力。也正因为此，有人攻击共产主义不过是"空想""乌托邦"。但是，如果我们坚持实践性的过程思维，实际上问题并不难理解：无论是价值主体无产阶级自身的形成发展，还是反映其利益和需要的价值观体系的形成发展和变迁，以及践履这一价值观体系以实现最终价值理想的社会实践，都是一个相辅相成、相互作用的与时俱进的过程。既然是历史过程，就没有必要以"终极"的结果来比较、衡量。

一切非历史的僵化、固定化、教条化的理解，以及那种毕其功于一役的企图，都没有意义，甚至有害无益。

总之，共产主义这一建立在唯物史观基础之上的价值蓝图，是人类历史上、人类思想史上最美好的价值理想，这是包括马克思的许多论敌们也不得不承认的。它体现了一种深厚的人文关怀，体现了一种无上的责任意识，体现了一种高度的历史使命感，体现了一种宽阔的人间情怀！它几乎令最挑剔的批评家也无法吹毛求疵，它几乎令它的敌人也不得不服膺，它必然激励一切正义的人们为之奋斗终身！

三、马克思价值哲学的当代意义

从现实活动着的人出发，着眼于价值维度，我们会发现一个充满激情、可敬可爱的马克思，一个敢怒敢恨、敢想敢干的马克思，一个发动"哲学革命"、作为价值哲学家的马克思，一个呕心沥血、用生命追求真理的马克思。同时，我们才会越来越明了，为什么马克思哲学具有如此旺盛的生命力，仍然是当今时代倍受关注的"显学"。为什么马克思逝世这么多年了，在人们心目中仍然是"像神一样的存在"。

（1）究竟哲学是什么？哲学应该是什么？哲学能够做什么？这是一些众说纷纭、莫衷一是的元哲学问题。在人类历史上，哲学曾经与科学混沌一体，或曾经以科学为范式而展开，近代以来，哲学的科学情结更是根深蒂固，挥之不去。然而，哲学不是（实证的）

科学，它无法提供类似实证科学那样可以检验、普遍有效、可以积累的知识。独创性的哲学往往需要从"哲学是什么"出发，独立地展开自己的思考。作为"智慧之学"的哲学只能根据科学提供的客观事实、知识和真理，以之为行动的前提、基础和可能性界限，要求人们反思、批判，探索"应该"如何去做。

产生于"拟科学"哲学氛围中的马克思哲学，也特别重视科学和理性的力量，将科学视为一种"在历史上起推动作用的、革命的力量"，并占有了大量当时最新的科学成就，如细胞学说、能量守恒与转化定律、进化论，等等。马克思对于科学中的每一个新发现，即使它的实际应用还根本无法预见，都感到由衷的喜悦；而当他看到那种对工业、对一般历史发展产生革命性影响的发现的时候，马克思的喜悦就更是非同寻常。同时，马克思也吸收了哲学认识论转向所导致的哲学成果，典型的如18世纪法国唯物主义以及德国哲学家黑格尔、费尔巴哈等的思想。

但是，马克思的思想并不局限于这种知识论哲学，他并不将精力投射在"解释世界"方面，甚至不太理会哲学理论体系的完整，而是作为一位满腔热情、坚忍不拔的"革命家"，以一种深厚的人类关怀和同情，从主体（工人阶级或无产阶级）的价值维度，犀利地揭露和批判一切不人道、不合理的制度和现实，并充满激情地畅想人类的理想社会图景，指明无产阶级的历史使命，指明人类应该以实践变革的态度前进的方向。虽然马克思没有系统地建构自己的价值哲学，但是，他从实际活动着的人出发，立足实践，"改变世界"，从而解放人自身，使人与社会都获得自由而全面发展的价值倾向，却异乎寻常地醒目！

（2）在马克思哲学中，某些具有认知性质的具体断言、预言，随着时代的发展，已经表现出一定的局限性。西方有人强烈质疑和批判马克思哲学，也主要是集中攻击这些具体论断，攻击得出这些论断的方法论基础，说它们错了或者已经过时了。但是，在价值层面上，马克思对被压迫阶级和弱势群体的深切同情，对不公平、不合理的社会现实的无情揭露与批判，对未来理想社会充满激情的设计与建构，包括在艰苦条件下为之奋斗的意志、激情和牺牲，都始终为正直、公允的人们所敬重。特别是，马克思进行价值批判、思考和解决问题时，所用的视角、方法和精神，不仅没有过时，而且对世人具有永恒而深刻的启迪意义。

今天人们研究马克思，解读马克思，也应该主要发掘马克思哲学的价值意蕴，建立以价值哲学为核心的马克思主义哲学体系。实际上，西方马克思主义各流派（如法兰克福学派）的重要成就，主要在于从政治批判、社会批判、文化批判等角度，进一步阐释和拓展马克思哲学；在中国，改革开放以来出现的关于马克思哲学的各种解读，如"人学""实践唯物主义""实践人本主义""历史唯物主义""生存哲学""生活哲学""文化哲学"，等等，都内在地包含着马克思哲学的价值维度，都或隐或显地指向了价值哲学。而我们拨开迷雾，直接宣称马克思哲学是一种价值哲学，只不过是将人们已经意会到的一个事实明晰化而已！

直接声称马克思哲学是一种价值哲学，在哲学上是意味深长、富于启迪意义的。这有利于冲破"科学世界观"与"人学价值观"之间的对立，恢复马克思哲学作为自然、社会与人生统一智慧的本来面目，打破"哲学原理"与各"分支学科"（如伦理学、法哲学、美学、科技社会学等），以及存在论、认识论与价值论之间相互割裂的旧格局，并导致哲学思考的出发点、哲学的宗旨和使命以及哲学精神发生重大而深远的变化。

（3）作为一种人道主义和价值哲学，马克思哲学闪烁着人性的光辉，具有强大的情绪感染力和价值征服力，至今仍然具有世界性的影响和生命力。这一点得到几乎所有正直的人的尊重，甚至是连马克思的敌人也承认和服膺的！

马克思可能有过许多敌人，但"未必有一个私敌"。虽然"马克思是当代最遭忌恨和最受诬蔑的人"，但是，无论马克思的敌人如何对他进行攻击，如何将他"妖魔化"，只要良知尚存，坚持客观的立场，他们就会承认，马克思是一位革命的道德家、杰出的人道主义者。例如，美国实用主义哲学家悉尼·胡克就明确承认：马克思是一位"民主社会主义者"，一位"现世的人道主义者"，并且是一位"争取人类自由的战士"。美国现代伦理学家 L.J.宾克莱认为：如果把马克思当作一个"哲学家、预言家或一个新现世宗教的创始人"，或者甚至当作一个"价值立法者"，我们就可以对马克思的重要性认识得更加清楚一些。L.J.宾克莱还说，"马克思对于我们今天的吸引力乃是一个道德的预言，人们如果根据人类价值考察现在社会上的种种事实，然后根据自己的发现而行动，以使我们的世界成为一个一切人都能变成更有创造性和更为自由的地方，这样我们就是忠于马克思了。"法国存在主义大师萨特认为，"只要决定当今世界的那些最基本的东西不变，就没人能够超越马克思"。

或许，有些人并不喜欢马克思，并不赞同马克思的某些结论，然而，恐怕没有人可以忽视马克思，可以忽视马克思的价值思想，特别是马克思的彻底的大无畏的价值反思与批判精神。也正因为此，马克思在全世界，包括在激烈抨击和反对他的西方世界，一直有着巨大的感染力、渗透力和影响力。例如，每当西方资本主义国家遭遇经济危机和社会危机，马克思的《资本论》等著作就会"大卖"，不少人到马克思那里了解真相，寻求启迪，寻找救世良方。2013年，联合国教科文组织将《资本论》第一卷列入《世界记忆名录》，认为它属于"人类的记忆"，"在世界范围内对社会运动有巨大的影响"。在西方的各种思想家评选中，马克思也总是能够名列前茅。例如，1999年10月，英国BBC广播公司评选"最伟大的思想家"，在全球互联网上开放投票，结果出人意料，马克思独占鳌头，爱因斯坦、牛顿和达尔文，分列第二、第三、第四名。同年12月，英国路透社又在政、商、学术、艺术四界的名人中评选"千年伟人"，结果，马克思又同爱因斯坦、甘地入选，爱因斯坦仅以一分的优势领先于马克思和甘地。这些评选结果令人吃惊，在世界各地引发了讨论热潮，很多媒体禁不住发文，纷纷回顾、赞誉马克思的理论和划时代贡献。英国BBC广播公司的评论虽然敌视社会主义，但具有典型性："尽管20世纪出现的一个又一个专制政权歪曲了马克思的本来思想，马克思作为一个哲学家、社会科学家、历史学家和革命者所取得的成果，在今天仍然得到学术界的尊重。"

因此，作为一位学者，特别是马克思主义者，我们应该高度重视马克思哲学的价值维度，甚至可以说，应该主要从价值哲学的视角看待它，理解它，发展它，以正本清源，并充分实现其巨大的价值。今天，随着全球经济一体化进程的加快，科学技术的突飞猛进，以及一系列深层次的全球性问题的突显，文化价值观的激烈冲突和深刻变革已成为一种时代性、世界性的思想文化现象。面对无所不在的主体性的"另类"的价值难题、价值冲突，面对深刻的文化价值观的转型，人们仍然习惯于用传统的以客观性、有效性、普适性为目标的"科学世界观"或"拟科学"的知识论哲学分析和解决问题。这样做的结果，一方面，导致人们力不从心，不断感受到"哲学的贫困"，另一方面，又造成了许多理论和实践中的困惑与混乱。在这种情况下，我们有必要"回到马克思"，重新理解马克思，发掘马克思哲学的价值意蕴，发挥马克思价值哲学的现实力量。具体而言，即立足于现时代和人们的社会实践，坚持"人是目的""以人为本"的基本原则，坚持哲学的人学性质和价值维度，把批判世界、"改变世界"的精神路向具体化，为现存世界的否定、超越，为消除人的物化、异化，创造性地建设一个理想的价值世界，提供新的哲学视角、理路和方法。

第二篇

信息时代的哲学思考

第六讲 信息科技、互联网与信息社会

　　随着信息科技的迅猛发展和普及应用，人类正在迈入一个新型的技术社会形态——信息社会（information society），也有人称之为信息化社会、知识社会、网络社会、虚拟社会、后工业社会，等等。

　　在这个新型社会中，在虚拟实践、交往的基础上，人们发展出了一种新型的社会经济形态（知识经济），一种崭新的社会生活方式（数字化生存），一种与以往社会形态不同的行为关系（虚拟交往），也发展出了一种新的伦理、法律和文化。

一、信息科技、互联网与信息技术范式

　　信息科技，特别是互联网，是人类迄今为止最伟大、最神奇的发明！

信息科技是建立在现代科学基础上的信息获取、传递、处理、存储的技术，是一个以微电子技术为基础，由计算机技术、通信技术、自动化技术、光电子技术、光导技术和人工智能技术等所构成的高新技术群。其中，微电子技术是整个技术群的硬技术基础，建立在微电子技术及软件技术基础上的电子计算机是现代社会的"大脑"；而由程控交换机、大容量光纤、通信卫星及其他现代化通信装备交织而成，覆盖全球的电信网络则是现代社会的"神经系统"。

互联网（Internet，又译因特网、网间网、网际网）在信息科技中处于核心地位，它的产生是人类历史上的一个重大的标志性事件。互联网是一个由各种不同类型和规模的、独立运行和管理的计算机网络，以及一台台电脑、手机按照一定的通讯协议组成的世界范围的巨大计算机网络。组成互联网的计算机网络包括小规模的局域网（LAN）、城市规模的区域网（MAN）、大规模的广域网（WAN）以及今天正在蓬勃发展的物联网等。它们通过普通电话线、高速率专用线路、卫星、微波和光缆等线路，把处于不同地理位置的网络和设备连接起来，通过功能完善的电脑网络软件（网络通信协议、网络操作系统等），实现网络资源共享和信息交换，为人们提供丰富多彩、日新月异的产品和服务。

互联网既是一个全球规模的信息和服务资源宝库，也是一个面向世界公众的社会性组织，最新的物联网正在把人与物、物与物等联结起来。值得我们重视的是，互联网是全球各种力量自主建设，全人类共有、共享、共治的电子时空。互联网的横空出世，是世界由工业社会走向信息社会的象征。以互联网为中心的信息技术及其特点，不断拓展的信息产品和服务，正在有力地、快速地、普遍地改变着每一个人，改变着社会的每一个领域、每一个方面。它所构成的"网络社会"，是未来信息社会的一个雏形和缩影。

为了准确、深入、全方位地理解信息社会，我们有必要对互联网的特点和发展趋势，进行一些基本的考察和讨论。应该清楚认识到的是，这些特征正以一种卡斯特所谓的"信息主义范式"，变革、塑造着我们的社会，变革、塑造着我们自己。

(1) 数字化。所谓数字化，即在电子通信系统中用数字信号取代模拟信号，使传输和交换的速度大大加快，同时便于存储、加工处理及计算机自动控制。数字化是电子通信领域中一项最重要的技术发展。早在20世纪30年代，克劳德·申农就在《计算机电路如何才能完成逻辑操作》的硕士论文中，提出了用数字"0"和"1"作为计算机对所有信息进行编译、存储和使用的二进制代码系统。后来，二进制的语汇得到了极大的拓展，这些被称为"bit"（比特）的"0"和"1"，不仅可以表示开或关、上或下、出或入，而且可以表示所有信息，包括声音和图像，包括视频和音频。因此，数字化已经成为信息技术的首要的技术特征，人们往往称之为信息"DNA"。今天的互联网是由计算机互联构成的，上面流动和存储的信息都是以数字的方式存在的，这种数字化信息便于复制、控制和运算。例如，电子交易将商业行为简化成电脑上的数字交换；信用卡把人的财产以数字的方式存储在银行的电脑里；人们的各种知识越来越多地组织在网络服务器上……我们看到的和听到的一切都变成了数字的终端显现。甚至在网络上，网民也是以一个符号为代码开展活动，或者说被数字化了。当然，这一特性也要求，信息在能够被计算机处理之前，必须实现数字化。而在信息数字化过程中，有些信息会丢失，有些信息则会被美化，即技术手段对"真实的"信息本身进行了夸大或补充，使之可以传达更多的意义。例如，今天人们看到的许多可读的卫星图片，可能都是使用电脑合成出来的效果。有些数字化的信息可以被编码，即转换成具有标准意义的符号，就如同我们熟悉的字母、文字或数字那样。

（2）虚拟化。从技术角度说，虚拟是用0—1的数字方式表达事物的构成和关系。电脑、网络都是根据0—1方式进行信息处理的，信息可以通过"数据包"进行传输、交换。而且，信息技术特别是虚拟技术的广泛应用，为人们创造了一个虚拟化的电子时空。在虚拟时空，人们在做什么的时候，并不一定真的亲临其境亲力亲为，进行的是一种"虚拟的"（Virtual）行为。这种"虚拟的"行为，多少有些类似于古代的"幻真术"，可能令人产生一种感觉，在其中，模拟使得一些东西看起来像是真实的，但实际上却不是真实的。如在虚拟性的电子游戏中，玩家坐在活动的模拟仓中，头上戴着电子跟踪设备，手上戴着特制的数据手套，眼睛盯着电脑动画，它使人们确实产生一种"亲临其境"的感觉。虚拟实在的类型和形式非常多，例如，模拟驾车、模拟飞行、模拟航行；虚拟图书馆、艺术馆、博物馆；虚拟文学、艺术创作和"再创作"；虚拟教堂、虚拟宗教仪式或宗教活动；虚拟银行、商场和企业；网恋、网婚、虚拟性爱与虚拟家庭；虚拟会面、虚拟社团或虚拟共同体；"虚拟国家""虚拟城市""虚拟社区""虚拟农场"；"虚拟选举""虚拟办公""虚拟战争"；"虚拟法庭""虚拟赌场""虚拟动物园"；"远程医疗""远程教学""远程会议"，等等。而且可以肯定，随着虚拟技术的发展，还将出现越来越多的虚拟实在的形式。电脑网络创造的虚拟实在的环境，让人们进入了一个以前从未体验过的数字世界。自此，人类的生活将是一种虚实互补、虚实相生的全新生活。

（3）智能化。现代信息技术属于知识密集型、智力密集型技术，是众多高科技人才长期、集体奋斗的结晶。今天的信息技术本身，各种信息技术设备，已经日益自动化、智能化，日益"灵敏"和"聪明"，它在捕获、数字化、编码、存储信息方面的能力日益增强，在加工、处理、传递和表达信息方面的能力日益出色。借助各种信息技术手段，借助日新月异的互联网、物联网，人们可以将更多的信息源和信息用户联结起来，使信息为更多的人，甚至所有需要的人分享、共享；智能机器逐渐可以解读、分析信息的意义和前后关联，将杂乱无章的信息有效地组织起来，甚至机器日益具有自主学习的能力，人工智能是否会超越人类智能已是一个现实的课题。而各种革命性的新技术作用于信息，正在改变信息的本质，完善信息的连接、流通、共享和组织。这一切，有利于提高信息的潜在价值，或者帮助实现信息的价值。而且，在一定程度上，信息技术的发展及其运用有其技术"惯性"，正在"推动"人与社会向前发展。

（4）时空压缩化。当信息以数字信号的方式组织起来、并以电子作为载体传送时，速度就是时间压缩的具体呈现；当各式各样的信息形式（影像、声音、文本）通过全球电话网络或互联网传送时，国界和地理距离的暂时消失就是空间压缩的具体呈现。而且，信息技术及其发展提高了信息存储、处理、传输的量和速度。例如，通过压缩技术，可以对数据进行压缩处理，减少信息传输的量；光纤材料和光纤通信技术的发展，光纤的高带宽特征，有效提升了信息传输的速度。这一切使得时间和距离的概念不断产生变化，大大提速了全球化的进程。人们上宽带网时往往会有这种感觉：时间和空间都被极大地"压缩"了，整个世界不可思议的"尽在眼前"。在网络上查阅资料，地球另一面的图书馆、报刊社就在自己的身边；在网络上下棋，大洋彼岸的棋友就如同坐在你的面前；在网络上漫游世界，万里之遥缩短为鼠标的轻轻一击；在网络上交谈，普天之下宾朋如同相聚一堂，真正"四海之内皆兄弟"也……在神奇的电子时空，任何距离的两台电脑的"时空距离"给人的感觉都是一样的。随着信息技术的发展，特别是技术开发和应用的升级，传统的国家概念将受到巨大冲击，网际间可以不考虑地理上的关系而组合成一个"地球村"。以之为基础，一个超地域性、相互依存的全球一体化时代正在来临。

（5）去中心化。互联网是一张无边无际、不存在中央控制、具有分权特征的大"网"。它由全世界各个国家和地区的很多局域网、广域网以及与之互联的许多电脑组成。在美国军方当初构想它时，即设想采用离散结构，不设置中央控制设备，也即无论哪一个节点、哪一个链接被破坏，它都可以通过其他网路，保持通讯联络的通畅。因而，全球性的互联网建立、发展起来后，便没有谁敢说拥有它了，甚至没有主持机构和核心的管理者，而主要依靠自身的自我调节、自我发展。在这里，没有金字塔式的等级结构，没有高高在上的"沙皇"，也没有那么一个地方（如一个巨型的网络服务器），可以对整个网络加以集权式控制；在这里，"条条大道通罗马"，不存在天然的穷乡僻壤，也没有那么一个地方是人们必经的"交通枢纽"，是人们必须经过的交通"要道"。它就是一张无边无际的数字化、虚拟化的网际网，你无法发现它的中心，也无法找到它的边缘——或者说，"处处是中心，无处是边缘"，从而让人充分领略到了"无垠""无限"的意味。在网上，不存在明确的国界或地区界限，现实社会中常见的制约人们行为的主权国家、利益集团及其管理机构都不再拥有以前的权威。这给现实社会中那种分地域设卡、设点管辖、控制的管理方式，提出了极大的挑战。如果哪个国家、哪个组织非要在此炫耀权力，非要在此"指点江山"，发号施令，那么，不仅会发现自己的权力已经受到极大削弱，而且可能得到一片嘲笑声。

(6) 开放性。互联网是一个全球性、开放性的结构，能够无限扩展，扩展到我们难以想象的"可能世界"。它不是为了满足某种特定需求而设计、建设的，而是可以接纳任何力量、接受任何新的需求、提供无穷无尽的服务的开放网络。可以说，开放性是网络最令人欣喜、给人最多希望的特征，离开了任何人、任何机构、任何利益集团，互联网都会继续发展、运行下去。正因为互联网具有开放的结构，具有灵活性（能够根据变化的环境进行重新配置）、可扩展性（能在没有中断的情况下扩大或缩小规模）、可存活性（因为网络没有中心，能在广泛的配置上进行操作，能抵抗来自节点和代码的攻击），因此，一个以网络为基础的社会结构也是具有高度活力的、动态的开放的社会系统，它能够通过所有人的不断创新、通过吸纳所有人的智慧和劳动而无限扩展，而不至于威胁其平衡，不至于停止其发展的脚步。也正因为网络具有无限的开放性，因而我们也不能妄自尊大，人为设定网络、网络社会发展的限度。

(7) 互动性。信息技术及其应用前所未有地实现了人机互动、人与人之间的互动，以及人与物的互动。电脑、手机等电子设备越来越智能化，越来越聪明、敏感，逐渐地能够接受、理解并执行人的日常指令，日益成为人们不可须臾分离的"好伙伴""好朋友"。人机协同、物联网，互动日益提升其程度和水平，而且发展不可限量，至少不可简单、随意地在技术上设限。至于人与人、人与组织和社会的交往、互动，更是信息时代人所共知的鲜明特色。毕竟，传统的传播媒体如报刊、广播、电视的活动方向基本是线性、单向度的。一般而言，都是它们提供什么，传播什么，人们就被动地接受什么。当然，它们在激烈的市场竞争中也会考虑受众的感受，考虑受众接受的程度和比率，也会定期或不定期地征求受众的意见，但是，这至多只能说是单向传播的一种补充，有时甚至只是一种市场竞争的策略。但网络等新媒体的出现和发展，则彻底打破了这种线性、单向传播和交流，形成了全方位、多层次的信息共享、相互交流、沟通对话、相互作用机制。在全球网络上，任何人都是信源，都可以上传消息、图片、想法、感受、心得、情绪，制作和传播各类视频、音频等多媒体作品；任何人也都是信宿，可以主动、有选择地接受呈现爆炸式增长的各类信息，并给予即时反馈，发表自己的评论，参与各种互动活动。各种新旧媒体可以各显神通，吸引公众的注意力，号召大家参与；公众也可以各逞其能，创造"内容"，令新旧媒体趋之若鹜，争相报道。特别是，随着信息技术的发展和广泛应用，全社会都主动或被动地参与进来。广大网民之间，他们与新旧媒体之间，他们与明星、专家、权威之间，他们与政府、企业、NGO以及其他机构之间，建立了即时、广泛、深入的交往、互动关系，成立了各种类型、功能不一的网络论坛、网络社团、电子社区。其中最为典型的是，网络民意已经成为影响政府和政策的巨大草根力量，网民通过网络而聚集形成形形色色的网络社团，他们在各种电子社区群情激昂，针砭时弊，"指点江山"，已经成为不可忽视的政治和社会"压力集团"。

此外，我们还应该注意网络资源的丰富性，以及网络发展的不可限量。现代微电子技术以其高强的集成度、柔性的系统结构和严密快速的处理方式应用于信息技术设备的各个方面，使现代信息技术、设备具有海量化的技术特征。例如,在一块小小的芯片上,可以存储《人民日报》两年的全部信息;微处理器运算次数每秒可达20亿次以上。这为电子网络提供了空前巨大的活动空间,为所有人、所有机构提供了巨大的"表演舞台"。随着人们主动联网或被动"落网",有人形象地说,今天的网络开始"一切通吃"。所有传统的或电子的媒介、所有传统的或电子的机构、所有物或商品、所有人及其关系,以及神奇的"虚拟现实",都已经或正在成为互联网的"内容"。

二、信息技术范式与信息社会的来临

互联网与整个信息科技革命一道,以一种卡斯特所谓的"信息技术范式",变革着社会的经济、政治、法律和文化,变革着人们的生活方式、行为方式和思维方式,塑造和"再结构"着我们的社会。这正如卡斯特指出的:"信息技术革命引发了信息主义的浮现,并成为新社会的物质基础。在信息主义之下,财富的生产、权力的运作与文化符码的创造变得越来越依赖社会与个人的技术能力,而信息技术正是此能力的核心。信息技术变成为有效执行社会—经济再结构过程的不可或缺的工具。"①其后果,是造成了一种新的技术社会形态——"信息社会"。

---

① 曼纽尔·卡斯特:《千年终结》,夏铸九、黄慧琦等译,社会科学文献出版社2003年版,第403页。

（1）技术基础：信息社会建立在高度发达的信息科学技术基础之上，是信息科技广泛应用于社会各领域，重建或"再结构"社会的产物。

信息社会的产生、发展与信息科技的发展、应用密切相关，特别是与信息科技的高度发达和高度普及相关。这正如卡斯特所说的：一个社会能否掌握技术，特别是每个历史时期具有决定性的技术，相当程度上决定了社会的命运。虽然技术就其本身来说并不决定历史演变和社会变迁，但拥有技术或缺少技术，却体现了社会自我转化的能力，以及社会在总是充满冲突的过程中运用其技术潜能的方式。

信息科学技术对经济、政治、文化和社会生活等方面都具有极强的渗透力，它的快速发展是经济发展和社会变革的强大推动力。信息科技已经成为社会赖以存在和发展的基本技术支撑，成为社会自我组织、自我结构、自我发展，甚至变革社会的基本动力。麦克卢汉认为，"媒介是人体的延伸"，这种延伸的每一次改变，都会给人类社会带来某种新的讯息，形成某种新的尺度，从而导致社会发生一定的变革。就如同电视进入普通家庭，以往的家庭生活和邻里关系都被以电视为中心的生活方式所重新塑造和改变一样，网络也改变了人们的生产和生活方式，塑造了新的人际关系、社会共同体及其活动形式，塑造了新的全球性的社会组织和结构。埃瑟·戴森在谈到互联网的功能时指出："Internet 实际上并不成就什么；它是供人使用的一种强有力的工具。它不是什么值得拥有的东西，而是人们用来和他人合作、实现他们自己的目标的一根有力的杠杆。它并不仅仅是一个信息源；它是人们用来进行自我组织的一种方式。"①
卡斯特更是据此提出了"再结构"社会的"信息主义范式"，认为信
息社会的一切都在根据信息科技发展的逻辑而被重新塑造。

当然，信息科技还在高速发展之中，移动互联网、物联网、大
数据、云计算、人工智能……发展永远没有止境。信息科技将把人
们生活的社会改造、重构成什么样子，还有待信息科技自身发展的
可能性和基于人自身的选择性应用。

(2) 实践基础：虚拟实践与虚拟交往极大地冲击着传统的实践
观、交往观，导致了人类历史上最诡异的一场生存变异和活动
革命。

信息科技最新颖、独特之处当推"数字化""虚拟化"，这导致
了人类新型的数字化、虚拟化生产、生活方式的形成。借助信息技
术、虚拟技术，通过互联网、物联网，人们可以坐在家中"进入"虚
拟图书馆、博物馆、艺术馆、旅游胜地；可以模拟驾驶坦克、轮船、
飞机、宇宙飞船，上天入地自由翱翔；可以根据顾客订单，成立虚
拟银行、虚拟企业组织生产，通过电子商务将产品配送到顾客手
中；可以建立虚拟课堂，聚集最优秀的教师的最出色的劳动，让所
有人自主、自由地接受远程教育；乡村医生、社区医院也可以约请
全球顶级医学专家对疑难病症进行会诊，实施远程手术……人们已
经或正在感受到，许多过去不可能或尚无条件亲自进行实践活动的
领域，现在正渐次对人类打开大门；而许多过去受到时空、物质手
段以及社会经济等因素制约的活动范围，迄今为止由于虚拟实在的

①　埃瑟·戴森：《2.0版：数字化时代的生活设计》，胡泳、范海燕译，海南出版
　社1998年版，第52页。

出现而不再构成限制。在各种虚拟实践活动中，人们的能动性、自由度较以前大大提高，人类认识和实践活动的深度、广度得以前所未有地拓展，人类的生活实践获得了新的活动空间和表现形式，甚至人们的想象力也前所未有地丰富、发达起来……人类正面临有史以来最诡异的一场生存变异和活动革命。

现代信息技术、虚拟技术极大地延展了人们的交往领域，特别是改变了传统的交往方式，导致了虚拟交往的日渐普及。在虚拟会议、虚拟课堂、虚拟谈判、虚拟宗教仪式、虚拟茶馆、虚拟游戏之类的情形中，任何人都能以一个或多个可以随时更换的"符号"作为身份，按照自己选择的面貌、自己选择的方式活动，人们的一切自然属性、社会关系都被剥离了，人们彼此之间不再熟悉。在各种虚拟的或者说虚拟与真实并存的网络空间中，人们可以自由地表达自己的思想，结交许多以前无缘认识的朋友；可以和许多名人、明星或者有思想有见解的人交谈，根据相同的爱好和对某些问题的兴趣形成"讨论组"；可以和许多不同类型的人共同学习、工作、游戏和生活，共建虚拟社区或"虚拟共同体"；那些孤僻、古怪、与众不同的人及其稀有的兴趣也可能找到"知音"，相互之间建立种种新的社会关系……世界上各个国家和地区、不同民族和宗教、形形色色的部门和行业以及许许多多个人将在很大程度上共同生活在一个奇妙的"虚拟世界"中。这虽然导致了不同生活方式、政治法律以及文化价值观等方面的冲突，但也最广泛地促进了人们之间的交往、交流，增进了彼此之间的认知、沟通和理解，同时使人与人之间的交往、交流，更加平等、自由。

实践的观点是马克思社会历史观的首要的基本的观点。实践这种具体的历史的感性活动，正是整个现成的感性世界的基础。虚拟实践、交往的出现和广泛应用，是人类在"改变世界"方面自由创造的一次飞跃，是人类改变世界的同时也改变自身、从而实现自我超越的一次飞跃，是人类生存方式和活动方式的一次重要变革。基于虚拟实践、交往，人们正在展开一种奇特的"数字化生存"，人们的生活方式正在被彻底地"重塑"。这也令社会历史观特别是唯物史观面临一系列新的挑战性课题。

（3）经济基础：随着信息时代的到来，信息得到普遍的、充分的开发和应用，成为最重要的经济和社会资源，社会生产方式变得高度信息化、智能化。

20世纪中期以来，伴随科技和经济的发展，人类认识自然的能力获得了快速提升，知识和信息出现了爆炸式增长。英国著名科学哲学家詹姆斯·马丁描述道：19世纪的世界知识总量每50年增长1倍，20世纪中期是每10年增长1倍，20世纪70年代是每5年增长1倍，而现在是差不多每3年增长1倍，甚至是每隔1.5年就增长1倍。有人形象地称之为"知识爆炸""信息爆炸"。伴随着创造性知识和信息的增长，信息逐渐成为信息时代生产的支柱，科技进步对经济增长的贡献率迅速提高，信息与知识的重要性超过了金融资本、原材料和能源，成为最重要的战略资源，在社会产品的总价值中，无形信息的价值超过了有形物的价值。

信息科技革命催生了一大批新兴产业，并促使产业结构发生重大调整，形成新的社会产业结构。其中，信息产业迅速发展壮大，信息部门的产值在全社会总产值中的比重迅速上升，并成为整个社会最重要的支柱产业和经济发展的引擎。即使是传统产业，也普遍以信息技术为基础，对生产、流通、销售等进行全面的信息化改造，以降低生产成本，提高劳动生产率。而通过信息技术对传统产业的全面改造，传统产业与信息产业之间的边界越来越模糊，整个社会的产业结构处在不断的变化、重组过程中。在信息时代，信息产业的发展水平将成为衡量一个国家发展水平和综合国力的重要尺度，并日益成为一个社会经济、社会发展的支柱和基石。

以信息技术为基础，社会生产方式发生了显著改变，经济活动的信息化、智能化程度大大提升。正如机器的普遍采用将手工工场的生产方式改造成为机器大工业的生产方式一样，信息时代也形成了新的生产方式：传统的机械化的生产方式被自动化、智能化的生产方式所取代；刚性生产方式正在改变为柔性生产方式，企业可以根据市场变化灵活而及时地组织生产；大规模、集中性的生产方式正在转变为规模适度的分散型生产方式，订制型生产逐渐成为主流；甚至，信息和知识的创造性生产成为社会生产的重要方式，知识产品和服务在市场上日渐抢手。

伴随产业结构的演变、信息产业的崛起、信息化生产方式的出现，新的劳动与就业方式开始形成，就业结构发生了显著变化。自动化、智能化的生产方式进一步把人类从繁重的体力劳动中解放出来，劳动力主体不再是机械的操作者，而是信息的生产者和传播者。知识型劳动者"闪亮登场"，成为信息时代社会生产和管理运作的主体，人力资本或知识积累已成为改变经济系统产出的显著变量。传统的雇佣方式受到巨大挑战，全日制工作方式朝着弹性工作方式转变，外包、分包、在家办公、自由职业、短期雇佣、兼职等广泛流行。人们工作的自由度加大了，但劳动强度也空前提高，劳工权益难以保障，特别是结构性失业、两极分化、社会排斥等成为新的社会问题。

(4) 组织结构：新的社会组织管理结构——网络型的分权式管

理结构逐渐形成，参与式民主或直接民主成为主流。

唯物史观认为，经济基础决定上层建筑，或者说，要求、呼唤与之相适应的上层建筑。在不同时代、不同技术和经济基础之上，与技术、经济、社会发展相适应，必将形成与之相适应的社会组织结构和文化。在农业社会，基于血缘关系的家庭是基本的经济单元，政府组织则是以家庭、家族为基础的金字塔型的集权式的权力结构。在工业社会，生产组织形式是以企业为单元的社会化大生产，权力运作以维护资本利益的政党和代议制民主为特征。而在信息社会，知识经济快速崛起，以知识创新为核心的社会生产将日益分散化、个性化，传统的金字塔型组织管理结构将逐渐向网络型的分权式管理结构演变。

信息时代对于组织结构、管理方式的挑战是显而易见的：信息技术和电子新媒体极大地促进了文化、知识、信息的传播，普遍地提高了大众的文化知识水平，为人们充分表达意愿提供了技术条件，也唤醒了民众的民主意识、民主观念和民主要求。同时，非中心化、超地域性、全球性的信息网络的建设，在相当程度上动摇了以固定空间领域为基础的民族国家以及其他组织的既有形式，对现实社会分地域垂直管辖、集中控制的管理方式发出了挑战。由于信息的共享，传统的管理层垄断信息的局面被打破，丧失了从垄断信息到垄断决策、管理权力的优势：广大网民"大狗叫，小狗也叫"，前所未有地宣泄"民意"，形成了强大的意见压力集团；传统的科层制所固有的或衍生的理性化、部门分割的管理体制受到冲击，工业社会形成的代议制民主正在受到强烈挑战。

因此，迈入信息时代，在社会民主化、民众权利意识觉醒以及媒体作用提升等多重因素影响和作用下，组织管理结构正在由传统

的金字塔型向网络型的分权式管理结构演变，普通大众将在和自己
有关的事务的管理和决策中发挥日益重要的作用；社会组织管理中
的代议制民主、间接民主开始向参与式民主或直接民主演变，网民
的参政议政、民主监督作用日益突显。这一切，也为人们多样化的
生活方式、价值选择、社会行为提供了强有力的支持。

三、作为新型技术社会形态的信息社会

信息社会是与农业社会、工业社会等相对而言的一种技术社会
形态。它是工业化社会之后，以信息科技（包括网络技术、虚拟技
术）的发展和应用为核心的高科技社会，是信息、知识起主导作用
的知识经济社会。

迄今为止，人类社会的历史发展，从技术社会形态的角度看，
大致可分为渔猎社会、农业社会、工业社会和信息社会等。200多年
前的工业革命和工业化运动，极大地解放了生产力，把人类社会从
农业社会推进到工业社会。信息科技革命和20世纪70年代，特别是
20世纪90年代以来的信息化浪潮，又把人类社会从工业社会导向信
息社会。近几十年来，信息科技得到了空前快速的发展，并正在与
脑科学、生物技术等相结合，广泛应用于经济、政治、军事、文化、
社会等各个领域，导致社会的信息化程度不断提高，新的问题和挑
战层出不穷，信息社会正在成为我们身边可知可感的现实。

信息社会是与农业社会、工业社会相对应的。农业社会是一种
自给自足的自然经济形态，是一种以满足人们的"衣""食"等需

求,以畜力和人自身的自然力为能量,以种植、养殖为主要生产活动的小农经济形态。典型的,农民依赖自然条件和固定的生产周期,种植水稻、小麦、玉米、大豆、棉花等作物,养殖猪、牛、羊、鸡、鸭等动物,以满足人们基本的"衣""食"需求。农业生产率主要取决于人的体力和畜力,依靠向土地的持续投入来获得回报。就农业发展方式而言,生产力的提升、剩余产品的增加,源自生产过程中劳动与自然资源(特别是土地)数量的增加,以及这些资源的天然性质,气候变化、水旱灾害等自然条件对农业生产的影响很大。在人与人的关系上,也表现出受自然控制的特征,即人们主要基于地缘关系、血缘关系、婚姻关系等开展活动,进行交往,结成各种社会共同体。在社会组织结构方面,形成了以家庭、家族、地域为基础的金字塔型的等级制统治结构。

工业社会则主要依靠资本和机器,以使用自然资源(原材料、能源)分工生产工业产品来满足市场多方面的需求为主要生产方式。人们不再只是依靠人力和畜力,而是以机器代替手工,大量制造和使用具有技术含量的人造工具——各种机械、机器以及自动化生产流水线。就工业发展方式而言,生产力提升的主要来源在于能源革命和大机器的使用。人们不断开发和引进新能源,创造和使用各种新机器,大规模、批量化地生产标准化产品,以满足市场不断增长的物质需求。由于农业的机械化和产量提高,农民数量大量减少。更由于工业化需要大量工人,需要围绕市场组织生产,因而人口以工厂和市镇为中心集中,工厂和市场集中的地方逐渐发展为人口稠密的城市。商业贸易日渐发达,服务业日渐兴盛。随着物质财富的丰富和交往范围的扩大,人们逐渐从封建的人身依附关系中摆脱出来,成为有一定自主性的"自由人"。但一无所有的劳工阶级却无法摆脱"资本的逻辑",只能接受被雇佣、被剥削的命运。这种社会造成了生产、分配和消费的分裂,导致了一切向钱看、拼命赚钱、精于计算等商业文化价值观的形成。以之为基础,无论形式如何,建立的只能是代表资本力量的等级制的权力结构。

信息社会则建筑在高度发达的信息科技之上,建筑在人与人、人与物、物与物之间的互联互通之上。信息技术处理的基础性"原料"是信息,它通过信息的创新、共享、传播、创造性使用,从而改造工业社会的生产方式,大幅度地提高知识生产率和生产力水平。这正如卡斯特指出的:知识与信息无疑是一切发展方式的关键因素。但是,在新的信息发展方式中,生产力的主要来源在于知识的生产和创造性使用,在于经济发展方式的转型升级。从信息生产力的构成要素来看,脑力劳动者、智能工具和数字化信息,是信息社会区别于其他社会形态的本质特征。

在农业社会和工业社会中,有形的物质和能源是主要资源,生产活动以经济增长为取向,追求投入—产出的最大化;而在信息社会,无形的信息成为比物质和能源更为重要的资源。信息经济以技术发展为导向,以开发和利用信息资源为目的,追求知识的创新、积累以及信息处理更高层次的复杂度。在信息技术快速发展的推动下,通过信息资源与物质、能量资源相结合,创造出各种智能化、信息化、网络化的生产工具,促使信息经济活动迅速扩大,逐渐取代工业生产活动而成为国民经济活动的主要内容。如果说,工业社会是有形的物质和能源创造价值的社会,是以物质生产和物质消费为主的社会,那么,信息社会则是无形的信息和知识创造价值的社会,是以精神生产和精神消费为主的知识社会。

在信息社会中,信息技术的发展和应用,特别是互联网的发展，不仅提高了劳动生产率和生产力水平，促进了生产方式的信息化、智能化，而且与生产力的提升一道，导致人们的生活方式、行为方式、休闲娱乐方式、社会组织方式、组织管理方式等发生显著变化，对整个社会的意识形态、文化价值观念以及人们的思维方式等也产生了深远的影响。

最后，关于信息社会，我想，还应该强调如下几点：

第一，信息社会是人类社会发展的最新技术社会形态。人类社会形态从生产力的角度看，可以分为渔猎社会、农业社会、工业社会、信息社会。若从生产关系的角度看，人类社会的历史发展则依次是原始社会、奴隶社会、封建社会、资本主义社会、共产主义社会。生产力和生产关系不是割裂的，这两种不同社会形态的划分标准之间也存在内在联系。农业社会基本上是与封建社会相对应的；工业社会基本上是与资本主义社会相对应的，只是到了20世纪才出现了社会主义社会。由于发达资本主义国家的工业化进程已经完成，大多已经进入"后工业社会"，马克思设想在工业社会基础上实现共产主义社会的目标，已经难以简单照搬书本式地实现。从生产关系的角度看，与正在形成的信息社会相对应的是什么社会？客观地说，在相当长的历史时期内，仍然将是资本主义和社会主义。信息社会阶段的资本主义，将是在新的生产力条件下不断调整生产关系的"信息资本主义"，资本主义在新的生产力条件下进一步释放了其制度潜能，再次延长了资本主义的生存寿命。而信息社会的到来，也使得生产力水平相对较低的社会主义国家，例如中国和越南，有可能通过中国式的改革开放或越南式的"革新开放"，抓住机遇实现跨越式发展。信息时代的社会主义将是生产力更加发达、生产关系和上层建筑也进行了调整（改革或革新）的与时俱进的社会主义。例如，信息社会最重要的经济和社会资源——信息——可共享，就为建立生产资料公有制提供了巨大的想象空间。

第二，随着各种"虚拟"活动的出现，随着人类社会生活的信息化、网络化，一个具有相当异质性的"另类"的"网络社会""虚拟社会"，已经或正在成为人们真实的现实生活的一部分。应该说，作为信息社会之一部分的"网络社会""虚拟社会"，与现实社会不是割裂的、对立的。网络社会生活是从现实社会生活中分化出来的，它处于现实社会生活之中，是人们通过互联网（作为网络人）相互交往、虚拟活动的过程，它往往以现实社会生活为背景，可以看作是现实社会的延伸、补充。如果用物理空间和电子空间（Cyberspace）比喻现实社会和"网络社会"的生存空间的话，那么，电子空间并不能取代物理空间，因为人毕竟还是一个物理的存在物。虽然电子空间会极大地改变传统社会的结构，但人的物质、能量的需求毕竟还要在物理空间里得到满足，即使是人的感知和情感需求，也需要在物理空间里才能获得直接的满足。真正可能的情形是，电子空间与物理空间各有所长、互相补充，网络社会生活与现实社会生活互相渗透、互相影响，它们共同构成了人们的生存、活动环境。当然，我们也应该看到，如果说，目前尚不普及、发达的"网络社会""虚拟社会"，还只是现实社会的延伸、补充，只是为既定社会形态增添了新的内涵，提供了新的活动空间的话，那么，随着"网络社会""虚拟社会"的拓展，以及相对独立性的日益增加，特别是，当社会的信息化达到一定程度，离开互联网，现实社会生活有可能陷入瘫痪状态。这时候，它可能对现实社会形态以及相应的社会历史观造成什么冲击，导致什么后果，则值得我们进一步关注和思考。

第三，信息社会没有也不打算彻底消灭农业社会、工业社会的一切。例如，不可能消灭种植、养殖等农业产业，不可能消灭钢铁、石化、汽车、纺织、建筑等工业部门，就如同工业社会并不消除经济中的所有农业部门一样。当然，农业社会、工业社会的各种产业，甚至包括传统社会的一切领域和方面，都必然要经过信息技术、网络化逻辑的洗礼，得到不同程度的改造、重塑，在不同程度上被信息化、网络化、智能化。例如，制造业的注意力集中点会从体力的功能转向体力所依赖的智力功能。甚至农产品的生产和销售也将信息化，依据订单、通过智能控制进行生产，借助全球市场网络进行定向配售。现代农民和工人都必须通晓信息技术，掌握信息技能，成为"信息化的农民"或"信息化的工人"。

最后，信息社会是一种新的社会模式、新的社会形态，它仍然处于高速发展过程之中，各方面的发展并没有终结，也没有完全成熟，人们对于信息社会的本质特征，如信息社会与农业社会、工业社会本质区别是什么，尚没有清楚的认识。即是说，信息社会仍然"在路上"，信息社会尚未在全球真正实现，它的未来还不那么确定。它的充分实现将是一个渐近的、信息化不断增加的过程。当然，它是历史的大势所趋，是任何人都阻挡不了的！

第七讲　信息社会的核心价值理念

　　信息科技是极具革命性意义的高新科学技术。随着信息科技的快速发展和广泛应用，信息社会已不再是一个"乌托邦"式的美好憧憬，而是一种可知、可感的技术社会形态。近些年来，社会的信息化浪潮汹涌澎湃，信息社会正在以令人惊诧的速度变成现实。例如，国家信息中心发布的《全球信息社会发展报告2016》显示：2016年，在全球126个样本国家中，有53个国家已经进入了信息社会，另外73个国家处于从工业社会向信息社会过渡的转型期，全球信息社会指数为0.5601。

　　与当今社会从农业社会、工业社会向信息社会变迁相适应，整个社会的核心价值理念正在发生历史性嬗变，一种以社会的信息化为基础、适应信息社会的性质和特点的核心价值理念正在历史性地生成。哲学是"思想中的时代"，是"时代精神的精华"，它必须紧扣信息社会发展的脉搏，敏锐地洞察信息社会的核心价值理念，增强对这一新的技术社会形态的理论解释力，也增强对这一新的技术社会形态的实践指导。

一、信息社会的核心价值理念何以可能？

核心价值理念是一定社会价值观体系的"硬核"，即在一定社会形态中处于核心和支配地位，起主导和决定作用，并集中反映该社会形态本质和发展方向的价值理念。一个社会形态的核心价值理念不仅表征着该社会形态的文化精神追求，内蕴着该社会形态的最高价值标准，而且，它还向人们明确地昭示了该社会形态欲求何为、欲往何方、欲达何态等重大问题。也就是说，一定社会形态的核心价值理念不仅是人们的思想和行为的"压舱石"，而且是实现该社会形态的价值理想、价值目标的"指路灯"。

影响社会核心价值理念形成和变革的因素很多，其中有两个因素不可忽视。其一，从人类社会发展的过程来看，社会核心价值理念的形成和变革从根本上受制于生产力或生产方式的变革。随着生产力的发展、生产方式的变革，社会的经济基础以及"竖立其上的上层建筑"也会或快或慢地发生变革，而上层建筑的变革就内在地包括了核心价值理念的变迁。当然，如果从社会发展的某一特定历史时期来看，社会核心价值理念可能与经济基础的变革具有不同步性，有可能会相对滞后，这是其相对独立性的特点，但从"归根结蒂"的意义上说，核心价值理念的形成和变革终归是受生产力或生产方式制约的。其二，社会核心价值理念的形成和变革不是"自然而然的历史过程"，而往往是统治阶级或社会先进分子根据自己的利益和需要自觉、主动建构的结果。这种建构与社会形态的更替过程大体相一致。在社会形态更替的过程中，一种新的先进的社会核心价值理念的萌芽与建构，往往依赖社会先进分子的敏锐洞察力，需要先知先觉的社会先进分子进行"启蒙"，从而冲破各种旧势力、旧观念、旧思想的阻碍，令越来越多的人了解、接受和认同，当然，这一过程中可能还要付出各种代价，以在全社会广泛传播、付诸实践，推动历史的车轮滚滚向前。对此，我们可以回忆一下中国"五四"时期"民主（德先生）"和"科学（赛先生）"的"启蒙"，从而受到必要的启迪。

　　社会核心价值理念的形成和变革从根本上受制于生产力或生产方式的变革，这样说明显比较笼统，也比较抽象。具体地考察人类历史，我们可以看到，构成生产力的各方面要素曾在不同时期扮演过不同的角色，有些要素——如科学技术、生产工具——往往在生产力的发展中具有决定性作用。例如，生产工具的重大技术革新，如从"石器→铜器、铁器→蒸汽机、电气设备→电子网络"的发展，或者"石器磨"→"手推磨"→"蒸汽磨"→"网络磨"的发展，就导致了社会生产力不断发生质的飞跃，我们可以大致将之划分为自然生产力、手工生产力、机器生产力、信息生产力四个历史阶段。而如果我们坚持"生产力是社会发展的决定因素"，从这四种不同质态的生产力演变的视角划分社会形态，那么，人类社会的发展依次经历了渔猎社会、农业社会、工业社会和信息社会（当然，各国家、各地区演变的历程既具有统一性，也具有多样性）。今天，信息社会将信息、知识乃至整个社会文化的因素视为"第一生产力"，催生了一种新颖别致又极其高效的"知识经济"。而"知识经济"的巨大威力，我们已经初步见识到了：只要看一看美国20世纪90年代以来的经济腾飞，看一看信息产业的"超常态"发展，看一看微软、谷歌、阿里巴巴、腾讯等的飞速扩张，就会产生无限的感慨。这样的发展速度是农业社会、工业社会不可想象的！

核心价值理念无疑是"精神性"的，它是一种典型的社会意识，也是一种高层次的社会意识。实际上，每一种技术社会形态必然形成自己特有的核心价值理念，只不过，人们有时候没有自觉的意识到它的存在。

在渔猎社会中，科学技术尚处于萌芽状态，生产力水平极其低下，人们在生产劳动中逐渐形成了顺从自然、团结互助、平等均享等核心价值理念。人们利用粗陋的"自然工具"，如通过打磨制成的各种石器、骨器等，直接从自然界采集、捕鱼、打猎而维持生存。面对神秘莫测、阴晴不定的大自然，原始人实在是太弱小了，不得不采取被动顺从的态度，形成了敬天畏命、顺从自然的核心价值理念。由于生产工具极其简陋，生产力水平极端低下，单个人的力量又极其有限，难以独自与自然界（特别是猛兽）相抗争，因而必须"群居"在一起，通过"抱团取暖"而维持基本的生存，在此过程中形成了团结互助的核心价值理念。当然，囿于当时的实践交往水平，这种核心价值理念适用的范围非常狭隘，主要局限于一定的氏族和部落之中。在渔猎社会中，由于生产资料公有，人们集体参加劳动，人与人之间在地位上是平等的关系，平均分配劳动成果，没有贫富差别和阶级压迫，形成了成果均享的核心价值理念。

在农业社会中，由于土地变成了最重要的经济和社会资源，以土地所有制为中心形成了社会的经济、政治、法律、文化乃至家庭结构，整个社会形成了自给自足、封闭守成、尊崇等级的核心价值理念。农业社会是一种"小农经济社会",主要利用铜器、铁器等工具和畜力开展农业生产。小农经济是以个体、家庭或庄园为生产和生活单位,农业和家庭手工业相结合的经济形式,是为了直接满足自己、家庭等的需要而进行生产的经济形式,是一种相对封闭、自给自足的生产生活方式。对土地的依赖、地方狭隘性和顽固的乡土情怀,导致人们逐渐形成了安土重迁的封闭意识。同时,在时间观念上,农民习惯于根据过去的经验从事"春耕夏耘秋收冬藏",即习惯于"向过去看",往往缺乏超时空的开拓进取精神,形成了满足于"小富即安"的守成心理。此外,农业社会是一种典型的"阶级社会",统治阶级(地主)与被统治阶级(贫、雇农)之间是剥削与被剥削的关系,统治阶级依靠宗法关系、专制手段统治被统治阶级。与阶级统治相联系,农业社会也是典型的"等级社会",统治阶级与被统治阶级之间具有明显的尊卑等级差别,人人都必须严格遵从森严的尊卑等级秩序,整个社会形成了尊崇等级秩序的核心价值理念。

在工业社会中,隆隆的机器轰鸣声打破了自然乡村的宁静,破坏了农业社会"田园诗般的关系",整个社会逐渐形成了功利、效率、竞争、法治等核心价值理念。在工业革命的推动下,"资本"逐渐活跃起来,在现实生活中以一种强大的抽象力量统治和支配着一切个人的活动。资本要求不断增值的贪婪本性,无情地斩断了把人们束缚于尊长的形形色色的封建羁绊,使得人和人之间的关系变成了"赤裸裸的利害关系"、冷酷无情的"现金交易"关系,人们的一切活动几乎都"淹没在利己主义打算的冰水之中",功利至上由此成为工业社会最显著、最重要的核心价值理念。工业社会的到来,特别是机器生产的出现,塑造了标准化、专业化、同步化、集中化、好大狂、集权化这六个相互补充、相互强化的"工业化文明的法则"。这些法则是"有效率"的代名词。在农业生产中，使用劳动量最多的产品的价格往往决定一切同类产品的价格；而在工业生产中，使用劳动量最少的产品的价格决定着其余的同类产品的价格，因为最便宜而效率又最高的生产工具可以无限增加，而自由竞争必然产生市场价格，也就是说，产生一种一切同类产品的共同价格。这就意味着：在同类产品的价格既定的条件下，使用劳动量最少的企业主获取的利润最多。正因为如此，"时间就是金钱，效率就是生命"成为每一个企业、每一个个人的座右铭。工业社会瓦解了农业社会中分散的自给自足生产生活方式，瓦解了农业社会中行会制度所造成的垄断现象，起而代之的是对自由竞争的崇尚，因为，竞争不过是"资本的内在本性"。残酷的竞争使得企业主绞尽脑汁、千方百计谋取发展，整个社会形成了"人人奋力争先、事事努力向前"的竞争氛围。工业社会的到来，还催生了资本的全球逐利，推动了市场的全球拓展，法律法规成为维护竞争和企业主利益的"利器"。因为，法律保障了企业主对自己产品的所有权和自由支配权，更为重要的是，它起到了维护市场秩序的作用，起到了维护统治阶级统治地位的作用。

可见，随着科学技术、生产力的发展，技术社会形态一直处在变迁过程中，相应地，社会核心价值理念也呈现出或和风细雨、或波澜壮阔的发展历程。当前，随着社会的信息化和信息社会的来临，正在形成一种与农业社会、工业社会不同的价值理念、文化模式和社会规范。比尔·盖茨曾经感言：信息高速公路将冲破国界或地区界限，将世界联结在一起，并有可能推动一种"世界文化"的发展，或者，至少推动一种文化活动、文化价值观的共享。曼纽尔·卡斯特认为，在信息主义兴起的历史阶段，我们需要一种"信息主义精神"，它是一种"共通的文化符码"，穿越了参与网络的各种社会成员的心灵，影响了各种社会成员的生存策略。无论如何，技术的快速发展和应用、社会的迅猛信息化变革了社会，变革了社会化的人，甚至令人和社会都变得令我们陌生起来。社会信息化、智能化所造就的新的技术基础、实践基础、经济基础和组织结构，必然反映到思想文化层面，要求形成一种与之相适应的核心价值理念。

二、信息社会核心价值理念的具体内容

信息社会的核心价值理念是集中反映信息社会本质和发展方向的价值理念，内蕴着对信息社会欲求何为、欲往何方、欲达何态等重大问题的回答。可以说，它是信息社会的"灵魂"，在信息社会中处于核心和支配地位，发挥着主导和决定作用。

自20世纪70年代始，就断续有了一些关于信息社会核心价值理念的论述。1973年，丹尼尔·贝尔在《后工业社会的来临》中，最先提出了"后工业社会主要的价值观"问题，即洛克所谓的社会的"公正的优先"，或者所有人实现平等的问题。阿尔文·托夫勒在《第三次浪潮》中指出，第三次浪潮的到来，使得第二次浪潮文明特色的标记——即"工业化文明的法则"——受到冲击，并呈现出多样化、综合化、非同步化、分散化、大小适当化、分权化的规律和原则。其实，这些规律和原则在人们头脑中的集中反映，就是信息社会的核心价值理念。约翰·奈斯比特在《大趋势——改变我们生活

的十个新方向》中预测和描述了美国社会发生深刻变化（从工业社会进入信息社会）的十个新方向，显露和表达了推崇技术知识、面向未来、胸怀全球、注重长期利益、分权、信赖和依靠自己、共享民主等核心价值理念。曼纽尔·卡斯特在《网络社会的崛起》《信息时代》等书中所说的"信息技术范式"，当然也内蕴着"信息主义精神"，只不过他语焉不详，没有具体地展开来进行论述。派卡·海曼在《黑客伦理与信息时代的精神》中认为，相对于马克斯·韦伯的工业时代的精神——清教伦理，黑客和黑客伦理是反叛清教伦理、代表信息时代的时代精神。派卡·海曼提出并系统讨论了黑客伦理的七种价值理念，包括激情、自由、追求社会价值、开放、主动性、关怀、创造性。迈入21世纪，随着社会的快速信息化，随着信息社会指数的不断提高，中国的一些学者，如肖峰和我，都开始关注信息社会的核心价值理念、"信息主义精神"等问题，力图为信息社会"把脉"，洞悉信息社会的发展方向。

虽然学者们直接或间接论及了信息社会的核心价值理念，然而，国内外学术界的相关研究仍然处在初步探索阶段，专门、系统、直接的研究成果比较少。特别是，立足哲学层次，立足哲学立场、观点、方法的研究成果，更是寥寥无几，少量的论述也是极其简略，语焉不详。因此，我们有必要跟踪信息技术的最新进展，全面、系统、深入地研究信息社会，着力把握信息社会的本质和灵魂，创造性地提炼信息社会的精神特质。

根据信息、信息社会的性质和特点，根据社会的信息化进程，以及信息社会与农业社会、工业社会的主要区别，我们认为，信息社会的核心价值理念可以扼要地概括为如下三个概念——自由、开放、共享。下面，我就逐一地做一些阐释。

1. 自由

自由是现代社会的核心价值追求，也是信息社会首要的核心价值理念。

人的自由是在认识世界必然性的基础上，通过自己的实践活动不断实现的历史过程。迈入信息社会，人们面临着崭新的生存境遇，即电脑、手机、互联网、物联网、虚拟现实、人工智能等构成的一个全新的社会环境。各种信息网络成为社会的基本形态之一。人们不仅时时刻刻处在各种信息网络终端外在式的"包围"中，而且已经与网络共融为一体。"无网不胜，有网能胜"，"无网络、不产品；无终端，不生活"等现象成为社会常态，以至于有人声称"网络技术本身就是一种价值理念"，至于自由，正是内蕴于这类价值理念中的核心理念。

网络的设计思路和技术结构本身内蕴着自由的精神。信息社会是以高度发达的信息科学技术及其普遍应用为技术基础的，是现代信息科学技术"再结构"社会的产物。其中，网络是整个社会的"神经系统"。美国国防部先进研究计划署（DARPA）1969年研究开发的阿帕网（ARPANET）可谓互联网的雏形，其主要技术思想是：通过建立在交换理论上的分布式网络系统传送数据（信息）而不必经由中央控制系统传送，以便确保分散的指挥系统中的一部分指挥点被摧毁后，其他指挥点能绕过被摧毁的指挥点而继续保持联系。随后，不同的计算机之间为了更好地进行信息交换和互联互通，先后经过了 TCP/IP 协议阶段、万维网（WWW）阶段，但无论如何变化，从本质上说，互联网的技术思路就是支持不同的计算机通过网络自由地连接起来，而每一台自主联网的计算机就是一个节点，每一个节点都是中心。信息传接的分布式网状技术结构打破了以前集中式的线型技术结构，形成了"多点对多点"的信息传接模式，极大地保证并促进了信息传接的自由。随着对等网络技术（Peer to Peer，简称 P2P 技术）从第一代集中式 P2P 经由第二代纯分布式 P2P 和第三代混合式 P2P 发展到第四代结构化 P2P，互联网经历了从 web1.0（"桌面互连"）到 web2.0（"移动互连"）再到未来 web3.0（"大互联"）的转变。与此同时，信息的传接也经历了"网络—人"、"人—人"、"人—网络—人"的转变过程。在这一转变历程中，信息传接的自主化、自由化程度不断提高。这里的要害在于，自主自由互联的，从表面上看是电脑、网络乃至各种设备，实际则是隐藏在计算机背后的人！

"信息自由"是信息社会建构的基础，也是必须直面的问题。在信息社会中，信息和知识不再是物质产品的"附属物"，而成为生产力中的"独立要素"，成为经济发展的关键因素，成为信息社会的"灵魂"。"伯纳斯·李网络传播术"在信息传接的速度、广度、精确度、自由度上大大超越了"古登堡印刷传播术"和"马可尼电子传播术"。网络和依赖网络的各种信息交互软件成为人们创造、获取、认知、表达信息的主要途径。一串串由"0"和"1"构成的数字化比特荷载着信息和知识遨游于四通八达的网路之中。更重要的是，信源和信宿之间双向交互的模式颠覆了以往信源和信宿之间单向的传接模式，改变了传统的信息创造、获取、认知、表达的生态系统，以自由创造信息、自由获取信息、自由认知信息、自由表达信息为基本内容的"信息自由"问题，成为人们必须首先面对和解决的问题。如果信息的创造、获取、认知、表达不自由，那么，信息所能发挥的作用就会大打折扣。在宗法等级制的农业社会，信息自由仅仅属于统治特权阶层。到了工业社会，虽然各种电子传播技术和现代交通工具使人们向信息自由迈进了一大步，但是，由工业理性宰制的物化世界中的信息自由仍然是以物质产品为基础的同质化、金字塔型、自上而下式的有限自由。迈入信息社会，由生命价值导向的生活世界中的信息自由是以服务和信息为基础的异质化、网络型、双向交互式的信息自由，而且这种自由理应受到法律的保护。

信息社会的到来有利于拓展和实现人的自由。实践是人的存在方式，人正是在实践活动中不断超越必然而获得自由的。恩格斯曾经指出：自由就在于根据"对自然界的必然性的认识"来"支配我们自己和外部自然"，因此，它必然是历史发展的产物。虽然工业社会通过认识和利用规律突破了农业社会的诸种"必然"，把人的自由向前推进了一步，但机器和资本的逻辑又把工人变成了机器的附庸和雇主的奴隶。迈入信息社会，以数字化、去中心化、交互性、虚拟性、时空压缩性为特性的互联网使得"现实的人"的自由个性得以更好地发展，创造力前所未有地迸发。"一网打尽全世界""信息尽在指间""沟通无处不在""不出门网知天下事"……就生动地诠释了人们跨越时空限制获取信息的自由景象。在"虚拟世界"中，人们的实践活动表现出了极大的自由开放性、现实超越性、自主创新性，人作为文化动物尽情地展现和拓展了自己的思维想象力。虚拟实践使得人们的实践理念和范围得到极大的拓展，实践能力和水平得到极大的提高。它给人们打开了一个自由、全面发展的可能性空间，是人类超越"必然"迈向更广、更深层次自由的重要标志。在生产和消费活动中，自动化、智能化生产工具的广泛应用，特别是人工智能的快速发展，大幅提升了生产效率，替代了大量人工，缩短了人们的必要劳动时间，相对增加了人们的自由时间，使人们获得了自由全面发展的可能；同时，智能化生产工具的使用和网络即时交互的特性，使得生产和消费呈现出个性化定制、柔性化生产、社会化供应链的特征，大大拓展了人们在生产、流通和消费方面的自由。

2. 开放

开放是信息社会的基本特征，也是信息社会基本的精神特质。这正如诺顿指出的："开放性是互联网的核心。开放性是互联网最大的力量所在，也是其力量之源泉。它是令人惊奇的复杂系统能够运行得如此之好的原因。"[①]

作为"网络的网络"，互联网技术结构具有"与生俱来"的开放特性。互联网的开放性是建立在 IP 协议、超文本标识语言（HTML）、标准的 WWW 用户接口（浏览器）三个关键的技术基础之上的。这三种技术的结合构建了一个开放式的网络系统，使得不同种类的计算机可以实现互联，具有互联互通、信息共享、交互协同的作用。互联网的技术结构也决定了其价值的增长必须坚持开放精神。在"梅特卡夫定律"的支配下，互联网必须通过开放而不断"开疆拓土"，以便获得更多的连接，增加更多的节点数。只有不断实现更多的人、物等的互联，才能实现网络价值的成倍甚至几何级数的增长。简言之，"网以多为贵，网以广为贵"。

一部人类发展的历史，一直在打破封闭，向开放迈进。只不过，开放是有条件的。在农业社会，人与土地紧紧地拴在一起，人们自给自足，迁徙、流动、开放的限度比较有限。进入工业时代，资本的全球逐利、交通工具的改进、机器大工业的发展，导致过去

---

① 诺顿：《互联网：从神话到现实》，朱萍等译，江苏人民出版社2000年版，第271页。

那种地方的和民族的自给自足和闭关自守的状态，被各民族的各方面的互相往来和各方面的互相依赖所代替了。物质的生产、流通、交换、消费是如此，精神领域的生产、流通、交换、消费也是如此。

迈入信息社会，信息科技特别是虚拟技术的发展和应用，冲破了依靠地域划分的物理性的地界和国界，形成了一个开放、无限、虚实结合的"电子时空"。电子时空造就了"无时间之空间"和"无空间之时间"等现象，空前地减少甚至摆脱了时空对人们活动的制约，不同地域人们的相互往来空前频繁，相互依赖空前增强，全球化的程度加深，世界变成了一个休戚与共的"地球村"。

运用信息科技特别是虚拟技术（Virtual Reality，简称VR），人们的认识范围空前拓展，甚至将逻辑上的各种"可能世界"——包括可能的微观、宏观和宇观世界——纳入了自己的活动范围。例如，运用神奇的虚拟技术，借助VR头盔、VR眼镜、传感器、数据手套等新颖的虚拟技术设备，人们可以模拟驾驶宇宙飞船，可以模拟原子弹爆炸，可以到星际翱翔探险，可以到自己的血管中"游泳"，可以深入原子内部一探究竟……至于与虚拟机器人一起工作，与"梦中情人"共结良缘，与外星人虚拟交往，与逝去的亲人深情互动……也并非痴心妄想。今后，人们活动的边界会不断延展，并且史无前例地开放，而其延展、开放的程度，今天根本就无法设限，或者只是以人们自己的想象力为限。

在信息社会中，开放是一个组织、个人生存和发展必须坚持的理念。在经济领域，信息、知识、资本、技术、人才等要素在全球范围内加速流动和配置，生产已不仅仅是生产厂家的事，而是"从群众中来，到群众中去"的社会化、定制型生产，消费也变成了全球性的消费。特别是文化精神消费，更是完全无视空间和时间的限制。今天人们已经有这样的感受：世界上发生的一切重大事件，包括全民公投、政客竞选、重大庆典、文娱表演、体育赛事，甚至灾难、战争，都成了人们即时"消费"的对象。在政治领域，"网络幽灵"在一定程度上打破了信息垄断的迷梦，所有人都有权利和机会分享信息，平等地表达自己的诉求，决定与自己相关的事情的走向。在文化领域，以"草根"为主体的电子文化的迅速崛起，导致文化的存在状态呈现出异质多元、形式多样、内容丰富等特征。如果希望拥有一定的影响力，就必须秉持兼容并蓄、博采众长的原则，想方设法吸引大众的眼球，调动大众热情关注和积极参与。

3. 共享

共享是信息的特质，共享也是信息社会最具特色的核心价值理念。

信息在信息社会中的地位，类似农业社会的土地、工业社会的资本。随着社会的信息化，特别是信息产业的崛起，信息和知识已经成为最重要的经济和社会资源，成为财富和权力的来源，成为社会向前发展的重要驱动力。

而与土地、资本相比，信息、知识的最显著特征就在于它可共享。英国戏剧作家萧伯纳曾用"金苹果"与"思想"为例，形象地说明了信息的可共享性。在农业社会或工业社会中，作为最重要的经济和社会资源的土地或资本的所有权是既定的，具有排他性、不可分享性。如果掌握土地或资本所有权的所有者通过销售、转让、馈赠、抵债等形式把其所有权让渡给了他人，那么，就失去了对这些土地或资本的所有权。而知识和信息则明显不同，它可以进行"无差别的复制"，并且复制品与复制的对象具有同样的性质。虽然世界各国都有知识产权保护制度，这表面上看是一种"排他性"，但是，这种"排他性"不是"你占有我就无法占有"的"绝对排他性"，而只是知识创新的一种激励机制。从长远来看，知识和信息具有"共享增益"的特点，垄断的程度越高、时间越长，其相对价值就越小；相反，共享的范围越广、人数越多，其价值也就越大。正因为如此，一些软件技术人员（主要是黑客）从20世纪80年代就发起了"自由软件运动"，旨在从信息共享的本性出发，反对软件产品的垄断占有，打造一个自由共享知识、信息的美好世界。今天，我们能够以比较便宜的价格享用信息产品和服务，也在相当程度上是拜"自由软件运动"所赐。顺便说一句，知识和信息成为最重要的经济和社会资源，并具有不排他的可共享性，这令共产主义社会所向往的"生产资料公有制"有了真正实现的可能！这真是令人印象深刻且令人激动的现象。对于这一点，我们可以立此存照。

信息产业或知识经济的超常规崛起，引人注目地彰显了共享理念。信息产业是信息社会的主导产业，而软件开发、数据库建设以及各种信息服务是信息产业的核心部门，是信息产业中知识和信息聚集的高地，其经济价值的大小与知识和信息共享程度的高低呈正比例关系。知识经济主要通过生产知识密集型的信息产品、提供知识密集型的信息服务来推动经济增长，而信息产品和信息服务的发展往往依赖于信息和知识的分享或共享。如果信息资源没有及时分享或共享，就可能形成"信息孤岛"现象，难以产生"聚合效应"，信息的价值也会大打折扣。由此可见，共享或分享是信息产业或知识经济赖以发展的重要手段。

目前，方兴未艾的分享经济是初步践履共享理念的经济模式。分享经济是借助高度发达的互联网、物联网等技术平台，与别人互相分享知识、经验，互相分享闲置设备，互相分享生活资料，甚至是为一定的项目筹集资金。毋庸置疑，在当今"富裕社会"，人们拥有大量使用频率极低的物产，如农村里大部分时间闲置的收割机，办公室中常见的传真设备，普通家庭中备用的电钻……这些只是短时间甚至偶尔使用的物产，作用得不到充分的发挥，造成了巨大的浪费。甚至房屋、汽车、自行车、家用电器、服装（例如礼服）、书籍报刊等"日用品"，也具有巨大的分享空间。分享经济在相当程度上实现了资源最优匹配，实现了"你物我用""我物你用""物尽其用"的效果，并令排他性的"占有"还是非排他性的"共享"成为一个"问题"。

信息社会的核心价值理念是立足技术社会形态演变的历程对信息社会的本质的理性探究，在相当程度上，它标示着信息社会发展的"趋势"和"方向"。目前，全世界整体上仍然处在从工业社会向信息社会过渡的转型期，社会的信息化、智能化尚不充分，信息社会远远没有定型和完善，信息社会欲求何为、欲往何方、欲达何态的问题亟待"顶层设计"。也正因为如此，我们才更需要解放思想，以前瞻性的战略思维开展探索，探寻信息社会建构、发展的大方向。

三、以信息社会的核心价值理念为指导建构信息社会

自由、开放、共享理念既是建构信息社会的"指南针"和"指路灯"，也是信息社会价值理想是否实现的"定盘星"和"度量器"。那么，我们应该如何以信息社会的核心价值理念为依据，指导

信息社会的具体建构呢？这无疑是一个庞大的社会系统工程，头绪纷乱，需要做的事情实在太多了。但删繁就简，我想，我们主要应该立足飞速发展的信息技术及其应用，从以下三个方面着手：

1. *观念内化路径：将核心价值理念内化为人们的信念、信仰和理想*

信念、信仰、理想是人生的"主心骨"，在人的精神活动中居于统摄地位，是人的价值意识活动的调节中枢。人生绝不能没有信念、信仰、理想，否则，一个人就会如同没有灵魂的行尸走肉一样。社会绝不能没有信念、信仰、理想，否则，广大民众就没有团结奋斗的共同思想基础和精神支柱，就会如同一盘散沙，缺乏凝聚力和战斗力。

信息社会是一种不同于农业社会、工业社会的新型社会形态，但它的未来并不那么清晰，甚至可以说充满了风险和不确定性。无论如何，我们不能简单"套用"农业社会或工业社会的核心价值理念，而必须适应信息社会的性质和特点，将自由、开放、共享理念内化为人们的信念、信仰、理想，作为全社会的共同思想基础和精神支柱。否则，就可能造成社会发展的方向性错误。

将自由、开放、共享理念内化为人们的信念、信仰、理想的过程，既是人们具体的"落网"和"数字化生存"的生活实践过程，也是整个社会信息化、虚拟化、智能化的过程。内化的具体方式、方法很丰富，其中，不排除运用各种各样的"启蒙"方法，也不排除使用宣传、教育等"灌输"手段。不过，总体来看，信息社会具有不同于以往任何社会的自主性、平等性，不能简单地来"硬"的，也不宜粗暴地来"蛮"的。只有遵从信息社会的时代特质和具体实际，尊重社会大众的主体地位和主体权利，创新内化的具体方式、方法，才可能真正打动人心，取得实效。

例如，为了引导人们接受、认同信息社会的核心价值理念，必须建立开放的信息交互平台，让社会大众都有机会发声，平等地参与讨论，在"百家争鸣"的基础上达成共识；必须走出单向"灌输"的误区，确立自由交互式的宣传、教育方式，将"独宣传"变为"众宣传"，将"单向教育"变成"交互教育"；特别是，打破知识和信息的垄断，让广大网民通过"共享"参与交互，在"互粉"中聚集人气，在分享中接力传播，在传播中增强体验，在体验中实现内化。

2.制度重构路径：构建符合信息社会核心价值理念的制度和法治体系

一个社会的核心价值理念的确立，关键还在于落实在相应的制度之中。毕竟，制度在社会建构中，处于最核心、最基础的地位。与工业社会的制度构成相比，信息社会核心价值理念要求制度建构遵循以下"三个转变"：

第一，从自上而下的单向信息传接制度向多向交互的制度转变。在农业社会和工业社会，基于相似的价值观设计的高度集中统一的制度，造就了自上而下的单向信息传接机制，这极易造成"信息垄断"，进而垄断权力等现象。而迈入信息社会，可以建立保障信息多向交互的制度体系，让所有人自由、开放地在电子时空中创造、传播、分配、共享信息。相应地，权力也会分散化、"去中心化"，还给社会公众。

第二，从金字塔型的垂直制度向网络型的横向平行制度转变。工业社会的"集中效应"和"规模效应"，造就了金字塔型的集权体制，总是处在金字塔顶端的权威先做出决策，然后自上而下地层层传达、执行。这一过程不仅耗时、费力，而且容易造成信息传递失真，以及体制僵化。信息社会则不再依赖高高在上的顶层权威或者"核心"而存在，而是以扁平化、网络化、柔性化的横向结构存在，这有利于发挥社会公众的积极性，让人们的创造力充分涌流。

第三，从"一元管理"制度向"多元治理"制度转变。"管理"具有一元化主体、全面覆盖、刚性单向的特点，体现了以一元化的管理者（统治者）为中心的集权理念，而"治理"呢，则主张多元主体参与、有限覆盖、柔性双向，更好地体现了"人民当家作主"的价值理想。

制度的设计和变迁是一项非常复杂的系统工程，其中包含大量"软"要素，也包括大量"硬"要素。其中，具有强制性（"硬性"）的法律法规的地位非常重要。在社会变迁过程中，需要配合制度方面的顶层设计，对人们的权利、以及各种侵犯权利的数字化犯罪等进行重点研究，从而构建信息社会的法治体系，重塑信息社会的治理秩序。这将是一种比工业社会的法治层次、水平更高的法治社会。

3. 实践互动路径：通过具体的变革实践解决问题，兴利除弊

信息社会的核心价值理念不是基于"抽象的人性论"发出的虚幻梦呓，也不是"从原则出发"进行纯粹逻辑推演的产物，而是人们基于社会的信息化实践的反映与提炼。这种核心价值理念是"有力量"的，当然，这是一种无形、却无处不在的"软力量"。

自由、开放、共享能否真正成为信息社会的核心价值理念，关键在于与社会的信息化实践良性互动，促进知识经济、电子民主、网络文化等的健康发展。具体说来，在于以自由理念为指导，加快智能制造、物联网、虚拟技术等的研发和应用力度，不断拓展人的自由全面发展程度；打通限制信息自由表达、流动的壁垒，让信息

自由、畅然地在无边的网路中流动；建立分布式、多元化、便捷式的信息交互平台，丰富人们创造、交流、获取信息的渠道，构建一个安全、高效、健康的自由电子时空，等等。以开放理念为指导，不断扩大互联网"网罗"和"连接"的范围，"把全世界的计算机联合起来"，把一切电子媒介联合起来，促使信息、知识在全球范围内流动和配置；大力发展电子政务，构建信息化、一体化的在线服务平台，推动服务型政府建设，让信息技术代替民众多"跑路"、省力气；以"尊重差异、包容多样"为原则，推动电子文化健康发展，促进多元文化、价值观的交流、互动。以共享理念为指导，打破信息资源的条块分割式垄断，构建信息资源的公平共享体系，促进信息产业的快速发展；打破少数文化精英对文化生产和流通的垄断，调动普通大众的积极性，使之真正成为文化创造、参与、享用的主体。

　　自由、开放、共享理念能否实现，还在于能否直面技术的发展和社会信息化进程中出现的若干挑战，加强分析和研判，妥善解决一个个现实的问题。在近些年令人眼花缭乱的变化过程中，新问题、新挑战层出不穷，常常令人无所适从。例如，技术控制型极权主义、网络霸权主义、"数字鸿沟"、社会分化、"社会排斥"、隐私侵犯、数字化犯罪、法律管辖权冲突、网络文化"三俗"（庸俗、低俗、媚俗）泛滥、文化价值观冲突、人工智能是否会"失控"……这些挑战和问题既"新"又"怪"，还"狠"，一直让人们很苦恼。它们的横空出世警醒人们，信息社会的健康、有序发展已经受到了严峻的威胁，我们决不能等闲视之，置之不理，放任自流。

　　因此，在这个"最好的"抑或"最坏的"时代，我们必须打起精神，紧盯信息科技的可能走向，紧盯电子商务、大数据、云计算、物联网等的新进展，紧盯人工智能及其与生物技术的可能结合，认真研究符号、虚拟、模糊、智能、互动等新的技术特点，坚持以人为本、发展优先的原则，按照自由、开放、共享理念，探索符合信息社会实际、具有信息社会特点的解决之道，在解决一个又一个问题、一个又一个挑战的过程中，逐步彰显、确立自由、开放、共享等核心价值理念。

最后，应该老调重弹的是，信息社会的核心价值理念与信息社会的建构是一个双向互动的历史过程，需要人们顺应时代发展的趋势，及时更新自己的观念，解放自己的头脑，通过创新性的实践探索逐步推进。在这一历史过程中，寄望于照搬农业社会或工业社会的模式、方法解决问题是愚蠢、低效的，而幻想一步到位，一蹴而就，"毕其功于一役"，也是天真、偷懒、并且徒劳无益的。

第八讲　知识经济：机遇与挑战

随着信息科技在经济领域的全方位应用，社会生产力正在发生质的变化和飞跃，一个知识经济时代正在来临。

知识经济不是从天而降的"怪物"。从其在世界发达国家的诞生来看，它是在既有的资本主义生产关系的基础上发展起来的，并没有消除资本主义社会固有的矛盾。但是，从信息时代及其发展趋势看，从信息、知识的性质和信息生产力的发展看，信息技术和知识创新不仅极大地提升了生产力水平，而且对既有的生产关系造成了巨大的冲击，导致社会经济不断变革、不断重组。

一、知识经济时代正在来临

之所以说当今时代是知识经济时代，主要有如下几方面的原因：

第一，信息成为最重要的经济和社会资源，成为生产力系统中最为重要的生产要素。

应该说，在人类历史长河中，信息无时不在，但是，过去都没有成为生产力中的一个独立要素。一般而言，在农业时代（封建社会），土地是最重要的生产资料；在工业时代（资本主义社会），资本是最重要的生产资料，经济活动主要体现为资本的运作与扩张。20世纪中后期，由于信息科技的发展与应用，信息、知识的作用日渐突出，信息创造、采集、处理、使用信息的水平和能力，日益成为生产力的主导要素。科学、技术、知识、信息等无形资本在生产中的地位和作用日益突出，成为越来越重要的经济资源，成为经济增长的源泉，成为竞争能力的标志。一个显而易见的趋势是，有形资本（土地、机器、厂房、原材料、资本、股票等）日益依赖于知识、信息、技术等无形资本，一种亘古未见的新型资本家，即拥有无形的知识资本的"知本家"，横空出世，"兴风作浪"，日益成为世界经济活动的主宰。

在信息时代，经济资源和社会财富不再仅仅表现为土地、厂房、机器、资本等"硬资源"，更表现为无形的知识、信息、技术等"软资源"。从宏观上看，信息、知识在现代经济中已成为一种重要的投资对象。从微观上看，企业在进行资产评估时，专利、品牌、商誉等无形资产的价值已经得到法律承认，它与有形资本一起计入总资产之中。这说明信息与知识已经成为一种独立的、重要的资本形式。特别是，创新性知识已经是炙手可热的稀缺资源，具有创新性知识的人才因其培养周期的漫长，成为市场竞争的主要争夺对象。

第二，在信息网络技术的作用下，信息、知识日益渗透到生产力各要素之中，全面改造、优化、提升生产力各要素，从而促进生产力水平的提高。

生产力并不是脱离人的某种独立的神秘力量。在生产力的构成要素中，人即劳动者的体力和智力，公共的信息、知识、经验等科学技术因素，以及人们相互结合的社会形式（包括组织管理等），从来就是生产力内在的不可或缺的因素。按照生产力多要素理论，它本身由各种现实的社会性要素构成：劳动者、生产资料和劳动对象是它的实体构成即"硬要素"；科技、教育、管理、信息等，则是它的非实体性构成即"软要素"。而伴随着信息技术在生产和社会中的广泛应用，生产力也正在发生着某种质的变化和飞跃。信息要素不仅在生产力中的作用愈来愈突出，而且它还渗透到劳动者、劳动工具、劳动对象等"硬要素"中，对之加以全面改进和提升，转化为直接生产力，并通过促进科技、完善教育、提高管理水平等，使这些"软要素"在生产力发展中做出更大的贡献。例如，知识和信息技术应用于劳动工具和生产过程，通过劳动工具的智能化，改进和创新劳动工具，通过改进生产工艺，提高劳动资料的利用效率，推动劳动生产率提高。通过对劳动的充分分析，运用现代信息网络系统，劳动工具创造成了信息化、自动化、智能化的机器体系，生产过程则成为由电脑控制的信息化、智能化、自动化的高科技生产过程，劳动效率因而极大地得以提高。

第三，随着信息时代的到来，产业结构发生重大变化，传统产业的信息化、智能化日益加强，新型的信息产业获得了跨越式发展。

在工业经济时代，产业结构以农业为基础，占主体地位的是第二产业，即制造业。在信息时代，高新科技成果向生产领域的转移加速，有效地提高了传统产业的信息化、智能化水平，也提高了劳动生产率。特别是，信息产业迅速发展，成为新经济的支柱产业。所谓信息产业，是指专门从事信息产品的生产、处理、流通和信息服务的产业，或者简单地说，是"将信息转变成商品"的行业。信息产业以运用知识、生产创意、开发技术、提供知识密集型产品和服务为特点。信息产业的产品成本有可能比较低，但企业的赢利水平、增速却大大高于传统制造业，是一种高增值型产业。而且，信息产业的发展有助于降低人均自然资源和能源消费，降低人均废物排放，是一种高度依赖人的智力投入但并不一定导致环境破坏的可持续发展的产业。信息产业（代表性企业如微软、苹果、谷歌、亚马逊、阿里巴巴、腾讯、百度、华为等）迅速发展壮大，在世界范围内以年均20％的速度增长，成为前途不可限量的朝阳产业。全球已经形成越来越庞大的信息产业规模，信息产业成为各国综合国力的"倍增器"。

特别值得注意的是，由于传统产业的信息化，信息产业加快了对传统产业进行改造的步伐。整个社会产业结构的调整和变迁过程日益表现出两个突出特征，即"空间上的逻辑叠加"与"时间上的加速度"。前者是指一个国家前一个阶段的发展没有完成，后一个发展阶段便"叠加"其上，而且降低前一个阶段发展的必要性，于是出现根据后一个历史发展阶段的需要重组经济发展的逻辑关系的情况；后者是指在全新的信息时代，以知识为基础的产业发展速度空前，经济上落后的后发展国家与发达国家拥有基本相同的发展机遇和逻辑起点，如果能够抓住机遇，可能实现加速发展甚至"跨越式发展"。

第四，与产业结构的调整相一致，劳动力结构也正在发生重大变化，以体力劳动为基础的经济正在向以脑力劳动为基础的经济转变。

生产第一线的就业人数减少，知识创新和经营管理人员大幅增加。在工业经济时代，直接从事生产的工人约占劳动力总数的80%；而在知识经济时代，由于智能机器人和自动化生产线的大规模使用，直接在生产第一线从事生产的工人，逐步被智能机器或生产的自动化所取代，这一比例会逐渐降低。比如说，制造业巨头富士康科技集团2014年就宣布，要引进100万个智能机器人。因为可以不间断工作，也没有休假、提薪之类要求，1个智能机器人可以替代N个工人。最初，智能机器人的效率可能并不显著，但随着技术的升级，替代的速度会越来越快，前景不可限量。或许某一天，类似中国这样的发展中国家，不仅农业人口将下降到发达国家的水平，即10%以内，工业人口也将大幅下降，降到10%以内。在普通农民、工人大幅减少的同时，从事知识生产、传播和应用的人，如科学家、工程师、教育工作者、高水平技术人员、设计人员以及其他受过良好科学教育的劳动者，占劳动力总数的比例则会大幅提升。

体力劳动者日益减少，脑力劳动者则大幅增加。除了一般而言的机械化、自动化，人工智能的发展，智能机器人的广泛使用，已经并将进一步替代某些脑力劳动。例如，一些存储（记忆）、检索、运算、交流、传输的脑力劳动，就正在逐渐被取代。围棋曾经被认为是最复杂的、变化无穷的智力竞技运动，是电脑最难以超越人类的领域之一。但2016年3月，人工智能棋手AlphaGo以4比1轻松击败了韩国天才棋手——14次世界冠军得主李世石；2017年初，AlphaGo升级版更是在快棋网测中，取得对包括中国第一人柯洁、韩国第一人朴廷桓在内的当世顶级高手的60连胜。"狼"真的"来了",人类引以为傲的脑力劳动、精神生产,面临人工智能前所未有的挑战,甚至"机器统治人类"的忧虑,又重新笼罩在人们心头。如果说,在人类第一次技术大变革中,机械力被用来代替人力或兽力,在体力劳动领域实现了"人—机"分工,那么,在知识经济时代,信息化、智能化新技术将要代替人的部分脑力劳动,在脑力劳动领域"人—机"之间也必须进行分工协作。作为万物之灵的人将进一步解放出来,更专注于那些创造性、社会化、人性化的劳动。普通劳工的命运将日趋悲惨,具有创新能力的知识劳动者则会大放异彩。

第五,经济发展日益依赖于科技创新,科技创新与生产日益一体化。

科技创新是指通过科技活动,在基础科学理论研究与技术开发方面取得原创性进展。自20世纪后期始,发达国家的经济发展越来越多地依赖科技水平的发展,科技创新及其应用已经成为经济发展的主要动力,成为促进经济增长的革命性力量。人类的经济活动正在从"粗笨"走向"精微",从"物质"主导走向"精神"主导,从"体能"主导走向"智能"主导。

在知识经济出现之前,也存在创新者和创新活动,也产生了许多科技创新成果,但是,它们对经济增长的贡献有限、转化时间也很长,并没有普遍成为经济增长的核心。迈入信息时代,我们所创造的新信息、新知识比我们所有的先辈加在一起所创造的还要多,而且我们是以完全不同的方法将它们组织、分配,并用全新的、更短暂的格局将它们结合、再结合。知识创新所带来的经济效益远远超出了传统产业的效益,经济增长对于科技创新的依赖越来越严重。企业在市场竞争中保持不败的要诀,往往取决于自己的产品和服务创新。例如，微软公司的生存法则之一就是主动"淘汰自己的产品"；苹果公司不间断推出的 iPhone 智能手机系列，想必大家也印象深刻。

第六，科技、教育与人才竞争，成为市场竞争、国际竞争的主旋律。

生产力发展与科技、教育发展之间的关系，虽然在历史上有过各种不同的表现，但从本质上看，它们从来就是相互需要、相互支持、相互体现、不可分离的。科技、教育的发展不仅是生产力发展的一定结果和体现，也是生产力发展本身的内在形式和途径。特别是新型的信息生产力，无论从物的因素看，还是从人的因素来看，都是一种科学技术密集型的、技术含量高的生产力。它的核心是科技知识的生产，关键是人才，而基础则是教育和培训。在全球化的信息时代，信息、资本的流动越来越快，市场更加变化莫测，竞争日趋激烈残酷，每一个国家、地区、企业等必须比以往更加机敏，更加善于学习，更加富有创造力。而这一切，都有赖于科技、教育水平的提高，有赖于人力资源的开发与培训。

科技、教育成为企业之间、地区或国家之间竞争的核心。各个民族国家只有立足于"科教"的发达，立足于知识创新能力的提升，才能在激烈的竞争中适者生存，并获取优势。如果忽视科技和教育，忽视高水平人才的培养，忽视信息产业的发展，就可能沦为世界分工体系中的"国际打工仔"，在国际竞争中处于悲惨的地位。有人就此形象地描绘说：一流国家输出知识，二流国家输出产品，三流国家输出资源；头脑国家管思想，肌肉国家干粗活。如果处在世界分工体系的末端，等待的当然是被剥削、被主宰、被欺侮的命运。在类似的问题上，近代以来曾经"落后挨打"的中国，有着刻骨铭心的教训。

综而言之，正是因为知识、信息在经济活动中的重要作用，因为信息产业的崛起和传统产业的信息化，一个亘古未见的知识经济时代正在来临。知识经济是相对于农业经济、工业经济而言的。按照联合国经济合作开发组织（OECD）的定义，知识经济是"建立在知识和信息的生产、分配和使用之上的经济"，是一种"以知识为主导的经济"。与以往经济形态不同的是：知识经济主要不是以物力资源和人的体力为依托的经济，而是以高科技为核心，在资源配置上以智力资源这种无形资产为第一要素，以知识创新为导向的新型经济形态。以往经济时代的主要生产要素是土地、资本、能源、原材料、劳动力等，因为这些资源比较稀缺，遵循着"物以稀为贵"的"稀缺原理"而成为社会经济中最为重要的资源；而在知识经济时代，知识是比原材料、资金、劳动力等更为重要的经济因素，经济的增长更直接取决于智力投资和知识创新，科技、教育与高水平人才的竞争，成为市场竞争、国际竞争的主旋律。

二、知识经济的社会效应

知识经济时代的到来，既是难得的机遇，也是巨大的挑战。我们不妨先寻找几个角度，扼要看一看其正面效应。

1. 资本观的重大变化

传统的资本观认为，只有物质资本、货币资本等有形资本才是资本，信息时代的新资本观则认为，资本既包括有形资本，也包括无形资本，而且，由于知识经济突出了信息、知识的作用，信息资本、知识资本等无形资本的作用就更显重要了。

信息资本是由信息的资本化而形成的，如知识就已经成为信息时代最重要的经济资源，将知识投入到生产过程，就构成了知识资本。这种资本是一种以组织和员工的知识和技能为基础，以知识形式存在，可以在生产中增值的无形资本。

在知识经济中，知识的生产成为最重要的生产，知识成了创造财富的主要资源。这种资源可以共享，可以倍增，可以"无限制地"创造。目前，人类的知识正以指数级增长，增长的速度超过以往任何时候，以至没有任何人可以跟上一个领域的所有变化，更不用说全部领域了。因此，只能不断地对学科、专业进行细分、再细分，从而产生各类"专家"。而且，除了知识的增长之外，知识的应用或者说向生产力的转化也日益加速，"科学技术是第一生产力"的说法在知识经济时代得到了最好的证明。与这一时代潮流相适应，越来越多的企业和个人投入到这一领域，或加大科技产品研发的力度，或直接创建生产知识产品、提供知识服务的信息企业。

2. 资源观的新变化

囿于生产力发展水平，传统的资源观主要将土地、矿产、水、森林等自然资源视为资源，而现代社会特别是知识经济大大拓展了资源观。它认为，不仅自然资源是资源，而且文化资源（科技、知识、信息）、人力资源（劳动力、人才）、社会资源（社会关系网络）、体制资源（社会制度、组织机制）等也是资源，而且是越来越重要的资源。

根源传统的资源观，农业社会、工业社会主要依靠大量消耗自然资源（物质资源和能量资源）进行生产。特别是在工业化初期，我们实际走的是一条粗放型的经济增长道路，以高资金投入和高资源消耗换来的是一条高环境污染、低效益产出的经济增长路径。这种生产方式与经济增长方式不仅造成了资源枯竭和能源危机，并且严重污染了环境，破坏了生态平衡，导致人与自然关系的紧张与冲突。同时，由于自然资源大多是不可再生的，生态一旦被破坏就很难恢复，因而这种经济和社会发展模式是不可持续的。

知识经济时代的资源观令人耳目一新。它主要倚重的是具有"无形性、可创造性、可共享性、无限性"的信息和知识资源，这为生产力的可持续发展提供了可靠的基础。随着信息时代的到来，人类的经济发展有史以来第一次可以建立在一种不仅可以再生，而且能够自生的重要资源之上，再也不会发生最核心的资源枯竭之类的问题了，生态环境压力也随之大大减轻。同时，依靠信息技术，通过发展"高效益、低消耗、环保型"的新型信息产业，可以促进产业布局、行业结构、产品结构和就业结构的重大调整，甚至促进整个经济和社会结构的调整、转型，导致经济和社会发展方式发生根本性变革，走向一种新型的、可持续发展的生态文明。

3. 劳动观与人才观的变化

劳动是人的体力与脑力共同作用的活动。由于信息生产力是一种科学技术密集型的、高技术含量的生产力，由于信息、知识成为最重要的社会资源，成为生产力中重要的构成要素，由于产业结构正在调整，传统企业也日益信息化（如制造业中智能机器和自动化生产线的大规模使用），因而在知识经济时代，现代社会劳动的形式正在发生深刻的变化：生产第一线挥汗如雨的产业工人人数减少，知识创新和经营管理人员大幅增加；体力劳动者日益减少，脑力劳动者大幅增加。也就是说，劳动支出从以体力消耗为主，变成了以脑力消耗为主。

历史发展到今天，从事脑力劳动的知识劳动者在经济活动中不再可有可无，不再只是附属人员，而是日益成为生产主体，发挥着关键性作用。现代生产是高度社会化的大生产。在信息化、全球化条件下，产品往往不是个别生产者单打独斗的产物，而是基于全球分工，由许多国家和地区、不同行业、不同企业的生产者共同生产出来的。生产过程中的劳动者不仅包括生产第一线的操作工人，更包括参与产品研究、创意、设计、制造的所有生产人员。在知识经济时代，这些脑力劳动者、"白领工人"日益成为生产过程的主体，掌控着生产的目的、方向、进程和效率。由于现代化大生产是信息化、智能化生产，对于这些"白领岗位"的素质和技术要求较高，"白领工人"不像普通操作工人可以随便替代，或经过简单培训就可以替代，因此，这些脑力劳动者在生产中发挥着关键性作用。

在全球化的信息时代，信息和资本的流动越来越快，市场更加变化莫测，竞争日趋激烈残酷，知识劳动者创造性的脑力劳动已经成为创造商品价值的主要源泉。在现代化的生产条件下，生产信息化、智能化、自动化迅猛发展，智能机器人广泛应用，工人人数大量减少，劳动时间大大缩短，体力劳动的强度大大下降。但是，白领岗位、脑力劳动者的脑力耗费却成倍地增加了。且不说科学研究、产品设计、销售创意，即使是现代化生产条件下的生产操作，也比以前复杂、精细得多，在同样的劳动时间内，劳动者必须付出更多，当然也比以前创造出更大的价值。

由于信息生产力的核心是科技知识的生产，由于脑力劳动在生产中的重要作用，因而人力资源比货币资本、机器厂房等更为重要。人——或者更准确地说，知识工作者——成为生产力中最活跃、最具革命性的因素。当然，人才观念也正在发生显著的转变。只有掌握了一定知识和技能，特别是具有知识创新能力的人才，才能创造超额价值，才会成为市场竞相争夺的对象。至于所需要的这类人才的培养，则有赖于科技、教育水平的提高，有赖于人力资源的开发与培训。为此，必须改革基础教育，使之有利于创造力的培养；必须将全民教育、终身教育确立为基本国策；必须多措并举，吸引高精尖人才源源不断地涌来。

4. 经济发展更加人性化

工业文明在很大程度上是一种机械文明，生产流水线、标准化批量化生产是其特征。受制于资本逐利的逻辑，按照泰勒的管理模式，工人被固定在生产流水线上，经年累月地从事同一种熟练的工作或工序，人越来越受制于机器的运转，沦为"机器的奴隶"。工人的自主性、创造性和丰富的情感，在相当程度上被忽视、被扼杀了。与工业时代的社会生产相比，信息时代虽然没有彻底改变这种状况，但是，信息生产力具有更优的技术基础，生产过程相对而言更加人性化，更加合乎"人是目的"的要求。例如，通过信息技术的发展和应用，世界各地已经紧密地联结在一起，理论上完全可能分享、共享信息科技革命的成果。信息科技具有向包括偏远地区的全世界辐射的强大力量，使那些"世外桃源"、边缘群体也能受惠于现代科技所带来的好处：它有助于提高企业的生产能力，消费者可以享受到更多质优价廉的产品和周到的服务，人们自由全面发展所需要的各种消费需求可以得到更好的满足；劳动生产率将不断提高，人们将不断地从繁重的体力劳动和脑力劳动中解放出来，劳动时间不断缩短，人们自由全面发展所需要的自由时间持续增加；工作、劳动和就业方式发生变化，工作逐渐弹性化，管理日益扁平和松散，劳动者的自主权更加突出，在工作中享有更多的自由；等等。

特别是，信息时代经济生活的人性化，日益倾向于"落实"到个人身上。一方面，由于信息、知识价值的突显，物质性的财富在人们心目中的地位下降，至少已经不是发展的唯一目的（或最高目的）。人们关注的重心逐渐重新回归"人"本身。毕竟，人（特别是创新型人才）或人掌握的知识、人的创造性潜能及其发挥，才是真正的"第一生产力"。另一方面，信息生产力能更好地满足人的多层次、个性化的利益和需求。由于信息技术，特别是电脑和网络在产品设计、生产管理、市场营销等方面的作用，在虚拟与现实的交汇中，多样化产品的设计、生产与销售将会是一件非常容易的事。利用信息网络，企业可以通过简单的大数据分析，了解消费者充满个性的消费需求，可以制作丰富的"菜单"，让顾客根据自己的需求和兴趣点"菜"，也可以根据用户的独特要求，运用3D打印技术等生产形形色色的"订制型产品"。因此，生产和消费的关系正在改变，消费相对于生产的被动地位正在被颠覆。生产活动不断向小规模、个性化方向发展，为人们提供尽可能丰富多彩的选择机会，满足人们日益丰富、不断增长的个性化需求。消费相对于生产、消费者相对于生产者的主导权，在经济活动中日益突出。虽然企业可能是迫于市场压力不得已而为之，但在落实"顾客就是上帝"方面，的确改变了消费的被动地位，大大提升了消费者的地位，保障了消费者的权利。

三、所有权与剥削问题

在唯物史观理论中，所有制、分配等是生产关系理论中的重大问题。在信息时代，知识经济的发展导致这些方面也发生了重要变化。

1. 生产资料的所有权问题

随着生产力的发展，剩余产品的出现，人类逐渐形成并确立了所有权（产权）观念和制度。而随着时间的推移，人类对于一切，包括时间和空间、资源和环境甚至一切事物和人，都有着强烈的占有欲望。据说，所有权（产权）是社会发展的强大动力，是经济学解读人类行为的唯一法宝。

资本主义令人印象最深刻的，莫过于"私有财产神圣不可侵犯"。马克思曾经深刻地洞察到，在工业资本主义社会，出现了"资本和劳动的分离"。经过产业革命，出现了一批拥有巨额资本和生产资料的资本家，同时，雇佣工人没有也不可能拥有资本、生产工具等生产资料。他们没有财产权，除了劳动力以外一无所有，只有被雇佣、出卖自己的劳动力的自由。因为财产权，必然形成劳资矛盾和阶级对立。

迈入知识经济时代，这一切正在发生引人注目的改变。在知识经济时代，不可否认，土地、原材料、工厂、机器设备、资金的所有者仍然是生产资料的所有者。但是，由于经济活动中信息技术的广泛运用，特别是由于经济知识化，科技、知识、管理等活动的重要性日益增强，物质资本的重要性和收益相对降低，信息、知识已经取代土地、资本、自然资源及劳动力，成为基本的也是关键的经济资源。这种变化改变了企业内部要素的相对价格，改变了物质资本和人力资本的关系，导致企业的所有权结构出现了新的变化：即货币资本、物质资本所有权的作用开始下降，知识工作者（包括科技开发人员、经营管理人员、信息处理与分析人员等）的作用逐步增强，出现了知识股、技术股等新的所有权形式，管理者的报酬也更多地以股权等形式体现。

即是说，由于信息、知识已经成为最重要的社会资源，因而创造、掌握和运用新知识、新技术的知识工作者，与拥有生产工具的资本家一样拥有着先进生产资料。例如，在软件产业中，软件的编制就是生产活动，而编程者所拥有的智力、知识储备、创意和方法，几乎是其全部的"生产资料"，因为编程所需要的电脑、办公桌等有形资产的比重微不足道，甚至可以租用、借用或以其他变相方式（如用家庭餐桌代替办公桌）解决。这些知识工作者可以将智力、知识这类"无形资本"入股企业——或者以自己的创意、发明、专利、配方以及所掌握的生产工艺等入股，或者以自己的策划才能、技术才能、管理才能、市场人脉等入股，从而在企业中占有一定的股份，并作为股东参与知识的创造与应用过程，参与信息企业的决策和管理。因此，这些知识工作者实际上已经跨入了生产资料所有者的行列，并可能导致企业中出现一种新的雇佣关系或劳资关系：某些知识工作者可能拥有双重身份，他们既是生产资料所有者（老板），同时还是生产资料使用者（工人）。

由于知识、信息等无形资本在生产中的作用的提高，有形资本日益依赖于无形资本，一种新型的资本家，即拥有无形资本的资本家——"无限制资本家"——正在全球快速崛起。20世纪八九十年代以来，有些一无所有的被雇佣者（无产者），仅仅因为能够通过学习占有知识，通过自己的头脑创造新的知识，就可以和土地、资本（机器、工厂）等的所有者一道，掌控经济活动，迈进富翁的门槛。一个现代信息企业，国外如英特尔、微软、雅虎、谷歌，国内如联想、百度、阿里巴巴、腾讯、华为，往往可以同时将大批知识型雇员造就为百万富翁、千万富翁甚至亿万富翁。当然，不排除掌控企业的企业主占有更多份额，财富增长更快。

正是因为知识工作者也是生产资料的所有者，他们因其拥有的知识，在生产过程中所处的地位将得到显著提升，有时，甚至会超越货币资本、物质资本的所有者，处于一种举足轻重的支配性地位。培根所说的"知识就是力量"，正成为当今经济生活和社会生活的真实写照！

2. 信息时代新的剥削方式

剥削是无偿占有他人劳动成果的一种关系。在信息时代之前，这种占有存在直接和间接两种方式。直接的占有形式是指：通过对劳动者本身的占有或半占有进而无偿占有其劳动成果，前资本主义就以这种形式为主。间接的占有形式是指：劳动者表面上是自由的，但通过劳动力的买卖进而支配劳动力，得以无偿占有劳动者的劳动成果。这是工业资本主义的剥削形式，它掩盖在"平等"的等价交换的关系之中。

信息时代的资本主义社会并没有消灭剥削。剥削在知识经济中依然存在。以之为基础的社会不公正、不正义依然存在。甚至可以说，智力剥削是信息资本主义社会中知识经济的真正源动力。只是随着时代的变化，剥削的形式、内涵都已经发生了显著的变化。

首先，在知识经济时代，劳资关系发生了不利于劳工的变化。在工业经济时代，广泛推行大机器生产，企业员工都像螺丝钉一样"钉"在某一岗位上，分配方式主要实行岗位工资制。而在知识经济时代，由于资本的全球化和工作的流动性，企业的雇佣方式更为灵活。他们往往不再与员工签订长期合约，而主要采取短期雇佣、临时雇佣、分包或外包业务的方式，然后按工作任务和业绩付酬。劳资关系的这种流动性、多样性、个性化，员工表面上的自由、独立，以及劳资双方根据短期合约即时兑现工资，令人难以全面、准确地分析剥削的程度，甚至掩盖了剥削的存在。

其次，由于信息网络技术特别是多媒体技术的广泛应用，人们的工作变得更加有趣、更加富于弹性、更加"自由"。表面上看，人们经常可以自己"控制"工作时间和进程。但是，资本、技术和市场的逻辑也可能将这一切静悄悄地加以改变。例如，科学研究的艰辛是几乎所有人都有所耳闻的。知识的创新并不是一件仅仅只在工作时间进行的事，而是一件需要长时期、全身心投入的艰苦劳作。许多知识工作者为了创造、发明，为了解决遇到的技术难题，为了改变和完善生产工艺，为了设计一个新的计划和方案……常常会夜以继日地学习，不分场合地"工作着"。由于全身心投入工作，心无旁骛，他们可能充满激情，不知疲倦。类似的，对于企业管理人员、业务人员也是一样：当他的家庭装备了固定电话和传真机，当他出门总是带着手机和笔记本电脑，当他的手机、电脑、传真机等都连接上了网络……先进的信息技术就会模糊休息、休闲、娱乐、度假与工作之间的界限。工作不再只是在办公室、一周5天、每天8小时之内的事情，而可能成为没有时间和空间界限的"无期徒刑"。一旦这种疯狂的状况启动了，那么对不起，就不是谁想停下来就一定能停下来的。除非你愿意放弃初衷，除非你甘愿接受失败，除非你宁愿排斥在外，否则，大家都得振作精神，变成"工作狂"，接受"过劳死"。

再次，由于经济活动的信息化、智能化、网络化，由于完成任务需要不同机构、不同人相互之间即时沟通、协调、配合，人们的工作时间延长了，工作强度加大了。因为，任何一方的消极怠工，任何一个环节的延误，都可能导致整部"机器"停转。造成延误的企业可能被市场网络排除在外，造成延误的职员可能被解雇。也正因为此，企业管理一方面可能以任务为中心，可能以外包业务为主；另一方面，企业也会通过各种形式将市场压力传递给每一位员工。

四、"数字鸿沟"与新的社会平等

所谓"数字鸿沟"，是指在社会信息化过程中，人们在拥有信息基础设施和信息通信设备、掌握和利用信息技术以及知识创新等方面的差别，以及由此导致的人们在经济、政治、文化和社会等领域的不同机遇、不同地位和不同状况。在信息时代，"数字鸿沟"、信息贫富分化、信息贫富差距问题的存在是一个不容否认的事实，这造成了新的社会不平等和不公正，反过来又阻碍了建立更广泛的全球联系，迟滞了全球的信息化进程。

毋庸置疑，在全球化的信息时代，以市场为导向的经济活动仍然遵循着逐利原则进行。这似乎无可非议。但是，适应信息时代特点的、旨在公平获取信息资源和权力调节机制并没有适时提出和顺利落地，至少没有在各个国家、地区、行业、企业、人群中真正得到普遍的落实。这导致在信息时代，无论是在发达国家和地区内部，还是在发展中国家和地区，特别是在这些国家和地区之间，"数字鸿沟"、两极分化不但没有缩小，而且仍然在不断加剧，有时甚至完全不是一个数量级了。毕竟，经济的逻辑只愿意主动将全球那些"有价值"的区域和人民拉进来，互利互惠地开展合作，共享新经济的好处，共同提升竞争力，共同描绘美好的未来。

众所周知，信息时代是以电话、电脑、手机、网络以及相应的高新技术为基本技术支撑的，是以创新性知识的研发和生产能力为竞争机制的时代。然而，经济发展和社会建设的不均衡、科技实力与能力的不平等以及社会贫富差距大，长期以来一直是我们这个世界普遍的基本的事实。主要由于经济和科技方面的差距，世界各国、各地区的信息化水平是极不均衡的，卷入知识经济并从中受益、分享成果的程度是极不均衡的。在世界上许多国家、地区，特别是发展中国家和不发达国家，还有许多人仍然在为温饱、生存而苦苦挣扎，他们大多数都没有电话、电脑、手机，没有宽带网络，在相当程度上是被信息技术"遗忘的角落"（庞大的"角落"！）。此外，由于信息基础设施和技术市场化程度等的差异，越是发达国家、大城市，本地和长途电话费、上网的设备价格和服务费用越便宜；越是贫穷国家和地区，这类费用越是昂贵，服务质量也更差。专注于生存、温饱的穷人们对支付昂贵的电信费用，进行奢侈性的数字化消费，不可能有太大的兴趣，更不可能有持久的动力和激情，至于信息生产，更是因为缺乏条件和能力，无力开展。

由于信息基础设施只是在一些发达国家比较普及，并且联结的主要是一些大城市、大公司、政府机构、科教单位，在线的仅仅只是一些有相当经济和技术基础的"文化人",因而,不同主体(国家、地区、企业、群体或个人)占有和利用信息的条件和能力是极不平等的。这造成不同国家、地区的电脑普及率特别是上网人数及比率存在巨大落差。

更令人忧虑的是,新经济的财富效应或造富能力与制造贫富差距的能力是成正比例的。借助信息技术,通过发展以知识为基础的新经济,美国等发达国家在20世纪90年代以来实现了高速发展,取得了经济上巨大的成功;同时,一批幸运的信息弄潮儿成功创立信息企业,财富暴涨,风光无限地跨入了富翁的门槛,成为众人仰慕的"数字英雄";但与此同时,十分不幸的是,富国、富人积累财富的速度与穷国、穷人收入在经济中的比重下降的速度成正比。因而,随着社会的信息化和经济的全球化,在国与国之间、地区与地区之间、行业与行业之间、企业与企业之间、不同的群体或个人之间,信息贫富差距或"数字鸿沟"不仅显著地存在,并且仍然在不断扩大。"信息穷国"和"信息富国"、"信息穷人"和"信息富人"日益分化成为两个壁垒森严的阵营。

并且,由于发展的基础差距过大,以知识为核心的竞争力差距日渐突出,在可见的未来都不可能实质性缩小,即使投入一定的国际援助或政府扶持,也难以实质性地改变信息观念、文化水平、基本素质、创造力等方面的差距,因而未来的发展趋势很可能是"贫者愈贫,富者愈富"。

此外,在考察"数字鸿沟"、信息贫富分化、信息贫富差距问题的时候,我们还需要警惕如下几方面的问题:

首先,不仅要注意是否拥有电话、电脑、手机、是否能上网等基本差别,而且要深入考察人们使用信息技术和资源的"质"的差别。表面上看，诸如有无电话、电脑、手机，是否使用宽带，通过何种方式上网等，都可能影响通信质量和信息处理能力；但是，更深层次的，使用电脑、手机、网络做什么，往往更能说明问题。例如，有人声称，虽然中国有7亿网民，但是，绝大多数人只是收发电子邮件，看看新闻，玩玩游戏，购物消费，或者上社交网站聊天，因此，中国网民的数量虽然极为庞大，却没有什么生产性的商业价值。这种说法虽然尖刻、刺耳，却也不是全无道理，值得深思。

其次，在残酷的市场竞争、国际生存竞争中，一些发达国家、跨国企业基于自身的利益，如垄断市场、赚取高额利润的需要，对高新信息技术进行封锁，对重要信息资源进行垄断，对创新成果进行过度保护，这导致其向发展中国家、中小企业、弱势群体公开信息资源、转让技术、协助建设信息基础设施的动作总是不太情愿，或缺乏基本的源动力。例如，早在1983年，中国就计划加入互联网，但是，很长时间都不能如愿，直到1994年，才通过美国 Sprint 公司连入互联网的64K 国际专线。既得利益者长期存在的这种贪婪和自私，可能导致本就贫困的弱者付出高昂的代价（如支付专利费、技术转让费等）之后，仍然只能处于"发展"与追赶之中，"数字鸿沟"被人为地越掘越宽，越掘越深。

再次，我们不能孤立地思考"数字鸿沟"问题。在经济全球化、劳动个体化的冲击下，特别是由于信息网络的超地域性等导致的国家的"去合法化"情况下，过去以国家为主体的社会福利制度、社会保障制度受到了巨大冲击，失业者、无法自食其力的弱势群体以及其他低保人群的安全网被严重地动摇了。例如，在2008年全球金融危机之后，西方国家的社会福利体系大多都已不堪重负，失业、医保、养老保险改革的呼声日益高涨。如果在无法避免的改革中，不能及时重建新的社会福利和保障体系，那么，"信息穷人"的命运难免更加悲惨，更加无助。

因此，在令人充满无限遐想的信息时代，如果不能做到信息网络的平民化、全民化、普及化，普遍地提高经济发展水平和大众的教育水平，如果信息占有和利用的能力被垄断或主导，甚至将信息高速公路变成昂贵的、专有的"信息高速私路"，那么，对"信息穷国""信息边远地区""信息穷人"将是极不公正的，经济发展和社会发展方面的差距可能越拉越大。"数字鸿沟"、信息贫富差距以及新的社会阶层的出现，将可能成为新的难解的社会问题，甚至可能成为新的社会不稳定因素，成为颠覆既定社会秩序的破坏性、革命性因素。

五、新的社会矛盾与社会分裂

迈入信息时代，劳资关系、不同劳动者之间的社会关系，都已经或正在发生深刻的变化。信息社会除了既有的社会矛盾之外，还面临着一些新的社会矛盾和社会分裂。

第一，资本的全球化与工作的流动性、雇佣的机动性之间的深刻矛盾。

现代信息技术使资本流动的速度加快、范围拓展。借助全球资本市场，通过线上交易、电子交易等方式，资本的交易成本大幅降低，但交易者和交易范围却拓展到全球。这导致工作机会全球流动，而与普通劳工的地域性发生冲突。资本和劳工存在于不同的时空之中，资本存在于所谓"流动空间"之中，它们通过网络而聚集，遵循逐利原则而在全球范围进行投资、投机，但全球资本的活力则越来越少地依赖特定劳动，它可以借助网络的分散化，在全球任何地方寻找物美价廉的劳工，组织生产。特别是，它常常将工作分解，通过全球网络外包、分包、转包给技术能力和价格最适合的企业或个人。印度、中国等发展中国家都承接了大量外包业务。印度每年的外包业务达到数百亿美元，成为经济支柱之一。

资本的全球化、工作的流动性和雇佣关系的机动性，导致了长期或终身雇佣制的破产，令雇佣关系更加脆弱、更加不可预测。随着资本全球流动，无孔不入地寻找商机，劳工们越来越"个体化"了，他们不得不想方设法追求各种各样的"新工作"，如自由职业、兼职工作、临时性工作，如独立承包、分包、转包，如被频繁外派、出差、跳槽，等等。表面上看起来热闹非凡，但劳工们的就业和工作变得日益不稳定，前景变得越来越不明朗，有时甚至完全无法预测。不知不觉间，雇主的权力日益得到强化，他们更可能逃避对员工的责任，而劳工们由于个体化、分散化，处于更加弱势、无助的地位。例如，工作的不稳定甚至不固定，过于分散化、个体化的劳工，导致曾经强势的工会及其组织体制面临困境，令资本家们心惊胆寒的"大联合"或集体罢工等，不再那么容易组织和发动了，弱势的劳工们正变得更加孤立无援。

第二，结构性失业日益严重。

随着农业机械化、工业自动化的普及，特别是雇佣了大量工人的制造业日益信息化、自动化和智能化，农民、工人将一拨又一拨地丢掉赖以生存的饭碗。虽然服务业可以更加细化、人性化，虽然信息产业、文化产业快速发展，都会创造一些就业机会，包括雇佣一部分从农业、工业制造业转岗的农民和工人，但是，信息革命的趋势很可能是：创造的岗位可能远远没有损失的多，失业率难免居高不下。

脑力劳动是一种重质或不以量取胜的劳动。或许，一万名普通物理学工作者也比不上一个爱因斯坦。知识经济虽然节约了活劳动的消耗，使资本的有机构成进一步提高，提升了劳动生产率，促进了经济的快速发展，但是，它绝不是以劳动力数量的投入为特点的，它所创造的就业机会仍然有限，这也在相当程度上增加了就业的压力。而且，知识经济所要求的劳动力，必须具备相当高的文化知识水平，具有一定的知识创新和应用能力，即基本上应该是"知识型工人"，或者干脆就是科学家、工程师。但是，大部分从农业、制造业转岗的农民或工人，都不具备这样的文化水平、素质和能力。我回家乡那个偏僻小山村的时候，经常听到熟悉的"农民伯伯"夸口："虽然我文化水平不高，但进城'看大门'总可以吧？"我有时冲动，就想"残忍"地对他们说，今后的大门并不那么容易"看"了。比如，虚拟企业的大门在哪里？电子银行如何保卫？城市或国家的电子疆域如何"看守"？恐怕，光有责任感、能吃苦、会瞪大眼睛是远远不够的。因此，在经济活动知识化、自动化、智能化之后，大量素质、技能有限的农民或工人难免失去工作机会。这即是所谓结构性失业。

值得警惕的是，当代的结构性失业出现了一些新的特点：首先，失业时间越来越长，部分失业者可能永远也不可能获得工作机会了；其次，失业人数越来越多，在每一个经济周期都会扩大；再次，随着社会的信息化进程不断深入，失业的不仅有蓝领工人，而且白领工人也开始加入其中。由于白领工人的工资待遇较高，一旦遭遇经济危机，业务收缩，首先遭解雇的可能就是白领工人。失地农民、下岗工人等面对头晕目眩的信息社会、知识经济，茫然无措，难以实现再就业，这群庞大的结构性失业者将成为社会矛盾、社会冲突的重要根源。

第三，在信息社会出现了新的社会分裂，即具有创新能力的知识劳动者与"可替代的普通劳工"之间的分裂。

社会分裂的直接表现，除了就业与失业"二重天"之外，就要算普遍存在的获取劳动报酬之间的差异了。实际上，"可替代的普通劳工"即使幸运地就业，由于缺乏知识创新能力和竞争力，其收入与具有创新能力的知识劳动者往往差距甚远。这一点已经是人们见怪不怪的现象了。

需要特别注意的是，由于工作的流动性，雇佣的机动性，或者说缺乏长期、稳定的雇佣关系，大多数雇主都会逃避信息时代非常关键的教育和培训职责，甚至通过分包、外包的形式逃避应付的劳动保险、医疗保险等费用。这对"可替代的普通劳工"更加不利，他们本来就缺乏相关知识和技能，这导致他们更难获得培训、提升技能的机会。因为以信息技术为先导的社会发展很快，且劳动力市场是全球性的，教育、培训方面的缺失，导致劳工们在市场需求发生重大变化、要求更高和更新的工作技能时，可能面临技术和能力方面的不足；而在全球劳动力市场中，当更廉价的劳动力被全球流动的资本纳入进来、而原有雇员又不愿降低工资待遇时，这些雇员便可能在劳动力市场被边缘化，甚至被无情地淘汰，加入失业大军。

此外，雇主和雇员们签订短期合约，常常需要各类中介公司牵线搭桥，劳工们除了经常需要支付一笔不菲的中介费之外，更关键的是丧失了就业的主动权。如果雇主与雇员之间发生了纠纷，往往也需要求助于中介或者第三方进行调解。当然，在这个时候，越是

"可替代的普通劳工",越可能处于劣势地位。这类劳工的人数太多,只能做低附加值的普通工作,没有什么讨价还价的资本。当面临纠纷的时候,昂贵的调解或诉讼费用就可能让部分弱势劳工望而却步,心有不甘地放弃维权。

因此,信息时代真正的社会分裂,存在于信息化生产者与"可替代的普通劳工"之间。如何协调、处理他们之间的关系,将成为未来社会的一大难题。这里的关键在于,必须调动政策资源,加大对可替代的普通劳工的教育与培训,通过其知识水平和技能的提高,保证其不至为飞速发展的信息时代所彻底抛弃。

第四,出现令人绝望的"社会排斥"。

信息鸿沟、结构性失业和新的社会分裂所导致的最严重的后果是新的社会排斥。迈入全球化的信息时代,一方面,世界被日益紧密地联系在一起,整合成一个"地球村",全球市场已经形成,经济的全球化已经渗透进世界的各个角落,各主体之间的相互依存、相互作用日益加深;另一方面,许多地区、许多人仍然处在信息化浪潮之外,或者说无力分享信息化带来的机会和成果。

由于不同民族国家、地区、个人的信息化程度不同,在全球经济网络中的地位和作用不同,"数字鸿沟"、信息贫富差距已经出现并不断加深。但这并不是最可怕的,也可能不是最悲惨的。毕竟,通过经济的普遍发展,通过政策的不断调整,通过改革社会福利制度,通过强化教育和培训,包括通过个人的努力,鸿沟可以填平,差距可以缩小。

真正可怕而且悲惨的是,在社会信息化过程中,一些信息穷困地区、"信息穷人"完全落伍了,他们可能已经被我们时代的经济网络乃至社会网络边缘化,甚至完全排除在外了,从而造成了卡斯特所谓的"新的社会排斥"。

如果说，在马克思曾经无情揭露和批判过的资本主义社会，工人或无产者的命运是悲惨的：他们一无所有，只能出卖自己的劳动力，接受资本所有者的剥削和压迫；他们虽然取得了工资和福利待遇，但被资本所有者榨取了剩余价值，掠夺了自由时间；他们与资本家处于对立的阵营，他们之间是一种压迫与被压迫的阶级对抗的关系……为了反抗剥削和压迫，他们发动了旨在改变自己命运的波澜壮阔的工人运动。那么，在这个高科技、智能化的信息社会，事情正在发生意味深长的质的变化。即是说，通过高科技网络，全球化把世界上有价值的东西联系在一起，正在摒弃价值不大以及毫无价值的地区和人。所以，富有创造性的世界精英们联合在一起，可同时大片地区、大批民众却被边缘化。那些信息边远地区、"信息穷人"等，命运相较以前的工人或无产者更为悲惨——他们正在变得与这个飞速发展、日新月异的社会毫不相干。

随着社会的信息化、全球化的发展，社会排斥将日益普遍，越来越多的弱势群体将加入进来，形成卡斯特所谓的"信息化资本主义黑洞"。这些不幸的人，无论如何努力，无论采用什么方式，都可能无法摆脱痛苦、无助的命运。卡斯特指出："现在世界大多数人都与全球体系的逻辑毫无干系。这比被剥削更糟。我说过总有一天我们会怀念过去被剥削的好时光。因为至少剥削是一种社会关系。我为你工作，你剥削我，我很可能恨你，但我需要你，你需要我，所以你才剥削我。这与说'我不需要你'截然不同。"[1]这种不同在

---

① 曼纽尔·卡斯特：《千年终结》，夏铸九、黄慧琦等译，社会科学文献出版社2003年版，第434页。

于，由于社会分化、"数字鸿沟"、结构性失业等原因，我作为"信息穷人"，处于全球化的经济或社会网络之外，没有人愿意雇佣我、剥削我，我没有要反抗的对抗性的社会关系；我也没有什么伙伴，似乎和谁都没有关系，谁都不需要我；在这个光怪陆离的世界上，我成了一个多余的人，我被社会抛弃了，我的存在荒谬化了！

这种被忽视，这种被抛弃，这种生活意义的丧失，这种存在的荒谬化，除了让人生存环境恶化、生活质量下降，总有一天还会让人在精神上、心理上无法忍受。劳动是人的"第一需要"，劳动是人神圣的权利！人们必须做点什么，人们必须证明自己的存在，人们必须重新寻找生活的意义！尽管这种意义的寻求，可能是一种没有目标的方式。否则，必将导致人们忍无可忍、铤而走险，必将导致全面的社会危机！这正如卡斯特所说："整个世界危机即将爆发，但不会以革命的方式，而是：我忍无可忍了，我不知道该干什么，我不得不爆发，为爆发而爆发。"[1]

总之，迈入蓬勃发展的知识经济时代，由于经济生产的信息化、自动化、智能化，由于资源、资金、技术和人才的全球配置，由于产能严重过剩、全球劳动力过剩，因而资本的全球化与劳工的个体化之间的矛盾、知识劳动者与"可替代的普通劳工"之间的矛盾，日益明显，日益尖锐，就业机会增长困难、雇佣关系不稳定、结构性失业、"数字鸿沟"、社会排斥等已经成为残酷的现实社会问题。如何控制风险，解决问题，走出危机，要求各级组织交出一份合格的答卷。

---

[1] 曼纽尔·卡斯特：《千年终结》，夏铸九、黄慧琦等译，社会科学文献出版社2003年版，第434页。

第九讲　信息社会的伦理反思

　　伦理道德是一定社会经济基础和社会生活的反映，是在该时代的人类实践、交往活动中形成，并随着生产生活方式的变化而变化的。迈入神奇的信息时代，人类社会的实践基础、科技基础、经济基础发生了巨大变化，与之相适应，人们的精神活动领域也正在发生一场深刻的变革或"革命"。根据唯物史观"社会存在决定社会意识"的基本原理，信息社会的伦理道德自然也应该与时俱进，形成新型的"信息伦理"，即在信息时代的电子时空，调节人与人之间社会关系的一种价值体系。

　　那么，信息社会的伦理道德面临着哪些新问题和新挑战，或者说社会变迁给伦理道德提出了哪些新课题？信息时代的伦理道德具有哪些新特点？其发展趋势又如何呢？对于这一系列问题，我们必须超越"纯技术"的视界，以信息时代导致的社会变迁为基础，对之进行审慎的思考和创造性的建构。

一、信息伦理的特点与发展趋势

比尔·盖茨说：这是一个"绝妙的生存时代"。此话值得玩味。抚今追昔，也许我们可以说，从来没有一种技术能够如信息科技这样迅速、彻底地改变人类的生产与生活方式，拓展人类的实践与认知能力，提供人类生存、活动和发展的新空间。基于斯，信息伦理逐渐成为人们关注和讨论的热门话题，随着人们主动地"自投罗网"或被动地"一网打尽"，甚至全部社会伦理道德的建设也面临前所未有的历史机遇。

从社会生活的特质看，人们在电子时空的活动是一种特殊的社会生活，具有数字化、虚拟化、越地域性、开放性等特点。正是这些特殊性，决定了信息社会的道德具有不同于现实社会生活中的传统道德的新的特点与发展趋势。

1. 自主性

与现实社会的传统道德相比，信息社会的伦理道德呈现出一种更少依赖性、更多自主性的特点与趋势。

建立在互联网络技术之上的网络社会是人们基于一定的利益与需要（资源共享、互惠合作等）、自主自觉自愿地互联而形成的。在快速"膨胀"的电子时空中，人们浏览网页、收发邮件、观看视频、欣赏音乐、交流想法、购物易物、炒股交易、互动游戏……特别是，创建博客和微博、视频共享网站和交友网站，创建和参加网络社团、电子社区的活动，使信息呈现爆炸式增长，使网络成为工作、学习和生活的基本场域。这导致了一个大众唱主角的时代的来临：在这里，每一个人都既是参与者，又是组织者；或者说既是演员，又是导演。

美国《时代周刊》评选出的2006年年度人物，就很能说明问题。这位年度人物，不是具体的某位传统意义上的大人物，而是作为网民的"你"：因为，没有每一个上网的你，就没有信息的海洋般汇聚；没有每一个上网的你，就没有传媒的进入大众主体。你活跃了思想，思想也活跃了你；你交互了信息，信息交互了你；你造就了时代，时代也造就了你。因此，"你"，就是当之无愧的时代巨人！

网络是大众化、平民化的。信息网络革命导致相关技术资源、文化资源从少数专业人员手中解放出来，变成大众使用的工具，并且使散布在各处的信息资源汇集起来，供大众共享，这大大促进了社会资源，特别是信息资源分配和使用上的平等与进步。特德·纳尔逊在《解放计算机》中高呼："计算机权力属于人民！打倒网络混账！"也许等到网络覆盖全世界的那一天，我们可以说，那种愚民政策、封闭政策就真正开始土崩瓦解了。同时，从网络活动的基本原则看，它坚持"大狗叫，小狗也叫"，"尽管我不同意你的观点，但我坚决捍卫你说话的权利"。通过BBS、电子邮件、聊天室、博客、微博、微信、虚拟社区、各类交友网站等途径，普通大众获得了空前自由的表达自我、宣泄情绪的阵地和权力。包括过去那些社会上的"旁观者""边缘人"，那些形形色色的弱势群体，那些平时在社会中没有掌握话语权或"说话声音很小"的人，参与、互动、创造的热情空前高涨。众所周知，道德是属人的范畴，人是社会道德的主体。网络生活、网络道德这种最广泛的社会大众的参与，应该说

是进步社会追求的一个目标，也是真正的"人民道德"实现的
希望。

也正因为网络是大众自主自愿建立起来的，人们自己就是网络
的主人，因此，人们必须自己确定自己干什么、怎么干，自发地
"自己对自己负责"，"自己为自己做主"，"自己管理自己"，自觉
地承担网络主人翁的责任。

例如，在网络建设之初，信息极度贫乏且杂乱无章，此时，就
有许多程序员、网民利用自己的闲暇时间，无私地大量上传信息，
与他人共享，并且，为那些杂乱无章的信息资源建立管理程序、编
制各种实用软件，以方便网络用户特别是那些不太熟悉网络的人访
问和利用网上资源（这种行为后来有着越来越多的商业化元素介
入）。这其中，最典型的当属信奉信息共享、编写自由软件、与他人
共享专业技术和创造成果的黑客群体，而其中贡献最突出的，当推
创造了"没有版权"的 Linux 操作系统的李纳斯·托沃兹，Linux 后
来发展成为世界上成千上万程序员和用户参与使用、测试和开发的
庞大工程。

在网络初具规模之后，为维持网络的正常秩序，网民们又自觉
地订立各种规范，包括道德规范。当苦难不幸降临时，人们自觉地
互帮互助；当发现不道德行为时，许多人"路见不平"，自发地站出
来扶正祛邪，甚至发动"人肉搜索"，主动搜寻、攻击社会不道德现
象。例如，在2016年底的"罗一笑事件"中，当网民们读到一位父
亲以生动的笔触写下对患病女儿的不舍时，文章在网络上被疯狂转
载，来自陌生网友的金钱帮助源源不断地涌来；而当网友发现治疗
费用远远低于那位父亲的阐述、孩子家庭的富裕程度又超出人们悲
观的想象后，更多的网友又站出来，敦促那位父亲退回善款，并强

烈谴责他的欺骗行为，谴责事件背后的商业营销。

可见，信息社会的道德规范不是根据权威（不论哪种权威，如统治者、统治者的代言人和其他"社会精英"）的意愿建立起来的，不是通过自上而下的教育、管理，以及强大的他律、制裁方式维系的，而是网民们自发自觉的自主行为的结果。由于网络道德规范是人们根据自己的利益与需要自发制定、认同的，也因此增强了人们遵守这些道德规范的自觉性。

此外，信息道德环境（"非熟人"社会）与道德监督机制的新特点（更少人干预、过问、管理和控制），要求人们的道德行为具有较高的自主性、自律性。在电子时空之类失去了某些强制和他律因素的"自由时空""自主社会"中，或许最初人们还不太适应，然而这必将是人们的主体意识，特别是权利、责任与义务意识逐步觉醒的社会，一个主体的意志与品格得到更充分锤炼的社会，一个真正的道德主体地位得以确立的社会，一个人们自主自愿进行活动和管理的社会。如果说传统社会的道德主要是一种依赖型道德、他律性道德，那么随着信息社会的到来，人们自觉且主动建立的是一种新型的自主型道德、自律型道德。

2. 开放性

与传统道德相比，信息社会的伦理道德具有面向全球的开放性特征，呈现出一种不同的道德意识、道德观念和道德行为之间，经常性的交融、碰撞和冲突的特点与趋势。

网络本身是一个无限、开放的结构。这种开放性并不是人为规定的，而是信息技术内蕴的特质，是网络自由共享的愿望内在要求的特质。为了实现信息的自由传输和共享，网络采用了分布式结构和包交换的方式，这从技术上保障了网络的开放性。例如，网络对于所有用户开放，只要这些用户遵守基本的网络协议；对于所有信息服务提供者开放，为信息服务提供者提供开放的接入环境和信息发布平台；对于局域网、内部网等开放，只要遵守相关协议，就可以实现互联；对未来的改进开放，为未来可能新增的服务提供开放式的发展平台。而且，在社会信息化过程中，对于信息、程序（特别是源代码）、技术公开、共享的呼声十分高涨，今天的网络在相当程度上就是自由互联、信息共享、开放建设的产物。在电子时空，免费提供信息、服务司空见惯，如免费邮箱、免费主页空间、免费网络硬盘、免费电子杂志……至于网民们相互之间免费提供的信息和服务，免费"传经送宝"，更是花样翻新，数不胜数，无法计量。这一切，必然导致人们的思想意识，包括道德意识，从封闭走向开放，并据此审视一切封闭、封锁、过度保护所可能导致的后果，确立与自由、开放、共享的网络意愿相适应的开放性。

同时，信息网络在很大程度上消除了时空局限性，使人们的道德生活超出既定的地域限制，具有了面向全球的空前的开放维度。众所周知，时空曾经是限制不同地域的人们之间交往的主要障碍。美国网络专家威廉·奥尔曼说：信息革命带来的最基本的变化是，它有能力以十年前还不可想象的方式，使人们紧密联系，消除"这里"和"那里"的界限。正如几十年前铁路和高速公路使地理距离缩短，人们有可能异地交往，有可能住在远离工作地点的城市郊区一样，信息技术带来的传播、交往方式的现代化，特别是互联网或信息高速公路的建设，使得地理距离暂时"消失"了，我们居住的星球正在变成一个"小村庄"。在一个个"电子社区""虚拟共同体"里，人们即使居住在不同的洲、时区、国家，也可以方便地"在一起"学习、工作、生活和娱乐，甚至那些居住在穷乡僻壤的人们，也能与全世界方便地交往、合作乃至打成一片。这样，人们便可以不受时空的限制而尽情交往、沟通，人与人之间不同的道德意识、道德观念和道德行为的冲突、碰撞和融合也就变得可能了。这要求人们在更广阔的视野中、在更紧密的社会联系中，进行信息伦理的建设。

此外，在现实社会，由于人们的宗教信仰、价值观念、风俗习惯和生活方式的不同，致使人们的交往受到了一定的影响。人们之间不能相互理解，也缺乏相互交往、互动的方式与手段。而互联网的全球化，把不同国家和所有这些方面不尽相同的人们都联结起来，它既可以将不同的宗教信仰、价值观念、风俗习惯和生活方式频繁而清晰地呈现在世人面前，各种独特的行为和各种奇风异俗都必须接受人们目光的洗礼，同时也为他们提供了交往、沟通的有效方式和手段。这样，一方面可以使宗教信仰、价值观念、风俗习惯和生活方式不同的人们，通过学习、交往、教育和阅读等各种方式，增进相互之间的沟通和理解，从而更加宽容大度、更加通情达理。另一方面，也使各种文化冲突日益表面化和尖锐化。落后的、无聊的、非人性的和反社会的道德意识、道德规范和道德行为，与先进的、合理的、代表时代发展趋势的道德意识、道德规范和道德行为并存，它们之间的冲突、碰撞与融合也就表面化和现实化了。因此，互联网的全球化，将使网络道德的开放性由可能转化为现实。

3. 多元性

与传统道德相比，信息社会的道德呈现出一种多元化、多层次化的特点与发展趋势。

在现实社会中，虽然道德因生产关系的多层次性而有不同的存在形式，但每一个特定社会只能有一种道德居于主导地位，其他道德则处于从属的、被支配的地位，因此传统道德是单一的、一元的。在信息社会中，网民们来自五湖四海，存在多样化，状态复杂化。因而在电子时空，既存在关涉社会每一个成员的切身利益、关涉网络社会的正常秩序、属于网络社会的共同性的主导性的底线道德，如不应该炮制和传播有害信息，不应该滥用他人信任传送商业广告，不应该未经允许闯入加密系统，禁止编制和传播计算机病毒，等等；也存在网民们自身所特具的多元化道德规范，如各种宗教的排他性信仰，各个民族、国家、地区的独特道德风俗习惯，等等；还存在着现实社会中原有的道德规范与网络社会中新生的道德规范之间的叠加与冲突，如对知识产权的尊重与信息共享之间的冲突，他人和社会的知情权与个人隐私及组织机密的冲突，等等。随着彼此交往的增多，这些处于经常性冲突和碰撞之中的多元化道德规范，导致相互之间增进了理解和同情，从而在经历了冲突和碰撞之后，往往能够达到沟通、融合。有时，即便彼此无法融合，冲突和碰撞仍旧，也可能由于网民们开放性的视野，在彼此并无实质性的利害关系时，能够摒弃狭隘的偏见，相互尊重，相互宽容，求同存异，并行不悖。

信息社会多元化道德规范同时并存有其理论与现实根据。与现实社会相比，信息社会更多地具有自主性，它是人们通过自主自愿互联而形成的，其成员之间的需求与偏好更多地具有共同性，他们一开始就是抱着同一个目的（信息共享、交往互动）串连起来的。因此，在交往过程中，彼此之间行为的共同点就是"求同"，除了为此必须遵守的共同的法律和道德规范之外，他们不需要也不强求具有类似于现实社会中的那种统一的道德、统一的生活方式。也就是说，只要人们的行为不违背电子时空的底线道德，他们并不需要为加入互联网而改变自己原有的道德意识、道德观念、道德原则和道德行为。或者说，在遵守信息社会主导道德的前提下，他们仍然可以坚守他们自己的道德，开展具有自己特色的网络活动和网络生活。

　　总之，在信息时代，人们的需要和个性有可能得到更充分的尊重与满足。在自主自愿互联形成的电子时空，以其独特的生产方式、管理方式和生活方式，终将建立起一个各国和各地区的具有不同信仰、习俗和个性的人们，互相尊重、互相理解并互相促进的多元道德并存的社会。

二、信息时代面临的伦理挑战

　　信息技术、互联网筑就的新型的技术或经济基础，在迅速、彻底、全方位地改变人类的生存、活动方式的同时，为一个社会的道德发展、为人与社会的自由全面发展提供了前所未有的巨大可能性。但是，正如老子预言的，"智慧出，有大伪"，任何技术的应用都不是单向的，不会是一厢情愿、一帆风顺的，而总是福祸相依、得失相伴的。比尔·盖茨指出："Internet 是一场赌注"，"信息高速公路将会通往许多不同的目的地。"单纯的科技进步并不是万能的包医百病的灵丹妙药。科技发展史一再表明，作为手段和工具的技术发明、应用往往是一柄锋利的双刃剑，在其表现出对人类社会积极效应的同时，如不加以合理地理解、应用、管理和引导，也必然会带来许多负面效应和影响，即马尔库塞所说的，"技术的解放力量"转而会成为"解放的桎梏"。这些效应有的已经出现，而有的或许将以人们始料不及的方式出现。

1. 信息时代改变了伦理道德的社会基础，并导致伦理道德面临自身的理论悖谬

在信息网络时代，信息成为最重要的资源和权力。信息之地位的凸显，信息技术的广泛运用，前所未有地改变着人类的生产和生活，改变着人们的休闲和娱乐方式，塑造着人们的生产和社会关系，决定着每一个人自由全面发展的程度。特别是信息的可共享、可传承、不排斥他人的特质，为人的平等发展创造了条件；生产力趋向于高度社会化、全球化、人性化的方向发展，人们自由时间的增多和生活水平的改善，为人与社会的自由全面发展提供了巨大的可能性。以之为基础建立的社会，也完全可能是一个更加道德、更加进步的社会。

当然，信息时代是以电脑、手机、互联网等高新技术为基本技术支撑的。尽管互联网是人们自主互联建设起来的，尽管网络建设的基本原则是"全民原则"，是要营造体现人性、公正、平等、自由等的网络环境和网络秩序，但在具体组织实施过程中，要实现每一个国家和地区、每一个人占有和利用信息资源的公正，平等享受技术进步的好处，绝不是仅仅随着技术进步、社会的信息化就能实现的。很多时候，即使来自一个国家的公正的决策与政策也可能出现无意的偏差，更何况，现有的网络政策和规范存在诸多缺陷，它有可能背离初衷，沦为技术强者独享特权的借口。例如，在当今世界，生产力发展的不均衡、科技实力与能力的不平衡是一个普遍的基本的事实。在经济势力、社会政策、文化水平、人的素质和能力

等多重因素作用下，一个国家、地区、民族、企业等的信息化水平，不同的人占有或利用信息网络资源的能力是不均衡的，事实上存在着所谓"数字鸿沟"。由于这种不平衡或"数字鸿沟"，"信息贫富差距"已经或正在拉大，而且呈现"贫者愈贫，富者愈富"的发展趋势。

从制定网络政策（包括伦理规范）的角度说，如果"信息穷人"不掌握先进的信息科技，如果不迈入"信息富人"的范畴，那么，很可能会被剥夺某些信息权利。考察信息社会发展的历史，我们发现，网络政策（包括网络伦理规范）往往都是由政府或国际组织、网络服务商、网络公司以及强势网民们约定、制定的，网络政策体现的主要是技术上的强者，"信息富人"的意志、需要和利益，技术强人（如黑客）很容易利用自身的技术优势无视各种技术、法律和道德规范。这一类似传统道德规范制定中的缺陷，依然以新的改头换面的方式存在。

因此，如果不能实现信息网络建设的人性化、平民化、全民化、普及化，普遍地提高生产力水平，改善大众的生活品质；如果信息占有和利用的能力被垄断或主导，甚至将信息高速公路变成昂贵的、专有的"信息高速私路"。那么，无论这样的社会在技术上如何进化，都将不会是一个平等、公正的社会，它对"信息边远地区"、对"信息穷人"将是极不道德的。在这种情况下，穷国、穷人、弱势群体（老人、妇女等）将处于更加贫困无助的境地，他们的权利可能受到不同程度的损害。

2. 网络活动中可能出现的伦理困境

"电子时空"具有不同于现实世界的特点，信息社会建设还具有自身的机制和文化，这可能导致一些新的伦理道德问题的出现。

互联网是由科研学术网发展而来的，具有深厚的非商业传统，但是，随着互联网的扩张，知识经济时代的到来，以赢利为目的的商业性组织成为互联网的主要建设者，并因此出现了大量的对网络资源的商业性应用，如广告、电子商务、网络信息有偿服务，等等。例如，自1995年5月始，多年资助互联网研究开发的美国科学基金会（NSF）退出，把NSFnet的经营权转交给了美国3家最大的私营电信公司（即Sprint、MCI和ANS），这是互联网发展史上的重大转折。现在，许多原本免费的电信服务，如电子邮箱、电子媒体都在考虑收费问题。信息产业已经成为世界上利润增长最快、发展最为迅速的产业之一。但是，在"全球信息共享"的互联网上，非商业网络与商业性网络是联结在一起的，对网络的商业性使用，将导致对学术资源和社会资源的大量占用。如有些企业为过分膨胀的商业利益所驱动，它们对知识产权的"保护"、垄断达到了妨碍正常学术交流的地步，它们面向广大网络用户的商业广告、产品推销往往令人不胜其烦。对网络资源的商业性使用是否道德？它应该被限制在什么范围内才是道德的？如何合理使用网络资源的问题引起了广泛的争议。

信息时代突出了信息、知识的价值，要求尊重知识产权，但同时，电子时空也存在大量侵犯知识产权的现象。信息不同于其他资产，其他资产的使用大多具有排他性，而信息的使用不具有排他性，具有可以分享使用的特点。如软件极易复制、"克隆"，且复制品与原版之间几乎没有差别，而且复制、销售的成本与开发的成本相比简直可以忽略不计。特别是，互联网是一个四通八达的庞大的信息网络，网上信息资源十分丰富。随着越来越多的信息资源上网，这一方面给人们共享资源、互通有无、互相协作、互相帮助创造了条件，另一方面，也为不法之徒侵犯他人的知识产权，诸如软件、专利、商标、未经授权的资料等提供了便利。于是问题在于：在"全球信息共享"的电子时空，信息自由共享应不应该有限度？如何处理信息共享与保护知识产权之间的关系？可否将信息共享彻底化，取消知识产权？

　　网络安全是电子时空万众瞩目的难题。现代社会对于个人隐私、通信自由的保护也是共识。由于运用信息技术收集信息的便利性和强大能力，人们的生活在技术上极可能成为"一切皆被记录的生活"，它可能细致到令人恐怖的程度。如果这些个人信息泄露出去，被"关心"的人"分享"，或者被不正确地使用，那么，个人隐私权将受到极大的侵害。当然，为了保护个人隐私权，可以通过立法，规定个人信息在任何情况下都不能被泄露，也可以通过普及加密技术等来实施。可是，这样一来，个人隐私与网络安全就出现了矛盾：一方面，为了保护个人隐私，电脑网络所记录的个人信息应该绝对保密；另一方面，任何人都必须对自己的行为负责，其网络行为应该详细记录，以供人们进行道德评价和道德监督，甚至用作法律诉讼的证据，以保障网络和社会安全。然而，政府或司法机构在什么情况下才可以调取个人信息？社会大众的道德评价依据何在？如何协调个人隐私与社会监督之间的矛盾？如何控制这一矛盾、以免演变为尖锐的社会冲突？

　　信息网络技术最新颖、最独特之处在于"数字化""虚拟化"。但只要我们不是沉浸在虚拟实在的神奇体验中不能自拔，那么就会发现，虚拟或虚拟实在也可能会导致许多道德问题。例如，人们主要是以"符号"为身份、"戴着面具"进行交往，不必以真实面目示人，人与人之间可视性的、亲和性的面对面的现实依存关系被弱

化,人际距离表面上很亲近,但实际上可能十分疏远,相互之间的
道德意识非常淡漠。在缺少有效约束和监控的情况下,有些人可能
乘机随意释放恶念和歹意,例如,解密偷看他人的电子邮件、电脑
文件夹,甚至与人"斗智斗勇"诈骗他人的虚拟货币或虚拟财产。
因为没有面对面的对峙,没有物理意义上的身体接触,看不见他人
的痛苦表情,而且似乎没有造成什么物理上的损害,这些人可能没
有丝毫的不安,没有任何犯错的意识和愧疚感。特别是数字化、虚
拟化的电子游戏,充满了色情、暴力,久而久之难免助长人的"精
神麻木症",影响个体人格的健康发展,甚至令人失去道德感和道
德责任。例如,在一些暴力性的电子游戏中,人们为了"生存",必
须尽可能多地去"杀人",但在"虚拟"的环境中,却根本体验不到
"杀人"的血腥、残酷与非人性,感觉就如同做游戏一般;在一些
色情电子游戏中,开发商将强奸、兽奸、性虐待、乱伦甚至儿童色
情等作为游戏内容,全然不顾其对人类底线伦理的挑战,以及对青
少年的恶劣影响。可见,虽然虚拟实在为人类开拓了一个崭新的生
存与活动空间,提供了各种新的机会和体验,但也存在着诱使人们
偏离真实、消解现有道德规范、道德秩序的危险。传统的卫道士可
能会感觉,现实社会的道德情感正在被愚弄,道德责任正在被消
解,道德秩序正在被瓦解;新生活的拥抱者则可能欢呼,一种新鲜
的道德感和道德责任正在生成,一种全新的社会道德秩序正在
形成。

　　上述问题还可以列举出很多。特别是,还有许多可能尚未表现
出来,而将会以一种难以预料的方式逐渐呈现。它们在人们的网络
生活中展开来,对传统伦理道德提出了十分尖锐的挑战,要求人们
在新的信息道德建设中加以解决。

3. 信息伦理呈现多元化，网际伦理冲突大量出现

如果说，全球普遍伦理的追求和建设还刚刚起步，传统道德的维护是以某一地域的人们的认同、遵循来维系的，那么，在全球化、超地域、超时空的互联网上，这提出了一个难题。

信息网络空前的自主性、大众化、开放性，导致了人们主体地位的普遍提升，导致了信息社会的多元化。这对一切专制或极权体制，对于单一思维或单极思维，提出了挑战和转型的要求，也赋予了人们自身更多的道德权力和责任。但是，多元化并不意味着一切都是正当的和合理的，可以随心所欲，不负责任，不受任何法律和道德规范的节制；多元化也不意味着可以"迷失自我"，放弃主体性，放弃主流文化价值观、主流道德的导向地位。

目前由于多元化导致的困惑与问题很多。例如，一方面，随着信息技术的发展，知识的创新日益加速，信息的传播和获得日益方便，为社会发现、创造了大量的新资源；另一方面，缺乏新意的"信息爆炸"，送来了大量低水平重复的信息，特别是大量鱼龙混杂、真假难辨的信息，人们被淹没在"大数据"的汪洋大海之中，难以从信息革命、知识革命中真正受益。再如，网络文学、艺术创作十分活跃，调动了草根的力量，为人们奉献了不少受欢迎的精品、力作；但同时，大量随意性、即时性、矫揉造作的文化泡沫充斥于网络。在市场化条件下，这类作品常常出于商业动机，不惜曲意迎合某些低俗趣味，甚至有意引导大众趣味走向片面的"反理性、反传统、反道德、反主流"倾向。更加令人忧虑的是，各种虚假信息、不负责任的信息和无聊信息广泛传播，黄色文化、黑色文化等随处泛滥，侵犯隐私、网上谩骂、人身攻击屡见不鲜……电子时空已经变成了一个五颜六色的"大染缸"。

　　而且，由于互联网的信息传播方式是全球性、超地域性的，而信息内容（如文化传统、宗教信仰、价值观念、风俗习惯和生活方式等）各不相同，具有地域性，这使得不同的宗教信仰、价值观念、奇风异俗一旦"触网"，都必须接受世人目光的洗礼、言语的评论甚至行动上的反应，导致各种文化与道德冲突日益表面化、尖锐化。例如，道德上允许色情信息和色情服务存在的国家，发布、张贴色情资料，提供色情服务，当然无可非议，但是，互联网是全球共享的，对此认为不道德的国家中的人们，则可能强烈反对网上色情泛滥，要求给予全面彻底的取缔，从而导致文化道德冲突。这些冲突不大可能仅仅限于认识或观念领域。由于民族国家的存在，由于各种宗教势力的对峙，更由于各种利益的纠葛，这种冲突必然会成为各种势力之间的纠纷、对峙和对抗。

　　现实的问题和挑战要求系统的整合。在这一主体际秩序的重新整合过程中，值得注意的是，一些国家和地区凭借其强大的经济、技术和文化势力，竭力通过网络向其他国家和地区渗透自己的政治理念、文化价值观念以及宗教意识形态等。这是违背网络精神和网络伦理的，是专制或极权体制时代单极思维的不道德延伸。在这种情况下，一方面，具有不同宗教信仰、价值观念、风俗习惯和生活方式的人们，如何增进彼此之间的沟通和理解，从而更为宽容、更为通情达理；另一方面，弱势国家和地区如何应对强势文化的渗透、侵略，保持自己的个性和特色，维护自己的道德权利。这需要各个国家、地区携手，需要广大网民主动参与，平等协商，探索解决之道。

　　4. 网络道德规范的"可操作性"较弱，对人们的道德行为的管理、监督、约束、制裁比较困难

　　在传统社会中，人们基于地域、"单位"而展开自己的生活和人

生。由于生活范围比较固定，交往面比较狭窄，交往对象大都是熟识的人（邻里、亲戚、朋友、同事等），在相当程度上是一个"熟人社会"。依靠熟人（亲友、邻居、同事、单位，包括新闻机关、执法机关等）的监督，慑于道德他律手段（社会舆论、利益机制和法律制裁）的强大力量，传统道德规范往往能得到比较好的维护和遵守。

电子时空不仅仅是"数字化""虚拟化（非实体化）"的，而且还是非中心化、非集权化、开放式的。电子时空并不是依照任何现成的体制、制度、规范以及既定利益框架创立的，它与现行物理时空的任何管理、控制机制都很不相同。由于电子时空的种种特点，类似于传统社会中道德他律的种种"外力"，在相当程度上失去了威力，在电子疆域形成了一个相对自由的"自由时空"。甚至，除非自愿，人们根本不知道那些网上"符号"是"谁"，比尔·盖茨调侃说，在网上一个人与一条狗都无法区分。

面对非中心化、非集权化、相对自由的"自由时空"，一切既有社会的管理、限制、控制手段都正在经受严峻考验。主权国家和地区及其相应组织现行的那种分区域行使管辖权的管理、控制方式，已经遇到极大的困难，很难对相关机构、网民的行为加以确认、监管。例如，在网络上对用户调阅，传播文字、声音或图像信息，包括有些国家禁止的黄色、反动信息等，就并不容易加以控制。至少在目前看来，传统管理结构在很大程度上是失效的，数字化犯罪（如攻击重要军事、政治网站，在网上大规模释放病毒，进行网上诈骗，等等）的黑数奇高，就是证明。是否或如何划分"信息疆域"？网络管理机构如何设立？网络管辖权如何确定？相应道德法律规范如何订立？网民的身份如何认定？机构或网民的行为可以记录到怎样详细的程度？等等问题，都需要根据网络特点和人性要求，积极而审慎地研究应对之策，以迎接这种挑战。

因此，以互联网技术为基础的这种更少人干预、过问、管理、控制的信息社会环境，必将对人们的道德水平和文明程度等进行一场或许是有趣的、意味深长的新考验。在这场考验中，许多传统道德津津乐道的东西，如形式化的道德说教、人为强加的规范要求、将难免为人们所"默杀"，而那些新的、真正合乎人性的、符合人的根本利益与需要的规范，才可能得到人们的认同、接受和遵循。

综合考察以上几方面的挑战，可以得出结论：信息时代尽管为一个社会的道德发展、为人与社会的自由全面发展提供了前所未有的巨大可能性，但也仅仅只是一种可能性，一种福祸相依的可能性，一种尚难预料其后果或其后果很难在传统的思维模式中加以解决的可能性。技术的力量再强大，它毕竟只是人类的工具，应该如何选择性应用则主要是社会领域、特别是人自身的问题。因此，一个主流文化价值观、先进道德得以弘扬的信息社会，一个真正以人为本、合乎人的本性和目的、使人能够得到自由全面发展的文明社会，还有赖于我们基于信息网络技术的进步进行建构、创造。

三、信息伦理建设的基本方略

信息时代的来临，不仅对人类的现实生活发生着深刻的影响，也给人类的伦理道德建设提出了一个崭新的课题。解决这一课题是一项复杂而困难的工作，一项长期、庞大而艰巨的社会系统工程。

从目前信息伦理道德的现实可能性考虑，这一课题需要从防范和建设两个方面着手，即以被动的防范为辅，以自主的建设为本，并在建设中将两者有机地结合起来。

1. 营造健康的网络环境和舆论氛围

"人是环境的产物。"环境对于一个人的成长，对于人的行为选择，具有十分重要的影响。目前，电子时空已经由一个"田园诗般的社会"变成了一个"都市化的大杂烩"，网络环境已经被严重污染了。在电子时空中，各种信息资源十分芜杂，充斥着大量不适合青少年阅读、下载的内容，如色情信息、暴力或恐怖信息、邪教或迷信内容、政治煽动或种族歧视的信息，等等；网络上活跃着许多利欲熏心、丧失天良的不法机构或个人，他们或直接或间接利用各种伪装，包括"热情"地为青少年提供各种服务，等待着拉人"下水""谋财害命"的机会。更为严峻的是，先进文化、主流文化方面的信息资源却相对贫乏。而且，这些"正面"信息总是更新速度慢，形式也大多比较单一、枯燥、呆板。如果弘扬主旋律的网站都成了"人迹罕至"的"穷乡僻壤""信息孤岛"，那么，靠什么建设健康、文明的电子时空呢？因此，电子时空先进文化、主流文化的建设应该有强烈的危机感、使命感。在建设过程中，应加快网络立法，完善信息伦理，通过媒介和舆论的力量，倡导、褒扬善举德行，谴责、鞭挞缺德行为，从而在整个信息社会形成扬善祛恶、扶正祛邪的良好道德动力和压力。否则，整个社会"善恶不分""不知好歹"，也就难免有人自甘堕落，心安理得地"从恶如流"。

值得注意的是，电子时空的各种不道德行为、数字化犯罪，是与日新月异的信息技术的发展密切相联系的，它是一种高科技、高智能、"智慧型"的犯罪行为。近些年来，普通人对于各种复杂的信息技术并不熟悉，对于不道德行为、数字化犯罪缺乏正确的认识，从而往往间接地容忍甚至鼓励数字化犯罪的发生。尤其是，社会舆论对数字化犯罪案件的大肆宣扬，令不少人觉得，数字化犯罪是一种智慧、能力与胆识的体现。它既不像明火执仗、抢劫财物的强盗那样凶狠残暴，又不像花言巧语、拐卖人口的骗子那样伤天害理。例如，黑客们所做的，往往只是对诸如银行电脑系统、财大气粗的金融机构、高高在上的政府机关或神秘的军事机构之类不可一世的庞然大物略施小计，然后便大大方方地装好财物，甚至仅仅"闲逛一番"，然后悄无声息地扬长而去。这种"孤胆英雄"式的"壮举"、"佐罗"式的侠义"传奇"，在个人主义盛行的西方国家，不但没有受到社会的普通谴责、鄙视，反而为不少人所羡慕、钦佩。在这种氛围中，尽管数字化犯罪涉及面广，危害巨大，但过去对于此类案件的判罚却往往量刑不重，不少甚至不了了之。

电子时空不道德行为、数字化犯罪的温柔面纱，"计算机天才""电脑神童""网络英雄"之类错误观念，以及与之相联系的不良舆论氛围，朦胧了许多人的眼睛，许多人不仅看不清这种行为的反社会性质和危害性，忽略、淡化了自觉与之作斗争的心理，而且诱使犯罪行为人，特别是不少年轻的、痴迷地爱着网络的电脑黑客们忘乎所以，陷入了不断迎接新技术"挑战"的深渊而无力自拔。例如，不少"电脑神童""少年天才""黑客"就以打入网络系统、破译计算机密码或制作、施放计算机病毒作为炫耀自己的乐事，全然不顾由此造成的经济代价和社会危害。据报道，每年企图闯入各种政治、经济、军事重地的黑客不计其数，但其中大多数并没有特殊动机，而只是想打败防卫严密的电脑系统，并以此为荣。实施成功后，他们也并不会产生负罪感，反而得到一种心理上的满足，一份向人炫耀的资本。然而，这类不负责任的行为的后果是十分严重的，如果说，溜门撬锁所造成的不过是一家一户的损失的话，那么，对信息网络的侵害，则可能造成严重的经济损失（如网络安全方面的花费已越来越高），甚至整个社会的无序、混乱甚至瘫痪。

总之，如果不改变以上那些善恶不分、是非颠倒的舆论导向的话，不使种种违规、违法行为成为"过街老鼠"，不形成数字化犯罪可耻的舆论环境的话，电子时空在前赴后继的挑战者、犯罪嫌疑人面前，是难有宁日的。对此，学校、家长和社会各方应通力合作，大力对青少年进行系统的信息伦理与法制教育，讲清包括黑客行为的严重的反社会性、非道德性，加强正面引导，使青少年树立正确的网络道德观、法制观，增强道德与法制意识，自觉地规范自己的行为，抵制各种不道德行为，与数字化犯罪做坚决的斗争。

2.强化技术控制，完善惩罚与制裁办法

必要而有力的技术控制、合情合理的惩罚和制裁，是规范电子时空，扼制数字化犯罪，保证社会基本道德准则、道德规范得到最低限度的遵守的条件，是引导个人行为成为道德行为的根据或力量，是维护信息社会秩序的基本手段。

首先，强化技术手段，加强网络监管。电子时空是一个高技术、高智能的全新空间，它具有与现实社会不同的特点，如数字化或虚拟性、开放性或超地域性、自主性与互动性，等等。这种高技术、高智能特征，决定了信息伦理建设离不开一系列技术手段，对那些不道德行为，特别是数字化犯罪加以预防，并对已经实施的数字化犯罪予以事后的制裁和有效的打击，从而依靠技术手段、措施保证信息社会的正常秩序，维护信息社会的安全与宁静。对于电子时空安全与管理的具体技术手段很多，如防火墙技术、加密技术、数字签名技术、数据完整性机制、路由控制机制、交换鉴别机制、业务流量填充机制，等等。新的技术还在不断涌现，几乎可以肯定地说，技术的发展不会有什么尽头，甚至常常会超出人们的想象。

其次，强化利益机制的调控。在电子时空，形形色色的利益因素仍然是不道德行为，特别是数字化犯罪的重要内驱力。俗话说："人为财死，鸟为食亡。"在信息时代，满足人们的利益和需要，满足自己的利欲、贪欲、权势欲等，仍然是人们行为最原始的动力。自电脑、网络出现之初始，各种不道德行为，特别是数字化犯罪多以获取钱财、取得"好处"、发泄不满和仇恨等为目的。而当电脑、网络应用到生产、生活、经营、娱乐、军事、国防等领域后，上面存储的大量的有价资源，如银行账目、公司经营报表、招投标标的、国家或军事秘密、个人隐私信息，等等，常常成为一些人觊觎、攻击的对象。而随着信息技术的发展，网络信息系统已日益成为各个企业、各个部门、各个地区、各个国家的核心机密的集中部位。网络信息系统运行的干扰与反干扰、信息的窃取与保护，已经成为异常激烈的看不见的战线。因此，通过给予各种不道德行为、数字化犯罪者一定的利益制裁，如罚款、限制其网络功能的使用、暂停网络使用权，等等，促使其记取教训，改过向善，是社会道德他律的常见形式。

再次，运用法律制裁，确保伦理底线。法律法规是一个社会中人们行为最基本的指示器。它对于规范人们的思想和行为，威慑和惩处不合法的过激行为，具有不可替代的作用。法律以其"强制性"或以"必须"的形式，使人们不敢越法规即底线道德半步。目前数字化犯罪十分猖獗的一个重要原因，就在于数字化犯罪的曝光率极低，犯罪黑数很高，取证困难，作恶者常常逃避惩治后果。而且，有时网络警察们即使捕获了罪犯，但由于法律上存在一定漏洞甚至空白点，司法上少有先例可循，因而很多时候都判决很轻，甚至有时还免于起诉。对罪犯的无动于衷、故意放纵，几乎无异于鼓励犯罪。因此，加强立法，减低数字化犯罪黑数，提高犯罪受惩率，真正形成"恶有恶报"的良性机制，对罪犯起到强大的威慑作用，将是使网络时空成为法治社会之关键。

3.立足"人本"进行建设

尽管技术控制、道德的外部惩罚与制裁对于抑恶扬善，维护信息社会的正常秩序，具有不可替代的重要作用，然而，这是人们慑于外部力量对于道德规范的遵守，只是一种被动的、非自觉的行为，这样的行为并没有达到高层次的道德境界。因此，切实加强广大网民特别是青少年的道德人格建设，培养其高尚的道德品质和自律意识，信息伦理、网络道德才可能达到比较高的境界。

首先，加强道德主体建设，依靠自律、"慎独"建设电子时空。与靠外在的力量和人们对惩罚的恐惧进行监管和约束的传统道德不同，信息伦理主要靠人们自觉的道德修养，靠"慎独"来实现。"慎独"强调了个人道德修养的自觉性和一贯性。对于信息社会来说，培养实践信息伦理规范、遵守公共规则和秩序的品质，特别需要从"慎独"开始，养成习惯，形成自觉。当信息伦理规范成为人们的一种发自内心的深刻的责任感和权力感时，信息社会伦理所具有的外在性、他律性就被扬弃了，道德的发展也随之由他律阶段跃升到自律阶段。

其次，化害为利，治病救人。对于一些年轻的、并非不可饶恕的"信息路上的迷途羔羊"，应该给出路，给他们弃恶从善、"放下屠刀，立地成佛"的机会。例如，黑客往往拥有较高的智商、不错的技术。对待这些"一网情深"的、被俘获的技术上的"神童""天才""高手",用简单粗暴的、千篇一律的方法去对待,如想方设法将他们关在高墙内,也可能对人类是一笔巨大的损失。如果能够通过卓有成效的工作,采取必要措施(有效监控),使其改恶从善,重新做人,将能为社会做出常人难以企及的贡献。

最后,应该强调,我们正处在一个前所未有的技术转型、社会转型、创新变革的时代。信息社会的发展还刚刚开始,新世界还处于萌芽状态。同样,各种不道德行为,包括数字化犯罪的手段、方式和具体内容,也才刚刚起步。实质上,问题的关键在于人。只要在"人"这个环节上,还有罪恶的土壤,就不可能杜绝网络恶行。自古魔道之争从来就没有停止的时候,或是"道高一尺,魔高一丈",或是"魔高一尺,道高一丈"。换言之,一切都是人与人之间的较量,人与自己的较量。只要有些人依然不负责任,"随心所欲",为所欲为;只要有些人还是见利忘义,利欲熏心,巧取豪夺;只要有些人还想把心中的恶念释放出来,污染网络环境。网络时空就不可能平静安宁,斗争就不会止息。因此,问题的关键还在于,每一个人"从我做起",切实负起责任、拿出办法来。

第十讲　信息时代人的新机遇

我们站在一个新的时代起点上。人类创造了信息科技，建构了信息社会，同时，信息科技的普及与应用、信息社会又塑造甚至创造了人本身。这正如马克思所说的：人创造环境，同样，环境也创造人；或者，如同麦克卢汉所指出的：任何技术都会逐渐创造出一种全新的人的环境，环境并非"消极的包装用品"，而是"积极的作用过程"。

一、人的自由全面发展的新基础

信息科技和知识经济的蓬勃发展、社会生产力水平的快速提升，日益拓展的"数字化生存"或"网络化生存"方式，为人与社会的自由全面发展奠定了坚实的物质基础。

按照唯物史观，生产力是一个社会发展诸要素中起决定性作用的因素，也是人与社会自由全面发展的决定性力量。随着信息时代的到来，新经济——知识经济——获得了飞跃式发展，社会生产力水平正不断得以提升。基于信息和交通技术的发展，全球市场正在形成和完善，因而可以在全球范围内更加合理地配置各种资源，减少宝贵的资源的闲置和浪费，提高利用效率。由于传统产业的信息化、智能化，生产能力大大提高，物质产品日益丰富；由于信息产业、包括服务业和文化产业的兴起和快速发展，消费者能够享受更多、更新、更优质的产品和服务。在生产力快速发展的大背景下，社会大众的生活更加便捷，水平明显改善。如果财富能够得到合理分配，采取包括发放"全民基本收入"之类措施，全球彻底消除贫困将不再是遥不可及的梦想。

信息科技的广泛应用不仅提升生产力水平，更好地满足人的现实需求，而且使社会生产更加趋向于高度社会化、全球化、人性化的方向发展：现代交通运输工具、现代通信工具已经把世界各地紧密地联结在一起，这种生产力具有向世界各地，包括偏远地区辐射、渗透的强大力量，使那些"世外桃源"也能受惠于现代科技带来的好处；现代信息网络有助于提高企业生产的敏捷性和适应性，促使企业生产更好地适应市场变化，生产适合顾客个性化需求的订制型产品，使高质量、低成本的产品伴随着及时供货、周到服务提供给顾客，更好地满足人们全面发展所需要的各种消费需求。信息科技的应用还将使人们的工作方式发生革命性变革。随着生产的信息化、智能化、弹性化，自由职业、在家办公、自由掌控劳动时间等日益普及，特别是知识劳动者的自主性和劳动自由度加大了。它将在全球范围内形成一个一体化，但又不扼杀科学家、工程师个性的"知识生产系统",使其创造的知识成果成为"世界财富",从而在增加知识劳动者福利的同时,也为人类社会的进步造福。

不断涌现、不断发展的信息科技,电脑、手机、互联网、物联网等新媒介,改变了人们的生存和生活方式,也改变了人们的交往和情感方式,"信息弄潮儿"已经开始一种"数字化生存",或者说"网络化生存"。借助通信网络,可以消除时空距离导致的不便,不同地域的人们可以"一起工作",万里之外的亲朋好友可以"当面"交流感情,嬉戏娱乐;对某一共同问题感兴趣的网民可以通过网上论坛进行研讨,交换意见,甚至对政府、大企业和权威构成巨大压力;借助电子银行、电子商务和电子企业,人们可以随时随地方便地进行交易、在线购物、订制自己所需要的产品;通过互联网或手机上网,人们可以随时随地"进入"会场、展览馆、图书馆、博物馆、艺术馆以及旅游胜地参观浏览;通过互联网,乡村医生也能约请全世界的医学专家,对棘手的疑难病症进行会诊,如果设备齐全,还可以实施远程手术……甚至,人们并不仅仅只是被动地接受各种新产品和新服务,而是可以发挥"我"的主观能动性,根据我的意愿将互动"进行到底"。例如,坐在家里收看电视电影,可以随意点播,并即时参与"制作",修改影视剧的进程和结局;"阅读"报刊不再只是被动地"看",而是可以"点菜",甚至订制数字式、互动式报刊,让报社、杂志社直接将你关心的信息传送到自己的电脑或手机上,从而自主选择自己感兴趣的文章阅读;等等。人们的数字化社会生活正变得前所未有的丰富多彩,前所未有的方便、快捷,前所未有的轻松、有趣,前所未有的舒适、宜人。

总之,迈入信息时代,知识经济形式的生产力的快速发展,社会物质财富的极大丰富,生产、交换、流通、消费过程更加人性化，更加倾向劳动者、消费者的需求和权益，特别是，科技含量渐高、新颖独特的另类的"数字化生存"或"网络化生存"，为人的自由全面发展奠定了坚实的物质基础。

二、自由时间与人的发展

所谓自由时间，是指在必要劳动时间之外可以供人随意支配的时间，是一个社会中个人得以自由发展的空间。

人的存在是在时间中的绵延。对于有限的人生来说，时间是人的积极的存在，是人的生命的尺度。时间是人最可宝贵的资源，"浪费他人的时间，无异于谋财害命"。时间不仅是人的生命的尺度，而且是人的自由发展的空间。人的真正的自由全面发展必以自由时间为前提。整个人类的发展，就其超出对人的自然存在直接需要的发展来说，无非是对这种自由时间的运用，并且，整个人类发展的前提就是把这种自由时间的运用作为必要的基础。自由时间是人的自由全面发展的条件。就像马克思指出的，所有自由时间都是供人们自由发展的时间，或者使人得到充分发展的时间。

在漫长的历史过程中，由于生产力水平比较低下，人类不得不将大部分时间花费在物质生活资料的生产上，能够获得的自由时间十分有限。以剩余劳动为基础的自由时间的出现，使社会中的一小部分人通过占有剩余劳动而从繁重的物质生产活动中摆脱出来，成为"不劳动的阶级"。他们通过占有剩余劳动，从而占有了社会的自由时间。而社会中的大多数，则被迫承担整个社会的劳动重负，成为终身从事物质生产的劳动阶级。劳动阶级创造了自由时间，却无法亲自享有，从而丧失了精神发展所必需的空间。例如，在资本主义社会，资本的逐利本性决定了，它必然要将自由时间变成剩余劳动，不允许工人运用自由时间获得自由的发展。即使通过先进技术的应用，劳动生产率的提高，以及风起云涌的劳工运动的抗争，工人的工作时间缩短了，获得了一定的自由时间，资本也试图"减员增效"，提高生产过程的复杂度，迫使工人不得不花费更多自由时间发展自己的相应能力，自觉或不自觉地为资本增值服务。

信息时代的到来，虽然没有改变资本固有的贪婪本性，没有改变一部分人占有另一部分人剩余劳动，或者说自由时间的现状，没有彻底改变既有的阶级划分和统治秩序，但是，信息科技的广泛应用，知识经济的出现，仍然极大地提升了劳动生产率，导致整个社会的生产力水平得到明显提高。这不仅满足了人们自由全面发展所必需的各种消费需求，而且把人从繁重的体力劳动和脑力劳动中逐步解放出来，前所未有地缩短了人们的工作时间，或者说，减少了人们的社会必要劳动时间，从而在相当程度上打破了统治者、剥削者对人类潜能、能力发展的垄断权，普遍增加了人们自由全面发展所需要的自由时间。《日本经济新闻》1994年5月18—19日载文称：借助多媒体技术，年劳动时间可以缩短到1000小时。年工作1000小时后，将是一番什么景象呢？目前，中国实行周工作5天，每年劳动2040个小时；美国、日本年劳动约1800—1900个小时，德、法为1600—1700小时，除每年有带薪休假外，周工作5天。1994年，德国大众汽车公司更达成"每周工作4天，工资降低10%"的具有历史意义的决定。美国也在考虑立法，周工作32小时。年工作1000小时后，那时每年除有7周的寒暑假、节假日外，每周工作22个小时，即周工作不到3天！倒过来了，从此，人类可以自由支配的时间将多于工作的时间。

节约劳动时间等于增加自由时间，即增加使个人得到充分发展的时间。而个人的充分发展又作为最大的生产力，反作用于劳动生产力。从直接生产过程的角度来看，节约劳动时间可以看作生产固定成本，这种固定成本就是人本身。人们拥有更加充裕的自由时间，意味着不必为谋取物质生产资料而不停歇地辛苦奔波，意味着可以发展和发挥自己的兴趣、爱好、力量和才能。在信息时代，人们的知识、能力、技艺、兴趣、爱好以及智慧的发展，不仅可能反过来促进科学技术和生产力水平的进一步提高，促进社会物质生产条件的进一步改善，而且，这一切直接就是人的自由全面发展的题中之义。因此，大量的自由时间给所有人创造了条件和手段，个人可以在艺术、科学等方面得到发展，到信息社会的发展比较充分之时，至少在前所未有的程度上，人终于成为自己社会的主人，成为自然界的主人，成为自己本身的主人——自由的人。

三、平等发展的可能性

平等是人们长期追求的社会目标。在有文字记载以来的社会历史上，它从来没有真正实现过。迈入信息时代，仍然没有发现它真正、彻底实现的先兆。但是，新的技术手段的广泛应用，信息网络社会的特点，毕竟为实现社会公平、为人获得平等的发展创造了可能性。

例如，信息社会的平权式结构，网络的自主性、开放性、横向联系等特点，信息成为最重要的社会资源，等等，有利于人的解放，有利于人的自主、平等发展。约翰·奈斯比特指出："网络使权力的行使从垂直方向转变为水平方向，这对个人来说是一大解放。等级制结构鼓励往上爬和超过别人，不断产生压力、紧张和忧虑。网络状结构则把权力赋予个人，网络中的人愿意互相促进。""在网络结构内部，信息本身是使人们平等相待的巨大力量。网络组织所以属于平等主义，并非只是因为其成员人人平等。相反，由于网络是斜向的和立体的，所牵涉的人员来自各阶层。在网络组织内，其成员相互之间均平等相待，因为重要的东西是信息，信息是使大家平等相待的巨大力量。"①

信息科技的广泛普及和应用，社会组织结构和管理方式的变迁，导致信息创造、共享、交流、传播的方式发生了变化。在全球化、开放式的信息环境下，信息资源不仅掌握在传统的"强势主体"（如政府、大企业、媒体等）手中，广大公众也突破时空、地位、身份等的限制，获得了摄取信息的新渠道、新途径，并获得了自由、平等地表达自己意见的信息平台（网络、手机等）。可以说，信息权力已经分散到无以计数的联网的电脑、手机等技术媒介之中，已经扩散到曾经"沉默的大多数"之中。任何人都可以透过各种技术媒介，方便地搜索、查询、接收所需的各类信息，并实现与他人或组织的交往、沟通、互动，在一定程度上参与公共事务，表达自己的需求、关切、情绪。日常生活中的身份等级和权力在相当

———————

① 约翰·奈斯比特：《大趋势——改变我们生活的十个新趋向》，孙道章等译，新华出版社1984年版，第272、262页。

程度上失去了它以往的作用，电脑处理和传递信息时，并不考虑传递信息者的社会身份。信息资源垄断权的破除，公众掌握信息能力的差距缩小，人与人之间的信息沟通更加方便快捷，普通大众与包括组织、企业等强势主体之间的互动更加频繁有力，促进了社会资源特别是信息资源分配上的平等与进步，导致广大社会公众获得了更平等的信息权力，更平等地拥有和利用最重要生产资源和社会资源——信息——的机会。

　　信息、知识是可以无限创造的经济资源和社会资源。热爱学习、善于思考的人们，获得了在经济上致富、在政治上改变地位、在文化方面满足精神需求的新手段、新途径。对于那些出身低贱但聪明肯用功的"穷小子"来说，这真是过去不曾有过的"好时光"。在这个"靠本事吃饭"的时代，不需要占有土地、资产等有形财富，不需要荫袭祖上的爵位和荣光，不需要什么大人物的提携，不需要继承长辈的遗产，总之，不需要考虑出身、地位、财产、性别、长相……仅仅依靠自己的天赋，依靠自己刻苦好学，依靠知识创新能力，任何人——哪怕是传统的弱势群体中的个人——也可以自己"扼住命运的咽喉"，实现自己的价值，改变自己的经济和政治地位，向上"流动"，"书写"自己的辉煌人生。约翰·奈斯比特指出："创造力和知识现在成为真正的财源。最富有的人和最成功的创业者，并不是在继承的财产或者自然资源的基础之上建立起他们的事业王国。美国的计算机巨头——包括苹果机的开创者和微软的比尔·盖茨这些人——通常是抱着一大堆奇思妙想在他们父母的车库里开始干起来的大学辍学生。真正使这些人与众不同的是他们的创造力和知识。"①这种以个人的学习能力、信息创造能力为基础的平等机会，是农业社会、工业社会并不普遍的"新气象"。

此外，随着社会的信息化，人们平等发展所必需的社会资源——如教育资源——更加开放，分配也日趋公平，这也为人的平等发展提供了条件。正像比尔·盖茨指出的，教育是社会中伟大的"令一切归于平等的力量"，教育方面的任何提高都能在很大程度上促进机遇平等的实现。教育也是一个人健康成长、成为一位合格公民，特别是得到自由全面发展的必要条件。在传统社会中，不同人接受教育的机会常常存在着巨大差异。这使得不少"穷人的孩子"在成长过程中，从一开始就被摒弃于社会发展的某些层次、某些领域之外，发展输在了"起跑线"上。而随着信息时代的到来，传统的教育方式——无论是正规教育，还是非正规教育（如培训）——都被彻底地改变了，教育正向全民化、终身化、多样化、个性化方向发展。一方面，由于信息科技的应用提高了劳动生产率，促进了经济的发展，人们有可能获得更充裕的时间、更多的机会接受教育，包括接受各种技能培训，接受继续教育乃至终身教育。另一方面，通过线上线下教育融合，借助在线教育平台，特别是教育资源全面上网，这为那些居住在穷乡僻壤的人们，也提供了接受良好教育的机会。目前，"慕课"（MOOC），即"大规模开放的在线课程（Massive Open Online Course）"，在世界各国极为火爆，成就非凡，就令人无限遐想，备受鼓舞。1978年，我上初中后开始有英语课，因为实在找不到科班出身的师资，学校只好找来自学了几天英语的

---

① 约翰·奈斯比特：《大挑战——21世纪的指南针》，朱生坚等译，上海远东出版社1999年版，第81页。

农民滥竽充数。"大糊涂"糊弄"小糊涂",教学的效果可想而知。我居然养成了像通过字形记单词、重视语法轻视使用之类"恶习",英语学习事倍功半,成为终身憾事。这样荒唐、窘迫的教育经历,在互联网时代只能是笑谈了。迈入信息时代,教育需求更加迫切,教育机会更加充裕,优质教育资源网上共享,"师生"交流更为便捷,为人们的健康成长,特别是平等、自由发展提供了更大的可能性。

四、自主发展的新空间

电子时空、虚拟社会是在社会历史演进中,基于信息科技,人们自己开辟出来、人们生存和活动的"新天地"。它的形成和发展,主要依赖于人们自己自主自愿的互联、活动,它本身就是大众的创造物。广大网民与数字化相关的活动,包括购买电子设备、编程、开通自己的电子邮箱、参与新闻组讨论、成立和参加虚拟社团、建立网站或主页、开设博客或微博、通过社交媒介互联……包括网民们的每一次上网,都对网络本身具有实质性意义。这正如保罗·莱文森指出的:上网的人和其他媒介消费者不一样,"无论他们在网上做什么,他们都是在创造内容"。电子时空、虚拟社会就是由这些"内容"具体地历史地构成的。因此,在这一意义上,人们自己就是电子时空的"主人",更准确地说,"既是剧作者,也是演员",甚至集编剧、导演、舞蹈设计、演员等于一身。

在今天的电子时空、虚拟社会,人们通过自主的数字化生存和创造,已经并且仍然在创造许许多多的"人间奇迹":许多人在网上发现了新商机，实现了网络创业的神话，赚取了自己的"第一桶金"；十多年前还被人嗤之以鼻的电子商务，规模日益扩大，大有对实体商店风卷残云之势；那些在网上写作的"码字匠"，如今有些"咸鱼翻身"，已经成为畅销书作家了；把自己无缘主流媒体的娱乐作品搬到网上，诞生了不少网络歌手；通过各种层出不穷的创意，成功地造就了许多"网络红人"；许多普通人信笔涂鸦的博客、微博，居然也赚得了无数眼球，引来一阵阵喝彩声……当然，电脑黑客、隐私盯梢者、网上色情狂人、网络赌徒、电子诈骗犯、网上毒贩、网络邪教分子、网络恐怖分子，等等，也粉墨登场，不可一世。

　　几乎所有"落网"者，特别是创造者们都已经注意到了，数字化、虚拟化的电子时空是一个前所未有的、监管相对宽松的"自由时空"。这主要是由于信息科技和互联网的特点造成的——在这个全球化、数字化、虚拟化的电子时空，人们往往是以匿名、代号进行活动和交往，传统的等级体制、游戏规则、监管方式在相当程度上失效了。因此，人们的数字化生存、活动在相当程度上摆脱了原有的社会机制、利益关系和社会规范的约束，不存在现实社会那么严格的外界管理、监督和制约。在空前宽松的环境中，人们的活动更多地是一种从"真我"出发的行为，一种自主、自由的行为。约翰·奈斯比特指出："政治的终结，加上技术的进步，使得创建真正民主的世界——民治的世界——比过去任何时候都更近于现实。政治家失去了管理社会和经济的能力，民众就日益掌握了他们的切身事务——掌握他们自己的命运。"①这有助于缓解人们在现代社会生存

----

① 　约翰·奈斯比特：《大挑战——21世纪的指南针》，朱生坚等译，上海远东出版社1999年版，第108页。

的紧张和焦虑，缓解人们在现实生活中积累的困窘和压力，从而更可能使人们抛开各种社会羁绊，准确地判断自我的真实需要，培养自己个性化的价值意识，以一种轻松自在的心态，以一种自主自觉自愿的态度，去坦然面对社会，开创自己的人生，做一个真正属于自己的"人"。

因此，在数字化、虚拟化的电子时空，人们可以更多地自己确定自己做什么、怎么做，"自己为自己做主"，"自己管理自己"，社会主人翁意识空前高涨，参与意愿持续增强。当然，人们也必须"自己对自己负责"，自己对社会负责，在自我规范中进行创造和建设。展望未来，我们有理由相信，在这个自主、自由的电子时空，人们自己还将创造更多的人间奇迹，获得更加充分的自由全面发展，信息社会也将因此变得更加理想、更加美好！

五、对人自身的重构与塑造

一般而言，个人是什么样的，与一定时代人们的劳动、生产是一致的。人的社会生活实践的历史生成过程，与人自身的生成过程是一致的。它们本身就是同一个历史过程。人们在生产和生活时，也就是在设计自己、发展自己、变革自己，即创造性地生成自我。而且，这一生成过程生生不息，没有止境，因而人自身的发展、提升也没有止境，体现为一个历史过程。

迈入信息时代，人自身正在被这一时代所特有的结构和方式（包括生产方式和生活方式）加以塑造，不断生成为新的"自我"

"新的个人"。

首先，人自身或人才的重要性得到提升，人的主体地位进一步确立。与土地、能源、资本等相比较，信息、知识是人所发现或创造的，相当一部分信息或知识内隐、存在于人的头脑中。信息资源、知识产品具有鲜明的属人性，或者说对于人的依附性，这使得人或人才的重要性得到提升，特别是代表先进生产力的知识劳动者或脑力劳动者的地位得到显著的提升。时代的发展正在迫使各种组织认识到这一点，除非该组织不思进取，甘愿被时代的列车抛弃。

在信息时代，即使仅仅从工具性的角度，或者说仅仅从生产发展或经济增长的角度看，也需要把社会重心从物转移到人（或人才），甚至必须从政府、组织、企业等集体主体转移到个人主体。如果固守工业社会的"工程思维"，见物不见人，或者根本不重视人，不为人的发展创造必要的环境和条件，特别是不重视人才的发现、培养和使用，如企业不重视雇员的持续教育和培训，不重视人才的使用规律和智力创造，那么，在激烈的市场竞争、国际竞争中，将是没有任何前途的，至少，不可能获得永续发展的能力。如果这样，在复杂的国际分工体系中，一个企业、一个国家难免位居产业链的末端，沦为"夕阳企业"，沦为欠发达国家。

因此，对人的关注和重视，脑力劳动者地位的提升，相比人为物役，人成为机器的一部分（"螺丝钉"），人沦为"机器的奴隶"，无论如何都是实质性的社会进步。

其次，随着信息科技的发展，大批智能工具、机器得以发明、制造出来，并以日益低廉的价格迅速普及。它们作为人的手、腿、大脑等的延长，使人自身的结构、能力获得了跃迁式的发展。例如，日益发展的人机协同，包括人工智能的惊人突破，可以大幅度提高人的记忆（存储）能力、运算能力、逻辑推理能力、管理能力等，从而大幅度地强化、提升认知能力。基于信息技术、虚拟技术，基于各种新的技术手段和工具，人的各种潜能得到更好的发挥，各种能力能够得到更丰富的运用。而且，许多以前囿于科技能力，没有条件发掘的潜能，没有条件开展的工作，现在可能会提上日程，变成现实。例如，借助虚拟技术及相应设备，任何人都可以练习驾驶飞机、宇宙飞船，可以进入时空隧道穿越旅行。"可上九天揽月，可下五洋捉鳖"，不再是遥不可及的梦想……甚至，谷歌首席未来学家雷·库兹韦尔预测，2030年左右，我们将可以利用纳米机器人，通过毛细血管以无害的方式进入大脑，将负责思维的大脑皮层与云端联系起来，即时互动，使人类变得更加聪明。当然，利用信息化的生物技术，包括基因重组，还可以使我们更健康，更长寿……在与新的实践对象的互动中，人们的想象力、创造力前所未有地发达起来，人的心智、才能的全面性更加充分地表现出来。

　　尤其值得注意的是，信息科技并不仅仅只是作为工具，外在地强化人的能力，它还在不断向人性化、智能化方向发展与应用，已经或将要改变目前一定意义上存在的"人—机对峙"状态，努力打造"人—机和谐"、相辅相成的一体化状态。例如，随着多媒体技术的应用，个人终端不仅能够处理文字和数据，而且还能处理图像、音频、视频等多种信息，形成智能化的多媒体终端与人之间相互交流的全息操作环境。而且，这种人机系统将日益舒适便捷，逐渐地不那么"机械味"，将变得人人都能轻松自如地操作，甚至，变得更加智能化，更加"聪明"，更加"善解人意"，人们所面对的将不再是外在的机器，而是一种高智能、服从人的指令、与人紧密合作的"伙伴"。例如，个人听写系统的研制正在取得进展，它最终将能轻松识别用户的语音，在不同语言之间进行转换（翻译），日益成为"我的电脑"，我的"秘书"，我的"伙伴"……各种高科技、智能化、令人愉悦的人机系统将不断拓展人的智力、体力，代替人的部分劳动（包括大部分体力劳动和部分脑力劳动），从而节约人的劳动时间，使人有更多的自由时间休闲娱乐，发掘人的潜能，丰富精神文化生活。

再次，在社会生产过程中，人的个性、多样性需要受到广泛重视，甚至被前所未有地强化。需要是人追求自己对象的本质力量，是人们从事劳动实践活动的内在动机，是人的主体性的确证。人们是在争取满足自己的需要的过程中创造他们的历史的。在大规模、批量化、标准化生产的工业经济时代，特别是在商品短缺时代，消费者的需求受制于资本家追求经济效率和超额利润的原始动机，是以企业为中心、围绕刺激起来的物欲（物质需要）进行组织的，生产决定着消费，往往是企业生产什么，消费者就消费什么。这时，人们实际上是"为了商品而消费"，"把商品作为自己的生活灵魂的中心"，而人们个性化、多样性的需要，特别是精神性需要，却往往由于各种原因而被忽视或无力满足。但跨入高科技、全球化的信息时代，无论是生产能力、还是人的需要都获得了极大发展。随着生产效率的提高，以及信息化、智能化的服务业、信息产业和文化产业的崛起，人们的需要——无论是物质需要还是精神文化需要——都得到更多、更好的满足。

特别是，随着全球市场的形成和市场细分，非批量化、个性化，甚至订制型生产与销售成为主流，在激烈残酷的全球市场竞争中，以人（消费者）为本，尽可能具体、细致地把握和满足消费者的需求，生产个性化的订制型的商品，成为任何企业市场竞争努力的方向。在包括"化人"的文化生产也日益多样化、个性化的环境中，人的个性化生存、生活也异彩纷呈，充满创意。这正如奈斯比特、阿伯迪妮所说：在强调以集体为中心的年代里，个人的一切均需适应集体的需要。人们所得到的是一样的东西，且数量相等。随着个人地位的突出，用户的利益已经变得至高无上了。"用户就是上帝"这句话说了许多年，现在终于"变成了现实"。至少精明的商家已经注意到了，在用户利益至高无上的信息时代，个性化需求、个性化产品将大行其道，社会的多样性和人的个性将得以充分彰显。

　　又次，信息技术革命和通信技术革命的兴起，全球普遍交往时代的到来，改变了人们的生存与活动环境，为人们创造了一个全新的交往空间和表现空间。每个人都可以与世界上任何一个地方的人接触，可以与他们合伙做生意或开展合作研究，可以与他们下棋打牌玩电子游戏，甚至可以创造一个新的政治共同体，领导志同道合者开始实施改变世界的计划。在普遍交往时代，世界已经更紧密地联系在一起，相互依存，相互作用，相辅相成。作为同住"地球村"的"村民"，每一个人都不可能不受到身边的或遥远的、熟悉的或陌生的"他者"的影响，在相互依存、相互影响的互动过程中，人们的全球视野和世界意识逐渐确立起来。

　　而且，人们交往的内容、形式也发生了革命性的变化，与"他者"建立的经济、政治、文化以及其他关系，更加深入、复杂、多样，更加具有互动性、动态性和历史性。特别是，数字化、虚拟化的交往日渐普及，这不仅带来了即时沟通、交流、互动的方便，同时还创造了一种崭新的数字化的人际交流模式，促进了人们之间自主、平等、自由的交往，以及交流，理解与沟通。人们的视野愈加开阔，观念愈加宽容，交往内涵日益丰富，人的本质在这种不断扩展、日益深化的社会关系中，也不断得以呈现、丰富和提升。

最后，信息时代对创新的至上推崇，将使人自我塑造的能力增强，在不断变革世界的同时，也不断将自我锻造成"时代新人"。

人与一般动物是不同的，动物的本质由它所属的种群本质所决定，这种本质不仅是先天的、自在的，而且从生到死都是确定不变的，因而，对于动物来说，不存在本质的追求、创造和实现问题。而作为"万物之灵"的人则大为不同。人一生下来，只是有了人的自然生命本质，还不具有人的自为生命本质，还不是一个真正的"人"。人的本质不仅是通过人的后天生活实践活动创造出来的，而且这一过程永远是未完成的，永远处在不断的生成过程之中。人在创造过程中，不断把人作为"人"的未来和潜能开发出来，从而提升、超越自己，不断"长大成人"。

迈入信息时代，知识、特别是创新性知识成为最重要的社会资源，创新行为（包括知识的创新性应用）成为社会组织和个人的普遍性追求，创意、设计、编程、发展、创新、自由，既成为时髦的概念，也成为普遍的社会现象。例如，企业视创新为自己的生命，殚精竭虑地鼓励创新，设计、生产"与众不同"、新颖别致的产品。这种具体的历史的创造性活动，必将不断开掘人的潜能，提升人的价值，促进人自身的发展和完善；同时，也必将不断创造性地变革世界，将社会历史进程推向新的高度。对于人自己和我们的世界的创造性提升，我们都是幸运的亲历者，也是历史的见证者！

第十一讲　信息时代人的新异化

　　信息网络技术的快速发展与广泛应用，不仅为社会构筑了新的技术基础，而且通过经济、政治和文化等方面的广泛渗透，将社会带入了一个新的时代——信息时代。在这个全新的时代，人们生存、生活的环境发生了巨大变化，并且发展日新月异，势不可挡。这既创造了人与社会自由全面发展的新机遇，也提出了新挑战，甚至导致了人的新异化。

一、作为工具的技术对人的异化

　　大家知道，技术是以追求效用为目标的，设计或发明自然状态中本不存在的操作体系的一种理性活动。作为人类特有的一种理性活动，技术可能逐渐显露出其作为人的一种本质力量的性质。马克思曾经指出,对工业和技术不能仅仅从其表面效用方面来理解,相反,只因为它们是人的本质力量的展示,它们才获得其价值。它们"创造着具有丰富的全面而深刻感觉的人","是人的一切感觉和特性的彻底解放"。但是,技术一旦为人所发明,一旦产生出来,又总是如同一个有着某种自主性的"他者",依照自己的特性、轨道和惯性发挥作用,以及产生影响,有时,难以避免地会带来种种反主体性效应。

首先,信息技术的快速发展和广泛应用改变了社会结构的形式,导致任何人都被一套"合理化"的信息机构和设施完全控制了。在这种情况下,正如马尔库塞所指出的那样,人不过是一种"材料、物品和原料"而已,全然没有其"自身运动的原则"。

随着信息技术成为基本的社会支撑,电脑、手机、网络已经渗入生产和生活的每一个领域和方面。离开了电脑、手机、网络,人们似乎变得前所未有地"弱智",再也无法正常地学习、工作,甚至生活、休闲、娱乐也无法继续。不知不觉间,电脑、手机、网络不仅已经成为我们不可或缺的技术手段,而且已经成为我们身体、生命的一部分。从某种或许极端、片面的角度看,它似乎已经变得比我们的某些身体器官更重要!戴维·申克曾经在《信息烟尘》中举过一个意味深长的例子:以研究"技术压力"著称的菲利普·尼科尔松在一次演讲中,要求听众进行一个两难选择——假设必须在如下两个选项中做出决定,即或者放弃你的一根手指,或者今后再也不使用电脑,你会怎么办。调查结果出人意料:参与调查的人中,三分之一选择了前者——放弃一根手指!神奇而又无孔不入的信息技术、信息工具,其广泛的社会应用能力,其无形的控制力逻辑,其隐藏着的霸道和残忍,真是令人大开眼界,难以置信!

其次，信息技术、虚拟技术的广泛使用，生产的信息化、自动化、智能化大大提升，这使信息技术及以其为基础的智能机器，有可能异化为奴役人、束缚人发展的工具。

例如，在智能机器人、自动化生产流水线等聪明、能干、强大的机器面前，如果不是"术业专攻"的专家、学者、工程师，完全可能束手无策，显得异常"呆"、特别"笨"！即使是具有一定文化知识的技术工人，经过从小学到大学的长期教育以及复杂的岗位培训，可能也只能掌握机器原理和操作技术的一小部分，即是说，只能发挥某种单一化的作用。与电脑越来越聪明、网络越来越强大、机器越来越自动化、工作越来越为机器所取代相比，人的天然身体，包括曾经引以为自豪的头脑，却显得越来越原始、简单、笨拙、力不从心。在这个某些科幻学者一再预言将要失控的世界里，绝大多数人确实越来越沦为"机器的奴隶"，成为庞大、复杂智能机器系统运行的一个"零件"。至于那些目不识丁的文盲、科盲、电脑盲，可能连培训和工作的资格、机会也不可能获得，他们只能接受彻底边缘化甚至被抛弃的残酷命运。

此外，信息化、智能化的新型社会，以及作为其副产品的激烈竞争、谋利、时间紧迫、超快节奏，等等，使普通公众疲于应付，人际关系越来越紧张，人对人日益冷漠、隔离，人心惟危，人的生活也失去了本该拥有的乐趣和活力。

再次，正如马歇尔·麦克卢汉在《理解媒介——论人的延伸》中所说的，对媒介影响潜意识的温顺的接受，使媒介成为囚禁其使用者的"无墙的监狱"。

为市场利润所主宰、统治着的各种作为产业的媒体和舆论工具，如无线电、广播、报刊、电视、电影、手机广告以及各种固定或移动网络，以其大量的丰富多彩的信息、强有力和无孔不入的辐射，以及不断"创新"的形式，努力俘获、占据人们的头脑。没完没了的或经典或拙劣的影视剧，五花八门的现场直播，夸大其辞的广告宣传，永远不会结束的明星逸闻，多彩风趣的异国异地风情，以及"地球村"里的形形色色的新闻旧闻……以近乎轰炸式的方式，占据了人们所有的休闲、娱乐时间。在无穷无尽的信息的轰炸下，人们越来越成为这种媒体的附属物，常常在无谓地打发、浪费自己的时间。今天，尽管有些人提出了"拒绝电视""拒绝网络""告别手机"之类的口号，但实际上，很少有现代人能够"自律"，真正拒绝无孔不入的各种媒体的轮番轰炸。为市场利润所主宰、热衷炒作的媒体，在很大程度上控制和操纵了人的心理、意识，导致人们在自觉或不自觉中，交出了自身"内在的自由"和独立思考的权力。没有时间深刻反省的社会大众，将受操纵的娱乐式、游戏式的生活视为舒适的生活，把他人（经济或政治精英、媒体）的需要当作个人的需要，把社会的要求和强制当作个人的自由，从而丧失了立足自己利益和需要对现存制度和社会的批判，并进而不知不觉间遗忘甚至丧失了自己。至此，"认识你自己"不仅未能实现，甚至连问题也与主体意识一道搁置、迷失、泯灭了。

最后，利用快速发展的信息技术和工具，当今社会已经出现了"信息爆炸"。但是，不受控制、没有组织的信息不再是一种资源，它反而可能成为知识工作者的敌人。人类创造、捕获的信息越多，人们便越是被淹没在信息的汪洋大海之中。特别是，垃圾信息的泛滥，导致人们陷入信息过度、信息麻痹的窘境。同时，很多新鲜、有价值的信息则可能被忽略了。

当大数据像潮水般涌来，选择的可能性爆炸式增长的时候，人们很可能放弃自己的责任，听凭诸如电视广告，或者"专家"，或者"托儿"……为自己做主，也可能会因为一个细枝末节，一个偶然的机缘，而改变自己的初衷，忘记自己的目的。这可能导致人们丧失自己的意志、个性和理想，特别是丧失自己的自主性，丧失反思和批判的能力，成为信息爆炸的奴隶，被信息洪流所异化。

许多杰出的哲学家，比如马克思、雅斯贝尔斯、弗洛姆、马尔库塞、海德格尔等，对于现代技术文明的流行色，对于其压制和消解人之本性，干预人的自然生活，使人成为缺乏根基、缺乏信仰的生存者，成为飘忽不定的干枯灵魂，都做过深刻、严厉、睿智的批判。这些批判尽管角度不同，结论各异，但只要我们立足精神实质进行分析，那么不难发现，在信息时代依然具有振聋发聩的现实意义。

二、新经济对人的排斥与异化

在资本主义私有制下，人的物化、异化是几乎不可逃避的命运。马克思曾经深刻论述了私有制下劳动的异化问题：劳动者同自己生产的劳动产品相异化，劳动者同自己的劳动相异化，人与人的类本质相异化，人与人相异化。工人在劳动中耗费的力量越多，他亲手创造出来反对自身的、异己的对象世界的力量就越强大，他自身、他的内部世界就越贫乏，归他所有的东西就越少。迈入信息时代，人的物化、异化的实质并没有彻底改变，只是创造了新的形式，被赋予了新的内涵。

　　首先，由于经济、技术发展不平衡，掌握信息资源不平衡导致的"数字鸿沟"，催生了大量的"信息穷人"。他们不过是信息社会的"二等公民"。随着信息时代的发展，信息资源比以往任何时候都更具威力，但由于经济、政治、技术等多方面的原因，"数字鸿沟"却有所扩大，甚至日益恶化。不同国家、不同地区、不同领域、不同群体和个人的信息技术、应用水平和网络普及程度很不平衡，城乡、区域和行业的信息差距有扩大趋势，这成为影响社会公平、协调发展的新因素。在信息时代，如果信息资源或交流信息的权力被垄断或主导，则不但不能给人带来幸福，甚至可能成为欺凌"信息穷人"的利器。那些拥有信息资源、懂得利用和创造信息的人将成为所谓"信息精英"，在新经济领域呼风唤雨，不可一世；而那些因为各种原因，如地理位置偏僻、种族或宗教文化势力拒绝网络、处于限制信息技术的国家或地区、家庭收入低下、知识文化程度低等，主动放弃信息权力，或被剥夺使用电脑网络的人，将成为十分不幸的"信息穷人"。并且，发展的大趋势很可能是贫者愈贫，富者愈富！

　　其次，基于信息网络技术，人们创造了一个高度复杂、快速变化的信息系统和网络社会结构，但是，它并不在普通大众（特别是"信息穷人"）的掌握之中。对于普通大众来说，科学技术越进步，生产的力量越强大，产品越丰富，自己往往越渺小，越无法自己为自己做主，越无法自主选择、主宰自己的命运。虽然一部分聪明人、知识精英可以通过学习和创造，自己扼住命运的咽喉，自己改变自己的命运，可以凭借思想和智慧跨入富翁的行列，但是，信息贫富差距日益扩大，经济贫富差距也更甚以往，普通劳动者在经济领域的地位比以前实质上下降了。

由于技术、知识的更新速度越来越快，人们为了适应竞争日益激烈的时代，面临巨大的技术、知识更新压力。每个人都在担心，自己的技术、知识结构是否陈旧过时了，是否需要通过培训进行更新，分配到新的岗位上，自己已有的技术、知识结构是否胜任，如何对技术、知识进行快速升级，反思过去的信息化历程，我们不难看到，激烈的技术、知识竞争以及由此导致的经济转型，已经使很多人遭受了重大的经济损失。很多人不得不重修专长，重新寻找工作岗位。

特别严重的是，随着生产的信息化、自动化、智能化，不少普通劳动者的饭碗已经为智能机器人、信息工具等所侵夺，结构性失业已经成为日益严重的社会问题，"信息穷人"已经在相当程度上为这个飞速发展的社会所排斥。珍妮特·沃斯、戈登·德莱顿在《学习的革命》中说：这个新时代充满了残酷的替代选择。对于那些拥有新知识的人来说，新时代意味着一个充满机遇的世界；而对于那些没有新知识的人来说，新时代则意味着，当旧工作消失、旧体制崩溃时，他们将面临失业、贫穷、绝望的前景……

再次，庞大的全球经济体系对超额利润的无休止的追求，已经成为隐藏在全球经济网络中的真正意义上的统治。

随着时代的发展，社会的信息化，特别是信息行业逐渐为经济利益所主导。信息产业对利润的"短、平、快"追求，导致整个行业偏离了"开放、平等、协作、分享"的互联网文化和精神，而沦为疯狂追逐利润、金钱的怪兽。为了盈利，信息产业不再将对用户和公众服务的创新放在首位，而纷纷建立追求快速回报甚至一夜暴富的商业模式。不少企业对技术创新、用户体验创新的兴趣减退，抄袭、"山寨"成为行业的主旋律，浪费了大量消费者的时间和金钱；

大量利欲熏心的网站、网页粗野、霸道，为了赚取点击率和人们的"注意力"，私自蛮横地窜改他人主页；在各种新闻或专业网站、网页上，各类广告层出不穷，纠缠不休，妨碍了人们正常的网络活动；各类增值服务更是毫不客气，设立霸王条款，极尽欺骗利诱之能事，强行掏消费者的腰包……电子游戏产业倒是不断"推陈出新"，只是越来越偏向暴力、色情，越来越瞄准涉世不深的青少年，誓将青少年拉入电子游戏成瘾的大军，而无视家长、老师的责骂以及无可奈何。在新的经济秩序中，漠视知识产权，践踏商业道德，欺骗和愚弄消费者，有时招法之新之狠之毒，已经演变为令人发指的残酷景象。

三、政治上"被边缘化"、被操纵

数字革命的深层核心与权力是息息相关的。其实，任何一种新技术、新媒介的出现，都可能成为经济、政治、军事、文化权力的争夺中心。根据麦克卢汉的观点，媒介即是讯息，是人的延伸，它决定着人们交往、活动的模式和形式。自然，新媒介也是政治活动、权力争夺的领域和对象。

信息技术、虚拟技术的广泛应用，各种电子新媒体的出现，无疑改变和重新塑造了社会结构，改变了政治参与的结构与模式，促进了民众主体意识的觉醒，推动了管理方式的变革，导致了集权管理模式向分权模式的转变。例如，民众掌握信息工具和手段后，可以从公共数据库及时获取信息，与民意代表在线上展开互动，观摩政治议庭的实况转播，特别是，参与时事议题的讨论，就自己感兴趣的议题发出自己的声音，并抗议那些贪腐、不作为、不负责任的政客行为。但同时，我们也应该看到，信息技术、虚拟技术仅仅只是人们的工具，它不可能阻止传统政治力量抢滩触网，抢占新媒体和舆论的制高点，它也没有改变原有的意识形态和政治权力向电子时空的延伸。例如，卡斯特就曾经揭露：力量强大的新信息科技真的也有可能被运用在监视、控制和压抑的国家工具之上，如警政、税收、人口调查、打压政治异议……诸如此类。

首先，电子时空的政治活动有一个基本的前提，即公民有实力和能力掌握信息工具、掌握必要的信息。可是，社会发展不均衡、"数字鸿沟"、社会不公平、社会排斥的存在是不容否认的事实。我们可以追问，我们必须追问，到底是谁在掌控网络？是谁在筛选和操控信息？是谁在网络上呼风唤雨？是谁在绘制信息时代的权力地图？"信息穷人"如何通过互联网等新媒体了解必要的信息？不识字、不会电脑的人如何享受电子政府提供的电子政务？这类选民如何透过网络行使自己的民主权利？……众所周知，仅仅依靠信息技术、虚拟技术的进步，根本不可能真正解决公民参与政治的权利和兴趣问题。

其次，电子民主有可能变异为技术控制型集权主义。由于传统政治统治理念和方式的影响，在经济和政治活动信息化的过程中，一种由管理者和技术精英勾结产生的更为隐蔽的操控、集权现象已悄然降临。例如，在信息时代的决策管理过程中，在议会、政府、企业管理者高层与公众之间，往往隔着大量抽象、庞杂又不集中的信息和数据。面对海量信息，如何筛选、发布、分析、解释信息变得前所未有的重要。而技术专家、管理者往往掌控了信息的筛选、发布、解释权，这为其操纵人们的沟通方式，影响人们的思维方式和行为方式，提供了极大便利：发布的可能仅仅只是一些过时的、零星的、肤浅的、没有分析过的信息，那些不利于现有决策、政策等的重要事实，则可能被淹没在层层推理得出的抽象数据和铺天盖地的信息轰炸之下，让普通人面对"信息公开"，茫然无措，难以有效把握和利用。在信息爆炸日益严重和媒介技术日益复杂的信息时代，诸如此类变相而隐秘的政治操控手段、方式还有许多，并且伴随技术的进步仍然在不断生成。它反而使得政客们、管理者操纵、控制社会的能力更加技术化、多样化了。更有甚者，在议会、政府、企业等的管理部门，有可能形成一个新兴的权力阶层——既手握管理权又熟悉信息技术的"知识精英"。他们凭借这种双重优势，可以帮助政治家们制定法律和政策，可以帮助企业家们"算计"员工，可以为自己所属的群体或个人谋取私利，从而使现代民主在这种电子工具的统治中变成一种"怪物"，使决策、管理权不知不觉间旁落于技术精英之手。表面上看，被操纵的公众知道的信息比以前更多更充分，往往因为"互动"还会有更强烈的"参与感"，但实际上，知识操纵者隐藏在看不见的电子屏幕后面，一切都在公众不知不觉间、按照操纵者的精心设计而实施，因而也更具迷惑性、欺骗性，对于公众的危害和异化也可能更严重。

再次，基于信息技术的大众化的电子民主也可能"变味"。网民们受某种共同情感或利益驱使，可以方便地通过网络聚集，结成"政党"或联盟。特别是，当这些人成为多数派时，有可能压制少数派的立场、利益和权利，从而催生多数人对少数人的网络暴力，侵害他人的正当权利。例如，不少"人肉搜索"都鼓励人们诉诸一时的情绪，而不是理性、客观的判断。特别是，网络的方便快捷、匿名环境以及信息发布审查机制的缺乏，观点相近网民的频繁沟通和"群体激化"，让狂热压倒理性成为大概率事件。而一时冲动的"群情激愤"，可能最终颠倒是非，葬送公益，甚至威胁社会正常秩序。2009年7月24日，吉林通化钢铁公司股权调整引发职工不满，民营企业派驻的总经理被活活打死，而几乎所有的网络跟贴一边倒地赞扬通钢"工人阶级了不起"，甚至有网民幸灾乐祸地大呼："打死个把资本家没有什么了不起！"可见，在网民素质参差不齐又缺乏完备的问责、纠错和治理机制时，电子民主的理性建构、法治保障，还需要经历一个漫长的历史过程。

四、虚拟交往与人际交往的新异化

在全球化的信息时代，借助各种信息工具和社交网站，人们的交往范围前所未有地扩大了，甚至迈入了"普遍交往的时代"，个人与他人、社会日益密切地联系在一起。但是，个人怎么适应、驾驭这么庞大的世界市场，这么复杂的社会关系网络，或者说，在这个即时性的交互系统中，怎么保持自己的自主性、个性、人格和尊严，是一个尚没有答案的新问题。弱小的个体难免有"落网""被交往"、被外在力量支配的感觉。

不用说，借助虚拟技术开展的虚拟交往是人类交往的新模式。它有助于人际交往的自由拓展，有助于个体意志的自由表达。但是，如果过度沉溺于虚拟交往，可能在心理上、情感上产生对虚拟世界的过分的眷恋和过分的依赖，从而在现实中变得不善于与人交流，造成人际关系的新障碍。

　　例如，虚拟交往的主体"符号化""虚拟化"，可能导致交往主体"自我的迷失"。鲍德里亚曾经揭露：我们再也不是作为"剧作家或演员"，而是作为"多媒体网络的终端"而存在。人们满足于电子时空的狂欢，局限于数字化符号之间的互动，可能导致人际交往的异化，淡化人与人之间真实的、值得珍视的感情，甚至构成人际现实交往的障碍。毕竟，人是一种"社会性动物"，面对面的直接交往是人们长期形成、业已习惯的方式，人与人之间的感情和信任往往是在面对面的亲身接触过程中，慢慢培养起来的。而电子时空却可能简便易行地将人们隔离开来，使人失去真实温暖的人际交往环境，降低了存在现实关联度的人们之间的交往频率和深度，导致交往的虚化、异化。例如，通过远程医疗，不在身边的医生在患者身上实施专家手术，可同时，医患之间却可能形成心理上的隔阂，传统医患之间那种特别的感觉往往荡然无存。一些远程大夫抱怨说，失去了手与病人身体接触的感觉，手术进行得机械而又别扭；而患者则抱怨说，医生不在身边，心里没有着落，失去了过去那种对医生的亲近感、依赖感和信任感。亲属关系、师生关系、同学关系、战友关系、同事关系、情人关系……面临的问题也大致相同。

　　又如，过度沉溺于虚拟交往，会在情感上对虚拟世界产生眷恋和过分的依赖，导致在现实中不善于与人交流，形成"远者亲，近者疏"之类人际交往困局。伴随电子时空丰富多彩的发展，一些人对虚拟交往产生了深度的依赖，以至于行为不能自制，身心健康也出现问题。如果患上"网络狂躁症""网络孤独症""网络痴迷症""网络飘移症"等"网络综合症"，那么在一定程度上就会逐渐脱离真实的实在，对真实的现实世界产生疏远感、淡漠感甚至不信任感。失去理智的疯狂沉迷导致患者身心健康受到严重的损害，烦躁、抑郁、失眠、精力难以集中等成为常见的症状。例如，有些"网迷""网虫"们觉得，虚拟的电子时空就是真实的现实社会，甚至电子时空才是真实、不骗人、可亲近的，而与身边的人打交道"太累"，没有意思，从而变得紧张、孤僻、冷漠、厌世，不愿意与人接触、打交道，离真实的世界渐行渐远……

再如，由于电子时空的"去中心化""超地域性"，特别是人的活动的"数字化""虚拟性"，往往没有任何国家、任何地区、任何机构、任何人可以操纵它或控制它。传统社会中以地域为基础的监督管理方式、他律机制在一定程度上失去了效力，对于一切虚拟活动的管理、监督、约束、制裁往往心有余力不足，从而形成了一个相对自由的"自由天地"。许多人在欢呼进入没有边界、看不到警察的电子时空的同时，自己也不知不觉迷失了。无论是广大的社会公众，还是众多的虚拟实践者，都觉得电子时空大多数时候缺乏真诚，不是一个值得信任的场所。虚拟世界毕竟具有虚拟性，更何况人们是带着"面具"、以符号的身份进行交往的，在诸如聊天解闷、谈情说爱、做生意甚至玩游戏等过程中，人们之间的感情、信用很难靠得住，经常有人被蒙被骗，大呼上当。人们普遍感觉，电子时空到处充斥着无聊、荒诞、谎言、玩世不恭、自欺欺人，充满了不可靠、不真实的幻象。普遍性的不信任或怀疑导致电子时空存在严重的信任危机。人们感叹，虚拟交往既使人们如此接近，而同时又令人们觉得一切都是那么遥远——那种接近可能仅仅只是利益一致或趣味相投，那种遥远则可能是心灵深处的真切体悟和感受。

可见，充满活力、"风光无限"的虚拟交往并不像某些人想象的那么单纯，那么美妙。电子时空并不能脱离现实社会而存在，现实社会所具有的一切，包括一切阴暗、丑恶现象，一切人际矛盾和冲突，电子时空几乎无所不有，甚至常常以花样翻新、变本加厉的方式出现。

五、网瘾：一种新的心理疾患

所谓网瘾，也有人称之为"病理性上网""网络沉溺"或"网络综合症"，是一种整天沉溺于电子时空而无法自拔、病态地使用电脑或网络的精神综合症。

与信息技术、虚拟技术、电脑手机网络相关的网瘾，其具体的表现和类型很多，如沉溺于黄色信息、电子游戏上瘾、电子赌博上瘾、网络购物上瘾、电子检索上瘾、社交互动上瘾，等等，并且，还可能不断产生新的形式。由于网瘾的蔓延迅速，为害颇深，且根除困难，心理学界已经正式将之宣布为一种心理疾病，简称 HU。

最常见，人们也最熟悉的网瘾，莫过于电子游戏成瘾了。游戏是生活的有机组成部分，在人们的成长过程中具有重要意义。在电脑、手机、互联网普及以前，自1971年第一台电子游戏机诞生以来，就出现了电子游戏成瘾。随着电脑、网络、手机等的普及性应用，电子游戏花样翻新，层出不穷，演化成"现代电子鸦片"，催生了一批批令人头痛的"游戏瘾君子"。

电子游戏之类成瘾是一种精神病理行为。从心理学视角看，电子游戏成瘾首先源自阳性强化作用，即行为后果具有明显的"正性奖励作用"，它通过行为之成功、获益，导致该行为的频率不断加强。如电子游戏中的成功，令人增强自信心，获得自我肯定的认知和体验：精神上的胜利感，战胜对手的满足感，潜意识中的攻击本能得到象征性的释放，等等。这反过来又刺激其追求进一步的成功，从而导致游戏频率、时间和花费不断增加。阳性强化在电子游戏成瘾的早期发挥着主导作用。但当电子游戏成瘾之后，人们对现实生活的适应能力往往明显受损，学习、工作和生活受到严重影响，瘾君子们会感受到家庭、学校、社会等方面巨大的负面压力。而瘾君子对抗这种挫折体验的有效手段，往往是逃避性地回归电子游戏，通过游戏中的"胜利"换取幻想的或象征性的成功体验，得到精神上的暂时满足。如此循环反复，电子游戏就成为应对失败、挫折、精神痛苦和负性情绪的唯一手段，产生心理学上所谓的阴性强化作用。这种阳性和阴性强化的双重作用，使电子游戏成为人们，特别是青少年具有高危成瘾倾向的活动。

在日常生活中，判断一个人是否染上了网瘾，大致可以从如下几个基本特征进行观察：（1）借助电脑网络玩游戏、赌博、搜索黄色信息、参与虚拟社交活动等时间过长，在相当程度上耽误了学习或工作，甚至导致了失学、失业，并且在意识到问题之后无法自拔，有些人甚至屡次三番地下决心戒除网瘾，但往往有心无力，欲罢不能。（2）染上网瘾者与吸毒成瘾或酗酒者十分类似，只要坐在电脑网络旁就兴奋异常，不知疲倦，若没有机会接触电脑网络，就会"网瘾难耐"，焦躁不安，心烦意乱，情绪低落，甚至茶饭不思，失眠多梦，无心做事。（3）大部分染上网瘾者希望回避现实。他们往往不愿意参加身边的社会活动，与现实生活中的人（包括父母、同学、朋友）接触、打交道，觉得只有电子时空才是真实、可亲近的，只有沉溺于各种类型的网瘾中，才能忘却自己生活中的各种烦恼和痛苦，获得满足感，而与现实生活中的人打交道"太累"、没有意思。他们在现实生活中往往出现各种各样的问题，如感觉孤独、讨厌学习，工作压力大，对工作没有兴趣，人际关系紧张，以及为上网（包括更新设备）不惜支付巨额费用，等等。而且，越是在这类状态下染上网瘾，越可能形成恶性循环。(4)从人群类型看，心智不成熟、自制力差，特别是有品行障碍、人格障碍、情绪障碍等的青少年、残疾人、单亲家庭孩子等弱势群体，无职业者、家庭妇女等"有闲阶层"，更容易"落网"，染上网瘾。并且，如果这几类人染上网瘾，由于缺乏转移注意力的有效渠道，更难以彻底戒除。

在所有染上网瘾的人群中，受到广泛关注也最令人揪心的，当然还是处于青春花季的青少年。今天的青少年本就是与电脑网络一起成长起来的，从小就享受着互联网带来的方便，他们是信息时代的优先体验者、实际受惠者。青少年没有条条框框，勇于接受挑战，接受新鲜事物的能力强，能够很快学会使用电脑、手机、互联网，掌握各种新的技术潮流。电脑、手机、网络深深地影响着青少年的学习方式、思维方式和行为方式，影响着青少年的人际交往、沟通方式和处世方式。但是，由于青少年身心不成熟，涉世不深，尚未形成比较成熟的是非观，分辨善恶的能力不强，自我控制能力较弱，自我保护能力也差，因此，往往无法抵御一些不良信息的侵蚀，无法分辨来自不法分子的引诱，很容易受到误导、蒙骗，甚至步入歧途。这已经出现了大量案例，成为严重而不容回避的社会问题。

网瘾也是病，问题不容回避。在预防、治疗网瘾方面，心理学家、病理学家、社会学家、经济学家、教育家、技术专家等应该携手并肩，合作攻关。在市场经济条件下，也不排除商业化运作，如催生一个新兴产业，运用新的理念，借助信息技术产品和服务，与时俱进地解决网瘾问题。只要有可能帮助戒除网瘾，特别是帮助沉迷其中的青少年"回归正常"，那么便功莫大焉！

　　最后，我们可以扼要小结一下：迈入信息时代，人的自由全面发展面临的各种问题表明，目前的技术本身和技术发展趋势，以及其所结构的电子时空、信息社会，尽管为人与社会的道德进步以及自由全面发展提供了前所未有的可能性，但是，还远不尽如人意，远不是我们理想中的社会。在日新月异的信息技术发展面前，在强大的互联网逻辑面前，人的权利保障，人的健康发展，人的异化问题的解决，真正合乎人性，使人能得到自由全面发展的社会的建设，依然是一个复杂的社会系统工程。需要深刻反思的问题很多，迫切需要解决的难题也很多。我们必须坚持人是目的、以人为本的原则，弘扬哲学的反思与批判精神，解放思想，更新观念，深入研究信息时代、网络社会的新特点，探索与之相适应的人的自由全面发展的新规律、新路径。

第三篇

立足时代的哲学实践

第十二讲　创建当代"中国价值"

　　所谓价值观，就是人们基于生存、发展和享受的需要，在社会生活实践中形成的关于价值的总观点、总看法，是人们的价值信念、信仰、理想、标准和具体价值取向的综合体系。价值观是社会文化体系的核心，是人的社会化的重要内容；是社会群体或组织的黏合剂，是人的社会认同的核心内容；是人们内心深处的评价标准系统，是人们的价值追求、取舍模式。

　　迈入全球化、信息化时代，在当代世界互相竞争的多元价值观面前，在日益普遍的价值矛盾和冲突面前，在"信仰缺失""看客心态""社会焦虑症""暴戾狂躁症"等社会病态面前，建设中国特色社会主义、实现中华民族伟大复兴的"中国梦"、提升中国人的国际形象，要求我们增强理论上的自觉性，自主创建一套与中国特色社会主义实践相适应的主导价值观。

一、为什么要创建当代"中国价值"

创建当代"中国价值",适应了全球化、信息化时代中国社会主义市场经济发展要求,社会主义民主政治建设要求,社会主义先进文化建设要求和社会主义思想道德建设要求,具有十分重要的理论价值和实践意义。

首先,创建当代"中国价值",是中国特色社会主义思想理论建设的有机组成部分,是创造"中国特色、中国风格、中国气派的马克思主义"新形态的新课题。

当代"中国价值"是在社会思想理论中居于统治地位、发挥指导作用的价值理念,它从价值层面回答了"什么是社会主义、怎样建设社会主义"这一重大问题。它是社会主义的生命之魂,也是社会主义的精神自我。它彰显了社会主义本质的价值维度,表达了社会主义特有的精神气质。如果没有社会主义价值观上的自觉,就不可能真正弄清什么是社会主义,如何建设社会主义也就没有方向。

特别值得强调的是,当代"中国价值"应该明确地在层次上"高于"资本主义价值观,或者说,具有相对于资本主义价值观的"优越性"。资本主义早期的口号是"自由、平等、博爱",现在则将"自由、民主、人权"包装成所谓"普适价值"。近些年来,以美国为首的西方资本主义国家一直在卖力地推销"自由、民主、人权",甚至以之为依据对发展中国家、社会主义国家施压。如果我们所创建的当代中国的社会主义价值观不能明确"高于"、优越于资本主义的"自由、民主、人权",那么,就很难向世人证明,或者令世人信服:社会主义优越于资本主义,并终将取代资本主义。

其次,创建当代"中国价值",是中国特色社会主义文化建设的根本,精神文明建设的根本。

价值观是文化软实力的灵魂,是决定某一文化的性质和方向的最深层次的要素。一个国家的文化软实力包括许多方面,但最为根本性的,还是取决于其价值观的吸引力、凝聚力和感召力。

当代"中国价值"是在史无前例的中国特色社会主义实践中,不断汲取中华民族优秀传统文化,不断吸收世界优秀文明成果,通过解放思想和大胆创新而来的,这就决定了当代"中国价值"既具有很强的创造性和感召力,也具有很强的包容性和整合性。在社会主义文化强国建设历程中,只有抓住了当代"中国价值"这个根本,才能保证社会主义文化大发展大繁荣的方向,才能切实提升社会主义精神文明建设的水平,才能全面提升中华民族的文化软实力。

再次,当代"中国价值"是中国社会转型时期、价值观深刻变革的时代具有指导意义的价值导向,是各种社会意识有效整合、社会系统正常运转、社会秩序有效维护的重要途径。

当今世界正处在文化、价值观深刻调整和变革的时代。随着时代的发展和社会生活的深刻变化,世界文化、文明正在面临深刻的转型,东西方之间、传统与现代之间、发达国家与发展中国家之间、社会主义与资本主义及封建主义之间,不同文化和价值观之间的碰撞和冲突表现得越来越明显,文化价值观的变革、转型已经成为一种时代性、世界性的思想文化现象。

由于中国正处于社会主义初级阶段,处在改革开放——从计划经济向社会主义市场经济转型时期，因而文化、价值观变革、转型的广度和深度显得尤为突出。在互相竞争的多样化价值观面前，在大量存在的信仰危机、理想缺失、价值失范面前，在日益普遍的价值矛盾和价值冲突面前，我们必须坚定共产主义价值信念和理想，增强理论的自主性和自觉性，建设一套与中国特色社会主义实践相适应的价值观，以引领社会思潮，尊重差异，包容多样，最大限度地形成社会思想共识，并凝聚全国人民的目标和意志，唤起广大民众建设中国特色社会主义事业的热情。

又次，创建当代"中国价值"，是目前世界上渐具影响力的中国道路、"中国梦"的应有之义，是中华民族自立于世界的思想理论前提。

在当代世界经济全球化、政治多极化、文化多元化的背景下，各种思想文化之间的交流、交融、交锋更加频繁，文化在综合国力竞争中的地位和作用更加凸显，越来越多的国家把提高文化软实力作为发展战略的重要内容。从一定意义上说，谁占据了文化发展的制高点，谁拥有了强大的文化软实力，谁就能够在激烈的国际竞争中争取主动，赢得先机。而文化的核心是价值观，价值观的吸引力、凝聚力、感召力是文化软实力竞争的主阵地。众所周知，当今世界正处在文化和文明的转型期，世界正在依照价值观而进行定位和划分，以至于有亨廷顿的"文明的冲突"之说，以至于有"价值观外交""价值观结盟"，甚至"为价值观而战"，文化价值观前所未有地凸显了其重要性。文化价值观的独立与自觉，已经成为一个民族、国家自立、自强的根本性课题。

中国之所以在"站起来""富起来"之后，在解决了"落后挨打""贫穷挨饿"的问题之后，再度陷入"被妖魔化"、动辄"挨骂"的窘境，一方面，固然是因为中国快速崛起，改变了既定的世界秩序，似乎"动了他人的奶酪"，令他人，特别是西方敌对势力"不爽"，从心底里"不甘心"；另一方面，也是因为中国自身的"顶层设计"不够，没有提炼出明显"高于"资本主义"自由、民主、人权"的价值观，没能主动占领所谓的"道义制高点"，被敌视中国的西方势力掌控了话语权。我们必须清醒，充分认识价值观"顶层设计"的意义。如果不加强"顶层设计"，缺乏具有中国特色、符合中国国情的当代"中国价值"，那么，中国特色就是不明确的，中国道路就是不确定的，"中国形象"就是模糊的。如果这样，也就不可能对内获得广大民众的认同，凝聚全国人民的目标和意志；在对外交往中，则不可能占据舆论上的主动，占据道义上的"制高点"，从而赢得世界人民的尊重、承认和支持。

总之，在全球化、信息化时代，在国际共产主义运动处于低潮的背景下，一个民族、国家，特别是像中国这样历史悠久、拥有独特文化仍处在发展中的社会主义大国，是根本不可能简单照搬世界上任何一种现成的发展模式的。中国特色社会主义建设是一项前无古人的开创性事业，单纯复古或依傍外国，甚至简单模仿或复制别人的经验和道路，都是不可能有出路的。中国社会主义革命和建设的艰辛而曲折的历程已经从正反两个方面提供了这方面的经验教训。毛泽东在探索中国革命的道路时一再强调，马克思主义必须与中国具体国情相结合，必须加以"中国化"，必须坚持独立自主、自力更生，走马克思主义与中国实际相结合的道路。邓小平一再强调，各国必须根据自己的条件建设社会主义。固定的模式是没有的，也不可能有。墨守成规的观点只能导致落后，甚至失败。中国社会主义革命和建设都要坚持实事求是的原则，"走自己的路"。因

此，从执政党到普通民众，特别是思想理论界必须自立自强，意识
到自己肩负的伟大历史责任，具有强烈的自主创新意识，在中国特
色社会主义实践基础上，自觉形成中国特色的发展理念，提出中国
特色的发展理论，确立自身的价值评价标准，在吸取古今中外文明
成果的基础之上，建设一套适合中国文化传统和现实国情的中国特
色社会主义价值观。

二、当代中国价值观转型的特点与趋势

改革开放以来，以中国特色社会主义实践为基础的价值观转
型，是中国人民精神文化层面的一次深刻的革命。现实中的表现可
谓纷繁复杂，似乎无从下手，难以理清头绪。不过，如果我们理论
上清醒，立足价值观的基本结构进行清理，那么就不难发现其中呈
现出来的深层特征和发展趋势。

首先，随着改革的深入，人们的价值主体意识普遍性地逐步觉
醒，各层次价值主体的主体地位逐步确立，并发生了从单一主体向
多层次主体转变的趋势。

主体意识或主体观念是价值观的核心。价值观念是作为主体的
人以自己的利益、需要等为尺度来评价客体的意义的一种观念。价
值主体是人，但并不仅仅指个人，同时也指个人所构成的集合体，
如家庭、家族、团体、单位、企业、地区、国家、民族，甚至人类
等。主体的自我意识与对象意识是主体价值观念存在的前提，没有
相应的自我意识，人便不能成为主体；没有相应的对象意识，主体

便不能产生相应方面的价值观念。当然，对象意识也是以主体的自我意识为基础的。

在中国长期的以宗法家族制为基础的封建社会中，实行等级专制统治，皇帝雄居金字塔型权力结构的顶端，天下乃一人之天下，"普天之下，莫非王土，率土之滨，莫非王臣"。个体包括各级官僚仅仅是君主实现其个人目的、满足其个人需要与欲望的手段。各级官僚与其"子民"，家长、族长与其家族成员之间的关系，也大致与此相类似。因此，在整个封建结构之中，看到的只是家长、族长的意志，特别是放大了的家——国家——及其主宰皇帝的意志、利益与需要。个体只有放弃自己的独立人格，依附而不是叛逆这一体制，才能得以生存和过上正常的生活，才能为"光宗耀祖"或者"忠君报国"干一番事业，从而实现其价值。在封建专制体制下，只有皇帝和一定意义上的各级官僚、家长才具有相对独立的主体意识，才真正作为主体而存在。低等级的主体只有在严格依附意识下，才能在某些方面成为现实主体。

社会主义在中国的胜利，使人民当家作主成了国家的主人。"以符合最广大人民的最大利益，为最广大人民群众所拥护"为最高标准的社会主义，强化并保证了人民的主体地位，人民的自主意识、责任意识空前高涨。然而，如何在现实中进一步切实落实人民的主体地位，保障人民的最大利益，满足人民最大限度的需要呢？几十年来，我们曾经历了艰难、曲折的探索，并付出了极其惨痛的代价。

新中国成立以后，我们一直坚定地认为，公有制、计划经济等是社会主义的"本质特征"，社会主义只能搞计划经济，公有化的程度越高越好。在这种由国家统一控制的高度集权的计划经济体制中，国家对人财物、产供销都实行集中管理和调配。作为全社会计划的制定与实施者，国家不仅是最高，而且是唯一的主体。全国各地区、单位和个人只须也必须在统一的行政管理系统中执行统一的计划，并在思想上高度统一，"理解的要执行，不理解的也要执行"。例如，在企业与国家之间，企业的一切活动都围绕着国家计划展开，企业发展规模与速度、人事变动、分配方式等皆由国家掌握，甚至亏损企业的破产与兼并等也由国家定夺，可见，作为主体发挥作用的在很大程度上只是国家，企业只是经济活动的直接操作者，只是整个国家机器的一部分。个人和单位的关系也类似于此。任何个人都从属于一定单位，个人必须完成单位分配的任务，对单位负责，同时在单位享受一系列政治和经济待遇；个人包括生活中的一切事情都几乎与单位息息相关，如身份证明、政治思想表现、工作能力与业绩鉴定，乃至个人社会纠纷与家庭矛盾的解决都诉诸单位。不与任何单位相联系的个人是很难想象的。一个暂无单位或被单位辞退的人，常被视为"有问题"或"犯了错误"，很难获得尊重，没有单位证明，一个人甚至难以取得信任，更严重的，离开了单位，生活与生存（如定额供应时的粮票、布票等）都将成为无法解决的问题。可见，在高度集权的计划体制下，国家这个整体的、最高的主体，同时也几乎是唯一的主体，在很大程度上否定了企事业单位的主体地位，从而也在很多方面否定了个人的主体地位。企业、个人等主体地位的不明确，反过来，又使其自主意识和责任感不强，劳动态度消极，造成诸如"企业吃国家的大锅饭，职工吃企业的大锅饭"的沉闷局面。

改革开放特别是社会主义市场经济建设，逐步确立了人们多样化的主体地位，逐渐明晰和规范化了人们的责、权、利。社会主义市场经济是一种主体经济。只有作为生产和经营者的个人、企业、地区甚至国家成为真正主体（生产主体、经营主体、利益主体等）的时候，才会有竞争，才会有效率，才会有资源的合理配置，从而才会有市场经济本身。改革开放后，多种所有制形式的并存，实际上突出了不同所有制主体特别是集体和个体所有制主体的利益，强化了其主体地位与主体意识。随着改革的进一步深入，全民所有制单位所有权和经营权的分离，特别是承包制、股份制等的实施，也不同程度地调动了人们的积极性在市场中，国家仍是最高主体，但它不再通过下达指令性计划严格控制企业，而主要通过宏观调控干预市场；企业不能再吃国家的大锅饭，而自主、独立地负责生产与经营，追求最高经济效益，自负盈亏，在市场竞争中优胜劣汰，求生存求发展；个人也被敲掉了"铁饭碗"，在市场中"用自己的眼睛"寻求生存与发展，满足其需要，实现其价值。同时，"左"倾思想的清除与解放思想的号召和措施，以及创造性的改革实践，又使人们不断冲破观念上、思想上的束缚，使自己"站起来"，"让脑袋长在自己的肩膀上"，主体性得以高扬。有人说，"人生只有一次。我想按自己喜欢的方式工作，活得像自己。"

总之，改革开放、社会主义市场经济带来的变化，已经并正在不断唤醒、强化不同价值主体的意识，使价值主体日益呈现出多层次化、多元化，相应的行为越来越具有自己的个性化特点。

其次，人们的价值取向从单一化走向多样化、立体化，从虚幻走向务实，强调革命、奉献、牺牲、服务的理想价值观与追求物欲满足、追求感官享受的世俗价值观相互交织。

与"政治挂帅"、计划经济体制下高度集权的行政导向相一致，改革前的社会价值取向呈现单一的高度政治化、道德化特征。一次又一次政治运动，一场又一场涉及每个人"灵魂深处的革命"，让人们对"政治"产生了虚幻的神秘感、崇高感，以为它是生活中最重大、可以左右一切命运的唯一力量，从而对革命抱有不切实际的迷信和幻想。与此相应，强调为革命奉献、牺牲，为人民服务的理想价值观成为绝对的社会主流。广大干部群众也确实为之付出了无比高涨的热情，做出了许多可歌可泣的实践努力。

改革开放以来，随着社会价值重心的转移和人们的主体意识的觉醒，人们的利益与需要普遍而多层次地凸显出来，价值取向不再以政治革命为唯一目标，而是理想价值观与世俗价值观并存。除了政治、经济等宏观层面的"大变化"，即使从普通人的视角，我们也可以看到，改革开放前30年和后30多年之间正在发生巨大变化：

在财富观方面，过去倾向"越穷越光荣，越穷越革命"，习惯了过紧巴巴的穷日子，不想富、不敢富、不能富，今天则认为"贫穷不是社会主义"，贫穷代表落后，提倡致富光荣，鼓励"先富起来"，人们千方百计、绞尽脑汁地发财致富。有些人甚至"一切向钱看"，在"炫富心态"驱使下，叫嚣"人生价值要以含金量来衡量"；

在就业观方面，过去在崇高理想的激励下，人们"一颗红心"，甘做普通的"螺丝钉"，"到祖国最需要的地方去"，在平均主义"大锅饭"的影响下，人们死抱着国营、集体的"铁饭碗"不放，现在人们则认可了自主择业，认为只要勤劳，不怕辛苦，不管干什么都有饭吃，自主选择下海经商、摆摊做个体、外出打工、自由职业等作为谋生的手段；

在消费观方面，过去讲究"节约闹革命""一分钱掰成两半花"的艰苦朴素，今天的年轻人则推崇"拼命工作拼命玩，拼命挣钱拼命花”，甚至涌现了大量“月光族”“负翁”，还有人及时行乐，声称“人生未可知，甜点要先吃”，掀起了一场让老一辈胆战心惊的“消费革命”；

在穿衣打扮方面，过去是“黑蚂蚁”“灰蚂蚁”“蓝蚂蚁”的“清一色”，是“新三年，旧三年，缝缝补补又三年”的将就和凑合，今天的时尚青年则大胆追求品牌、个性，拒绝“撞衫”，穿得“五彩缤纷、个性时尚”，“三点式”“露脐装”等都敢堂而皇之地穿上大街，招摇过市；

在婚恋观方面，过去谈恋爱“不敢张扬”，羞于谈“性”，推崇“根红苗正”的“革命婚姻”，或者在婚姻大事上“服从革命需要”，听从组织安排，今天的青年一代则自主自立，敢爱敢恨，敢做敢当，有些年轻人甚至在尝试“网恋”“网婚”“闪婚”“闪离”，婚姻形式事实上已趋于多样化，性观念日益开放、自由……

大千世界，令人眼花缭乱，目不暇接，这里无论怎样描述，都只能触及“冰山一角”。社会大众的态度也相应地开放、宽容了许多。例如，在价值观调查中，我们发现，对于一些特殊群体，如“月光族”“啃老族”“负翁”“嬉皮士”“同性恋”“婚外情”“电脑黑客”“.com一族（成天上网的人）”“性工作者”“追星族”，等等，人们早已经见怪不怪，表现出了相较过去更为宽容的态度。由此可见，社会的价值规范、人们的价值取向确实正在急剧改变，并且因为这种种的改变，中国社会正变得“熟悉而又陌生”。而多样化、立体化的不同价值取向相互交织、相互较量，也令不少人无所适从，陷入了深深的迷惘、困惑甚至绝望之中。抑郁症蔓延，自杀率上升，就是典型的反应。

再次，封建主义价值体系的“权本位”和资本主义价值体系的

"钱本位"仍然拥有一定市场，社会主义的具有普遍号召力的具体价值信念、信仰、理想尚待确立。

在封建社会，宗法等级权力是核心，"权本位"或拜权主义是其价值观的导向；在资本主义社会，商品交换关系中的私有权是核心，"钱本位"或拜金主义是其价值观的导向。调查表明，改革开放30多年来，封建主义价值体系的"权本位"和资本主义价值体系的"钱本位"并未随着中国特色社会主义建设的进程而骤然消失，它们仍然拥有一定的市场，甚至可以说，还有不少大胆而坚定的"支持者"。

以"钱本位"或拜金主义为例。在今日中国社会中，为了钱，有些人什么都可以不管不顾；为了钱，有些人什么都可以拿来"交换"；为了钱，有些人什么都可以出卖；为了钱，有些人什么都做得出来！1994年，在深圳某外资工厂曾经发生过这样一个著名的"故事"：一个周末，该厂某外地来深圳打工的女工恰好轮休，她闲着没有什么事做，便习惯性地到车间里随便走走看看。恰逢该厂总经理到车间视察，看到该女工上班时间不干活，到处闲逛，上去不由分说给了该女工两记耳光。后来弄清了原委，理屈的总经理并不道歉，但给了女工200元钱作为补偿。那个时候，200元差不多是女工一个月的辛苦钱了。这件事在工人中传开了，人们议论纷纷。有些人对该女工居然"很羡慕"——"要是我也被打两记耳光就好了！"——这些为了钱而"想挨揍的人"，可真是一些"勇敢"的人、"赤诚"的人、"彻底"的人。这类人大多信奉"人为财死，鸟为食亡"，"有奶就是娘"之类信条。他们有时会赤裸裸地坚持"人不为己，天诛地灭"，他们习惯于大胆地、无耻地宣称："良心多少钱一斤？""人格值多少钱？""尊严有什么用？"纯粹从金钱上"赚了还是赔了"来衡量价值，是这些人内心的思想动机，是他们挂在嘴边的口头禅，也是他们无耻的行动宣言。"底线失守"，酿成了中国历史上的一场"道德危机"。

应该看到，无论是"权本位"还是"钱本位"，都建立在生产资料私有制的基础之上，建立在阶级分化与对抗、少数人统治大多数人的基础之上，是以牺牲和扭曲大多数人的利益、需要为代价的剥削阶级价值观。社会主义的本位价值作为对封建主义"权本位"、资本主义"钱本位"的否定和超越，是以广大人民的根本利益为出发点的，它以全人类的彻底解放，实现人与社会的自由全面发展为本位价值。但是，在社会主义初级阶段，由于社会主义这一社会形态的发展尚未完成，尚不成熟，这种本位价值尚未形成特有的能够表征社会主义的性质、能够取代"权"或"钱"的"社会标志物"，在不少时候，还不得不以一定的"权"或"钱"作为过渡的兑现形式。例如，对做出了重要贡献的人给予提升职务（权）或物质奖励（钱）的回应。至于社会主义的具有普遍号召力的具体价值信念、信仰、理想，包括本位价值，还明显"缺失"。可以肯定，绝不能照搬封建主义社会的"权本位"和资本主义社会的"钱本位"。但社会主义的本位价值究竟是"什么"，众说纷纭，有人说是"劳动"，有人说是"为人民服务"，更多人尚未有清楚的认识，总之，意见并不统一，仍然需要进一步解放思想，大胆探索。"信仰缺失"或本位价值不明，可以说是当代中国公认的一场"精神危机"。

最后，价值评价、导向机制正在重组、变革过程中，从单一走向多样化，从封闭走向开放是其趋势。

在过去计划经济体制单一主体化、高度政治化的社会环境中，人们的价值的实现主要表现为执行国家和上级主管部门的指示，完成国家和上级下达的计划和任务，然后，由国家和相应主管部门根据表现，做出相应的评价、鉴定。价值评价机制常常表现为国家行政权力的运作活动，大众舆论评价自然存在，但不过是其延伸或补充。

改革开放以来，随着政治体制改革的深入和市场经济体制的逐步建立，民主与法制的逐步健全，社会价值评价机制便日益丰富和多样化。除了传统的行政评价机构和手段外，社会舆论或"市场评价"以及网民们的评价，越来越为人们所看重。20世纪90年代流行的"不找市长找市场"，21世纪闹哄哄却有奇效的"网络民意"，以及对于专家（"砖家"）、教授（"叫兽"）、记者（"妓者"）等权威的"恶意"解构，都十分惹眼，引人深思。

同时，由于个人主体意识的觉醒，单一做人模式的破除，个性因素也愈显重要。"靠谁不如靠自己"，"走自己的路，让别人去说吧"，是许多人的深刻经验和行为模式。"天生我材必有用，别人不用自己用"，"此处不留爷，自有留爷处"，成为许多普通百姓的口头禅。这反映了人们越来越自主自立，越来越注重自己的感觉，越来越习惯于自己思考，自我选择，自己承担责任，当然，也意味着人们越来越看重自我评价。

总之，在当今社会转型时期，国家、公众、组织与个人，"官场"与"市场"，权威评价与大众评价，国内、国外相关组织，包括日益"红火"、四外蔓延的"网络民意"，等等，事实上共同组成了整个社会多层次、多样化、开放式、互动式的价值评价系统。在史无前例的中国特色社会主义实践中，它们混杂或交织在一起，相互渗透，相互影响，相互作用，对人们的言行产生或激励、或约束、或禁止的社会效应，在相当程度上规定、制约着当代"中国价值"

建设的方向和进程。

三、当代"中国价值"建设的可能路径

在新的时代背景和实践基础上，直面当代中国价值观的复杂状况，如何创建当代"中国价值"，在学术界和社会各界引起了广泛的讨论。综观近年来关于国家文化价值观的战略发展方向的讨论，可以大致归纳为三种迥然不同的意见：照搬西方现代化模式和价值理念的"西化论"；保守主义的简单复兴传统价值观的"传统复兴论"；"以我为主"，立足自身实践，"重在建设"的"创建论"。这三种价值导向都有一定的合理性，也都有不少拥趸，都曾经产生过比较大的影响。冷静地批判性地分析这些可能的思路，选择适合中国具体情况、合理可行的建设导向和路径，既重要，又紧迫。

1. 以西方资本主义价值观为范式的"西化论"

"西化论"以西方资本主义，特别是美国文化价值观为当代中国价值观建设的范式与目标，是一种"向外看"，重在追随、引进的文化价值观取向。

毋庸置疑，在世界工业化、现代化进程中，英、法、德、美等西方国家一直走在世界前列。鸦片战争之后，眼看着西方经济发达，生产丰饶，生活水准不断上升，特别是感受到西方列强"船坚炮利"的威胁和凌辱，以及目睹了日本"西化"之后的奇迹般崛起，于是，不少人想当然地认为，现代化就是"西方化""美国化"，中国的现代化之路必须沿用西方的范式，走西方开创的道路。在全球化、信息化进程中，中国应该主要借鉴和吸收西方的经验、思想和观念，以西方"自由、民主、人权"的"普适价值"为具体导向，来设计和建设新型的中国文化价值观。这种观点的具体表达既丰富又多样，最有影响的说法是"西体中用"说，最极端的说法是"全盘西化"论，其通俗形式，则是笼而统之、不加分析的"与国际惯例接轨"，有人戏称曰——"与国际惯例接鬼"。

"西化论"的特点是重在"向外看"，即强调向实现现代化较早、居于全球领先地位的西方发达国家看齐，主要看西方资本主义价值观"有什么"，特别是有什么"精华"；中国价值观"缺什么"，特别是缺什么"新"的东西。然后取人之所"有"，补己之所"无"，取人之所长，补己之所短。他们甚至相信，这样做的结果将自然而然地产生出"中西合璧"的先进文化价值观，导引积贫积弱的中国走向强盛，全面实现现代化。

尽管在工业化、现代化过程中，西方发达国家的成就与贡献有目共睹，中国确实应该以开放的心态，虚心向西方学习和借鉴，师其"长技"，并真正消化，从而少走弯路，少受挫折，加快自身现代化建设和实现"中国梦"的进程。但是，以西方资本主义价值观作为中国文化价值观建设的导向，本身却是值得怀疑和反思的。如果我们审慎地分析、彻底地追问，那么不难发现，它存在着多方面的理论失误和实践泥淖。

首先，任何文化价值观都有其产生和存在的特定的生存土壤、环境和前提条件。这些条件和环境必然会造就自己独有的发展背景和起点。而背景和起点不同，发展的形式和道路也必然有所不同。从一定意义上说，中国文化价值观是适应其自身环境和条件的产物，其他文化价值观（即使更"发达"）是不能取代的；其他文化价值观中成功的东西是否具有普遍性，是否适用于中国，也不能简单地加以认定。橘生淮南则为橘，生淮北则为枳，原因就在于"水土异也"。因为"一方水土养一方人"，"水土"是不能通过引进简单解决的。例如，"重和谐"的中国文化价值观与"重竞争"的西方文化价值观，在环境、模式、取向和个性上迥然不同，这恰恰是"西化论"难以面对，因而不得不常常回避的要害。从历史的逻辑和现实的经验看，任何文化价值观的现代化，都必须找到适合自己国情条件和文化传统的发展道路，而不可能通过简单地模仿来实现。不加分析的"拿来主义"，很可能是"橘化为枳"，甚至导致自身文化价值观的加速衰亡。

其次，一种文化价值观传统是与相应民族以及该民族的人本身直接同一的，因而文化价值观传统不可能"摆脱"，越是悠远、深厚的文化，越是如此。"西化论"对民族文化传统在文化价值观建设中的作用认识不清，以为它可以随意搁置、剥离，随意支配和处理。文化传统是"活"在人们现实中、头脑中的东西，是积淀在一个民族灵魂深处的东西，是民族的"根"，民族的魂。只要这个民族还存在，文化传统也就存在。传统既割不断，又无法回避，差别只在于是发挥人的能动性，使传统成为新型文化价值观建设的根基和资源，还是抱残守缺，无所作为，让传统成为纠缠人们头脑的梦魇，成为文化价值观建设的"包袱"和阻力。很明显，当代中国文化价值观建设只能立足自身的传统，在"消化"文化传统的基础上进行创新。

再次，这种观点对文化价值观建设模式的认识是既机械又僵化的。西方资本主义确实提出了自己的价值观，并将之视为"普适价值"，在全世界推广，但它是否是唯一可取的价值观，值得反思与论证。应该看到，西方文化价值观确有其长处，有许多为中国文化价值观所缺少的"精华"性内容。"对外开放"，学习西方，借鉴西方没有任何问题。但应该清醒地认识到，西方文化价值观并不等同于理想的现代文化价值观。且不说它在很大程度上隐瞒、容忍和纵容罪恶（想想"圈地运动"、对殖民地海盗式掠夺、贩卖"黑奴"等），而且西方目前深陷各种危机之中，各种"西方病"难以治愈：人与自然的矛盾（如对资源的毁灭性开发、对环境与生态的破坏）、人与社会的矛盾（如个人利益与社会利益的严重冲突、人为物役等）、人与人之间的矛盾（如相互之间的信任感淡薄，"人对人是狼"的困惑等）、人内心的不平衡（精神紧张、心理失调乃至变态等），等等。这一切使西方"富裕社会"表现为一个"病态社会"（马尔库塞语）。这足以证明，西方资本主义价值观并不完美，它没有理由成为其他价值主体的楷模，不加批判的"拿来"，绝不可能成为普世性的救世良方。

又次，"西化论"有意无意夸大西方文化价值观之所长，看不到中国传统文化价值观在现代建设中的地位和价值，看不到中国在文化价值观创造中的能动性和自主性，这是价值主体意识衰落的表现。它对中国传统文化价值观的认识也是不深刻、不完整、不全面的。它把中国传统文化价值观中那些陈旧、落后的糟粕当成了全部，从而断定它毫无用处，一切有用的东西都需要依靠"进口"解决。这种极端化的观念，不仅表现出其对于中国文化价值观的博大精深缺少了解，也对中国近代以来的新探索认识不足，从而对中国文化价值观缺少主体的自信和自觉。实际上，越来越多的人意识到了中国文化价值观的意义。例如，诺贝尔化学奖获得者伊·普里高津及其合作者伊·斯唐热认为，中国的思想对于那些想扩大西方科学的范围和意义的哲学家和科学家来说，始终是个启迪的源泉；英国著名历史学家汤因比在《谁将继承西方在世界的主导地位》一文中甚至说，如果中国（传统）文化不能取代西方成为世界的主导，那么，人类的前途将是可悲的。

最后，更具实质意义的，"西化论"忘记了中国人民才是中国文化价值观建设的真正主体，中国文化价值观只有在自身的生活实践中才能加以发展。按照"西化论"推论，中国文化价值观只需按照西方模式对自身加以改造就行了，放弃了探索、创新的责任和义务，放弃了独立发展的权利。这是主体意识严重的错位或失位，也是对自身文化价值观不负责任的表现。事实上，任何文化价值观发展的模式、方向和道路，只能由该文化价值观的主体自己去探索，别人是取代不了的。而且，作为中国文化价值观的主体，中国人民有责任也有权力发挥自己的能动性和创造性，在实践中把中国文化价值观推向新的高度。中国人民的这种主体权利应该也必须得到尊重和落实。

总之，"西化论"的错误主要在于主动回避中国人民的主体地位，不假思索地单纯地"向外看"。遵循这种价值思考定位和思考方式，民族、国家主体的"自我"被淡化、弱化甚至放弃了。例如，看到西方资本主义价值观"有什么"，就认为中国也必须有，不可或缺，否则，就是缺陷、不足和落后；西方资本主义价值观推崇的观念，对中国也一定无条件地"好"，因此必须全面引进；西方资本主义价值观建设是怎么做的，中国也一定要怎么做，否则，便得不到同样的效果；等等。这一切表明了相关论者"主体自我的迷失"。迷失自我，不加分析地迷信"西方化"，不加批评地盲从附和西方的"时代潮流"，将之"普遍化"，只能使中国文化价值观在全球化浪潮中沦为西方文化价值观的附庸，并难免重蹈西方的覆辙，因袭各种难以根治的"西方病"，紧跟西方的脚步陷入西方式的困境而不能自拔。

2. 保守主义的"传统复兴论"

"传统复兴论"以复兴中国古代文化价值观为己任，是一种保守主义的"向后（过去）看"的文化价值观取向，也是一种特殊主义的文化价值观倾向。

所谓"传统复兴论"，就是以中国传统文化价值观，特别是优良传统美德为根基来"光复"中国文化价值观。"传统复兴论"的思考方式重在"向后看"：强调向已经逝去了的辉煌历史致敬，主要看中国古代的文化价值观传统中有什么"精华"，从而挖掘出来，发扬光大，并在全球化、信息化进程中，普及、应用到全世界。近代中国的"中体西用"说、中国20世纪后期的"儒家复兴"说、"道家复兴"说，以及调查中不少人提出的，应该将"仁义礼智信"作为当代中国社会主义核心价值观，都不同程度地反映了这种导向和意图。

实际上，热衷于"向后看"是中国的一种悠久的"文化传统"，它在历史与现实中颇有市场。例如，世界上新创造出的一切都"古已有之"，就是其典型：早就"发明了"足球、电脑（算盘），早就提出了系统论、XX说，早就重视民主、人权……总之，现代世界的发明，我们所需要的一切，过去都"古已有之"，只需向"后"发掘、索取即可。在康有为的"孔子改制立教"说中，在梁启超从"公羊三世"说中发科学、民主之微的思想中，在黄遵宪"泰西之学，其源流皆生于墨子"之中，在孙中山"外国现在最重要的东西，都是中国从前发明"的论断中，都可以看到这种向"后"索取的影子。从人们"乐此不疲"的努力发掘之中，我们不难领悟到这种观念习惯和思维方式的"神奇伟力"。

现代的"向后看"价值取向似乎还获得了实践上的支持。20世纪中叶以来，日本和亚洲"四小龙"经济腾飞，取得了举世公认的成功。而同一时期，西方则日益陷入前所未有的工业化危机，需要寻找出路，寻求"救世良方"，因而东西方思想家、政治家、企业家们不约而同地把目光投向了东方。他们认为，东西方文化迥然相异，救治现代西方百病的良药就埋藏在东方传统文化的智慧宝库之中。因为东方传统文化博大精深，无所不包，无所不有，能够完全适应现代化的要求，而且比西方文化更合理，如"天人合一"较之西方的"天人相分"更能避免工业发展对自然环境的破坏，重义轻利的道德观能够克服市场经济中的唯利是图，等等。只要加以"合理利用"，既能使中国取得经济的高速增长，又能避免西方现代化的所有弊端，使中国走出一条光辉灿烂的现代化新路。

毋庸讳言，"传统复兴论"所体现的强烈的中国文化情结、主体意识、自尊感和自信心，包括它所强调的中国优秀文化价值资源，都是值得重视的。这是它优于"西化论"之处，也是它在情感上更令国人痴迷的原因。但是，这种观点显然缺乏科学的论证，其中包含着相当明显的民族主义和文化保守主义成分。从理论上看，这种观点存在如下一些失误：

首先，"传统复兴论"对中国文化"文本"的解读，依据的不是现实的文化主体和现实的生活实践，而是古代的典籍文章。这是对文化"文本"的严重误读。实际上，文化是指人的生存、生活方式及其所追求的价值本身，现实的生活才是文化真正的"文本"。文化表现于人们实际"所思、所言、所为"的整体之中，而不仅仅是指人们所言、所写的东西，即文化并不等于文章、文献、典籍。"传统复兴论"恰恰不懂得这一点。当它热衷于把所谓"天人合一""仁爱信义""中庸之道""己所不欲勿施于人"等说成中国文化价值观的代表时，似乎并不是从中国历史和现实的实践中发现和证明的，而是完全凭据某些"本本"。这样仅仅凭据儒家经典解读中国文化价值观具有片面性，把中国文化理解为一种"道德文章"式的抽象文化体系了。似乎中国历史上只有道德化的文章和文章化的道德，却缺少经济、科技、生产和大众生活等重大现实生活的文化脉络。沿着这样的逻辑进行描述，怎么可能全面反映中国文化价值观的真实面貌呢？

其次，"传统复兴论"把中国文化价值观的现代化简单地理解为传统文化价值观的复兴。加上人们对传统的误读，结果这一观点就带有一种向后看的复古主义的保守取向。"传统"是指在历史上形成并得以延续、在当下仍然"活着"的东西，因此，当我们今天来认识自己的传统时，要重在认识、反思、发现和批判自己的现实。不懂得这一点就不能够发现和理解真实的传统。"传统复兴论"恰恰在这里出现了失误。当它热衷于从中国古代的文献典籍中搜寻中国文化价值观的"优良传统"时，就不加思考地把"传统"等同于"过去"甚至"古代"了，似乎越"古"、越"老"，就越有资格代表传统。于是，在认识自己的传统时，就只能回到尽可能早的过去，而不是着眼于自身现实。按照这种复古主义的思路，"传统论"告诉我们的并不是现实中丰富多彩、日新月异地发展着的多样化传统，而是一种简单、平面、单一和僵化的"传统"模式。这样，"传统论"实际上将一切判断和选择的权力、标准和责任都赋予了古人。这其实是一种无视当代中国人的现实权利和责任的态度。

　　再次，由于上述两个误区，由于儒家学说在中国文化中的主流地位，"传统复兴论"常常被简化为"儒学复归论"。"儒家资本主义"一度令许多人兴奋和痴迷，就是其最好的注解。近年来兴起的"儒学复归论"认为，中国文化的复兴应归结于儒学的现代复兴。中国传统文化，尤其是儒家文化，天生优越，本质上高于任何西方文化、外来文化；中国文化的唯一出路就在于推行现代"新儒学"，即继先秦原始儒学、宋代理学之后，寻求儒学的"第三期发展"，以完成"返本开新""内圣外王"之道。中国社会的复兴之道则在于走"儒家资本主义"道路，即政治、经济上引入西方式的民主、市场经济、法治，思想文化上复兴以儒家道德为主的传统文化。他们甚至宣称，"儒家文化一定会在全世界复兴"，"儒家文化在21世纪一定会成为世界文化的主流和中心"，等等。

　　不过，如果我们足够理性的话，那么不难发现，"儒学复归论"缺乏严谨缜密的论证。例如，这种观点只看到，甚至夸大了儒家文化价值观的优秀部分，而对其中不适应现代化的糟粕——集权专制、等级制度、官本位、以权代法、重理轻欲、轻贱商贾、不讲效益等——估计不足，甚至视而不见；对儒家学说的社会基础缺乏真正的了解，如建立在男耕女织、自给自足的自然经济基础之上的古代文化价值观念，何以能够适合市场经济和现代化大生产？中国经历了近一个世纪的反传统，儒学已成为一种"断裂的传统"，儒家学说在文化传统中已无优势可言。因此，尽管儒家文化传统在中国经济发展中发挥了重要作用，但把中国的发展完全归因于它恐怕并不准确和全面，就如同以1997年亚洲金融危机为由断言"儒家神话破产"一样，也未免有夸大之嫌。不能不说的一个基本的事实是，在世界近现代发展进程中，儒教国家并未走在前列、率先实现现代化，相反，中、日、朝鲜等儒教国家大都落后了。不少学者和企业家经过认真的分析，得出的结论十分直白：所谓东亚"儒教国家"的崛起，首先是相应国家采行市场经济、法治以及重视科学技术的结果。与其说是儒学导致了经济起飞，倒不如说是经济起飞后，才更有条件大力提倡和发展传统的儒学。

　　总之，"传统复兴论"的文化价值观建设导向缺乏严谨的论证，难以令人信服。其实质性的错误主要在于主体自我的迷失和"向后看"的思维方式。一味地"向后看"，看见的只能是一位位如雷贯耳的古人，一大堆著名的"古文"和古代文化价值观。作为价值观导向，它把价值选择的方向和标准定位于过去，把价值主体的权力和责任都赋予前人和古人，却忘记或者否定了当代中国人民的权力和责任。如果说"西化论"事实上是把外国人当成了中国文化价值观的主体，那么，"传统复兴论"则是把古人当成了主体，让古人来承担今天文化价值观建设的任务，当代中国人民即使不是置身事外，至少不是主要的建设者，也不需要承担主要责任。这同样是一种"主体的自我迷失"。表面上看，"传统复兴论"与"西化论"的错误迥然相反，但实质上"两极相通"：在创建当代"中国价值"问题上，都不信任也不打算依靠当代中国人民，更没有以当代中国人民的利益和需要为价值标准。

　　3. 以"我"为主的"创建论"

　　"创建论"是在全球化、信息化背景下，当代中国社会"向前看"，以建设为本的文化价值取向。按照"创建论"的思路，必须超越普遍主义的"西化论"和特殊主义的"传统复兴论"，从而以"我"为主，立足当代中国特色社会主义实践，以实践需求为原动力，以"向前看"为取向，在人类一切优秀文化成果基础上，创建当代"中国价值"。

　　具体地说，"创建论"旨在立足于中国的具体文化传统和实际情况，立足于中国具体的历史的实践活动，充分解放思想，发挥中国人民的主体性，将西方先进文明与中国自身实际（包括优良传统文化）相结合，"古为今用"，"西为东用"，在借鉴人类一切优秀文化成果的基础上，在文化价值观创建方面取得突破。"创建论"的核心是"我"，即当代中国人民及其当下的实践活动。无论是分析批判西方价值观，还是总结鉴别中国传统价值观，都有一个立足当代中国的实际，以科学的理论和方法为武器的问题；无论"向外看"还是"向后看"，最终必须"向前看"才能发展；无论是中国传统价值观已有的东西，还是所缺少而国外所有的东西，都不能盲目搬用，而必须根据当代中国的现实需要进行取舍。因此，中国文化价值观建设的落脚点是确立当代中国人民的主体地位，高扬中国人民的主体性，发挥中国人民自身的自觉性和能动性，在中国特色社会主义实践中进行艰苦的创造。

　　中国文化价值观"重在创建"——重在踏踏实实、坚持不懈、艰苦卓绝的劳动和创造，在全球化、信息化时代，这是马克思主义价值观在当代中国的具体化，是中国社会不断改革、进取的方向和目标，是中国文化价值观凝聚人心、唤醒大众建设热情的思想旗帜。

　　首先，"创建论"明确要求确立当代中国人民在文化价值观建设中的主体地位，要求以"天行健，君子以自强不息"的精神，强化中国人民独立自主、自立自强的主体意识，增强其主体性、权力感和责任感。创建当代"中国价值"，是当代中国人民义不容辞的责任和权力，既不能寄托古人，更不能依傍外人，而只能以"我"为主，基于自觉的使命感、权力感和责任感，自强自立，创造性地去进行建设。从对内来说，中国人民不能忘记，虽然中国文化价值观曾经创造过辉煌，但也有近代以来由于社会发展落伍而遭受的全面批判。只有正视现实，才可能找回自信，敢于正视自己，永不屈服，通过创造性地建设而自我超越。从对外来说，近代以来，无疑西方文化价值观占据着主流地位。随着全球化、信息化时代的来临，西方"普适价值"对中国社会的挤压愈加"方便"，愈加全面和彻底，中国面临着"文化殖民"的危险。只有保持本民族的特色，坚持自己文化价值观的民族特性，丰富自己文化价值观的独特内涵，才能保持世界文化价值观的丰富性和多样性，维护世界文化的均衡、有机发展。因此，我们不能没有忧患意识、危机意识，更重要的，是面对困境，要敢于正视危机，要有敢于重新崛起的决心和勇气。

其次，"创建论"要求破除迷信，解放思想，以"向前看"为文化价值观建设的取向。中国文化价值观建设的目标，是以"中国的现在"为基点，关注、着眼于未来的发展。它反对单纯的"向后看"和"逆时向思维"传统，认为什么事情都是"古圣先贤"最高明，祖宗之法不可逾越，一切"向古人看齐"，试图恢复和达到先前某个时候的文化境界。"创建论"主张，对一切实践中出现的问题，都要"向前看"，以发展和完善新事物的方式加以解决，而不是以倒退的方式解决，更不是发思古之幽情，喋喋不休地喟叹"世风日下，人心不古"。"创建论"号召，学会面对现实和未来进行创造性的思考，把现在和过去已经达到的成果作为进一步发展的阶梯，不断地与时俱进。

再次，"创建论"要求以"立"为本，以对未来负责的态度，"重在建设"。即要立足于实践，立足于"做"，在实践中创建当代"中国价值"。实践是文化价值观之"源"，是文化生生不息的生命之所在。创建当代"中国价值",当然既要继承传统文化遗产,也要学习外国先进文化,但是,这里有一个以"我"为主,以独立自省的精神,在实践中对之进行反思、选择、消化、改造和创新的问题。只有在实践中创造,传统文化价值观才是现代文化价值观健康生长的"根",离开了实践创造,传统文化价值观就成了"历史包袱";只有在实践中创造,外国文化价值观才是我们的滋养,离开了实践创造,外国文化价值观就会成为消解民族精神的"殖民文化"。更重要的,只有立足于实践,深入实践、依靠实践,把握和总结实践中的新成果,中国文化才可能迈向世界主流文化,中国文化价值观才可能产生真正的创新;只有在具体的历史的实践中,才能破除中国人头脑中的各种"土教条""洋教条",检验创建中的中国文化价值观是否正确、合理。

总之,"创建论"以"向前看"和"重在建设"为价值取向,充分体现了中国人民当家作主前提下的高度自觉的主体意识,体现了敢于探索和勇于实践的创造精神。"创建论"把中国特色社会主义实践作为文化价值观建设的基础,明确作为"向外看"和"向后看"的归宿与统一,从而对文化价值观建设的主体和时空有了正确的定位。只有坚定地依靠当代中国人民,充分发挥中国人民的积极性,以"向前看"的"创建论"为导向,才能学会如何吸收借鉴古今中外人类文明的一切优秀成果,才能坚持从中国的具体实际出发,通过实践找到创建当代"中国价值"的具体路径。

第十三讲　当代中国道德亟待重建

　　随着时代的变迁，随着改革开放特别是社会主义市场经济建设的深入，当代中国社会正在经历剧烈的社会转型。社会道德状况作为社会转型的晴雨表，呈现出错综复杂、令人始料不及的局面，拜金主义、享乐主义、权力寻租、损人不利己、见死不救、恩将仇报等道德丑恶现象广泛蔓延，甚至"老人摔倒了该不该扶"都成了"问题"，这表明道德已经在相当程度上"失控"；同时，广大民众对道德丑恶现象的不满与声讨一浪高过一浪，要求重建道德秩序的呼声响彻云霄。在空前严峻的形势下，我们有必要立足中国文化传统和当代实践，对社会道德状况进行全面的检讨和反思，理性地探寻道德重建的社会基础和可能路径。这种探寻可能会很艰难，甚至会很难堪，但我们没有任何退路可走。

一、道德与老人一起"摔倒了"

"老人摔倒了该不该扶?"

这个问题很煽情,也很残酷。在市场经济环境中,媒体向来都是不怕把事情闹大的,而且天性喜欢炒作,因而在新旧媒体上,相关的报道此起彼伏,不绝于耳。但是,我们稍作思考就会发现,它并不是一个真问题,也不应该是一个困难的问题。毕竟,人类文明进化至今,在曾经的"礼仪之邦",在"精神文明优于西方"的中国,答案早就是不言自明的:该扶!当然该扶!不扶不行!

问题在于,近些年来,摔倒的老人被好心人扶起来后,不断地发生一些荒唐的"故事"。其中的一些故事,情节之荒诞离奇,进程之曲折费解,堪比悬疑、侦探小说。特别是,一些好心人搀扶了摔倒受伤的老人,常常"摊上大麻烦",陷入进退两难、哭笑不得的尴尬境地。"恩将仇报"成为当今社会道德失守底线的标志性现象。

为什么"老人摔倒了",连累得道德也"摔倒了"呢?连累得文明也"摔倒了"呢?连累得人心也"摔倒了"呢?

或许,不同的人有观察问题的不同视角,也能够给出迥然不同的"说法"。然而,如果让人们冷静下来,敞开心胸说真话,那么,我们就不能不注意如下一些社会乱象:

搀扶了摔倒受伤的老人,及时送到医院就诊,并好心垫付了医疗费,可能被老人及其亲属、朋友作为肇事者逮住,索要天价医药费、营养费、陪护人员误工费、伤残补偿,等等。如果不幸遇到脾气不好的，或者刻意"碰瓷"的，一言不合，还可能遭到老人及其亲属、朋友的谩骂、围攻甚至殴打。

搀扶了摔倒受伤的老人，并送医就诊，一旦被讹诈，好心人自己往往无法提供见义勇为的足够人证和物证，可能卷入麻烦、费时、不一定胜诉的诉讼。而且，与不需要工作、有的是时间打消耗战的老人们相比，普通人就是想一想这种纠纷都觉得害怕，仅仅时间和精力方面的损失也是无法承受的。

如果因为搀扶摔倒受伤的老人而发生纠纷，包括交警、公检法之类的政府部门，以及医院之类的事业部门，大都采取"多一事不如少一事"的态度，不约而同地不情愿介入，互相推诿，敷衍塞责，以免惹火上身，卷入纠纷。有些时候，投诉到相关的政府部门，恳请其出面主持公道，"全心全意为人民服务"，常常面临"门难进、脸难看、事难办"的窘境，甚至被冷漠无情地拒之门外。

搀扶了摔倒受伤的老人，并送医就诊，如果被老人及亲属诉诸法庭，援引过去类似的案例，那么，见义勇为者更是将被置于无奈、尴尬的境地，难以全身而退。据媒体报道，南京审理"彭宇案"的法官就曾在证据不充分的前提下，这样"想当然"地断案：

2006年11月20日晨，一位老太太站在南京市水西门广场一个公交站台上等候83路公交车。人来人往中，老太太被撞倒，摔成了骨折。经鉴定，构成8级伤残，医药费花了不少。老太太指认，撞人者是刚下车搀扶自己的小伙子彭宇，告到法院，索赔13万多元。

彭宇则大呼无辜。他回忆说，当时，有3辆公交车同时靠站，老太太要去赶第3辆车，而自己从第2辆车的后门下来，"一下车，我就看到一位老太太跌倒在地，赶忙去扶她了，不一会儿，另一位中年男子也看到了，也主动过来扶老太太。老太太不停地说谢谢，后来，大家一起将她送到医院。"可是，接下来，事情来了个180度大转弯，老太太及其家属一口咬定，彭宇就是撞倒老太太的"肇事者"。

2007年9月4日下午4点半，鼓楼区法院作出了一审宣判。法官认为，"人被外力撞倒后，一般首先会确定外力来源，辨认相撞之人；如果撞人之人逃逸，作为被撞倒之人的第一反应，是呼救并请人帮忙阻止。本案事发地点是公共场所的公交站台，且事发时间是视线较好的上午，事故发生的过程非常短促，故撞倒老太太的人不可能轻易逃逸。而根据彭宇自认，其是第一个下车的人，从常理分析，他与老太太相撞的可能性比较大。"如果彭宇是见义勇为做好事，"更符合实际的做法是抓住撞倒原告的人，而不是好心相扶"。

法官"依据常理"分析，没有撞倒老人的人，一般是不会主动搀扶的！并且，"依据常理"，没有责任的人，一般是不会主动垫付医药费的！因此，判决彭宇给付受害人损失的40%，共45876.6元。

虽然事件的真相存在一定争议，今天已经无法还原，但当时的法官在证据不充分的前提下，"依据常理"，按"推理分析"作出判决后，网络舆论一片哗然。网民们悲愤填膺，"欲哭无泪"。当时的调查显示，网民们几乎一边倒地支持彭宇，认为南京法官"无法无天"的判案结果，几乎颠覆了本来就因为物欲横流而岌岌可危的社会公共道德观。八成网民心灰意冷，公开声言"不再做好人"。虽然迫于舆论的压力，该案最终通过法院调解结案，双方和解后撤诉，但是，彭宇案已经触动了舆论敏感的道德神经，也在中国引发了广泛的"彭宇恐惧症"。

培根在《论司法》一文中指出："一次不公的判断比多次不平的举动为祸犹烈。因为这些不平的举动不过是弄脏了水流，而不公的判断则把水源败坏了。"①不公正之判决的危害程度，远远超过普通人的想象，值得正在建设法治社会的国人反思和警醒。遗憾的是，类似的"司法之恶"不仅没有根治的迹象，而且，污染水源的"糊涂僧断糊涂案"还在不断上演……

老人摔倒了，是真的不幸摔倒了，还是故意"碰瓷"？匆匆的路人确定不易，真假难辨；有些摔倒的老人及其亲友敢于罔顾事实，恩将仇报；多数公职机构和公职人员推诿扯皮，避之唯恐不及；而执掌裁判权、维护司法公正的法官虽然"勇敢"，但专业素质和逻辑水平却令人哭笑不得……在诸如此类的情况下，普通的好心人面对躺在地上伸手待援的老人，怎能不胆颤心寒？怎能不思量再三？怎会不"惹不起躲得起"……

于是乎，在曾经的"文明古国"，在曾经的"礼仪之邦"，常常见到老人痛苦倒地，呻吟求救，但路人行色匆匆，视而不见，甚至只愿冷漠、麻木地围观。人们甚至不时听闻，爱子心切的父母害怕自己的孩子涉世不深，不知深浅，惹上是非，忍不住一而再，再而三地谆谆教诲孩子："见到老人摔倒了，千万不要多管闲事啊！"鲁迅曾经痛批的阿Q式的、事不关己高高挂起的"看客心态"，令人忧虑地蔓延开来。

事情的发展遵循的就是这样的逻辑。这样的逻辑并不高尚，并不可爱，令"文明人"感觉实在可怜、可悲、可叹、可气！然而，就是这样并不高尚、并不可爱的逻辑，近年来一再在社会上被强化，以至于这样的逻辑为广大民众耳熟能详，以至于"老人摔倒了该不

---

① 弗朗西斯·培根：《培根论说文集》，水天同译，商务印书馆1983年第2版，第193页。

该扶"成为一个大问题！于是，在当代中国社会转型时期，与老人一起摔倒的，还有曾经善良纯朴的民众的诚信和良知，还有曾经的礼仪之邦的道德和文明！

二、启动社会系统工程"扶老人"

"老人摔倒了应不应该扶？"从理论上阐释这个问题并不难。

人的本质在于社会性，人与人之间是相互依存的，任何人都不可能孤立、与世隔绝地存在和生活。在这个相互依存的世界上，老人和儿童、青年人、中年人等一样，都是社会的有机组成部分。从历史的延续来说，老人是生产技艺、社会经验以及物质和精神文化的创造者和传承者，是曾经为社会做出过贡献，曾经推动这个社会前进的一个群体。而且，老人也是曾经的年轻人，是现在的年轻人的长辈，对年轻一代有关怀、哺育、提携和扶持之恩，理应得到年轻一代的尊重、理解和关怀。况且，每一个人都是一定会老的！老了之后，身体机能不断退化，变得日益衰弱，疾病缠身，容易摔倒，容易受伤，难免成为需要搀扶、帮助、救援的"弱者"。这是不以人的意志为转移的自然现象。当老人们年老体衰了，在年轻人面前摔倒了，年轻一代自然有义务伸出温暖、扶助的双手，退而言之，哪怕是根据孟子所谓的"恻隐"之心，其他人也不应该冷血地袖手旁观。任何试图"放弃"老人的想法和做法，都是不讲道理的。一个老人摔倒无人扶的社会，绝不是一个有良知、有道德的文明社会。生活在这样冷漠、缺德、无序的社会中，任何有良知的人都应该感到羞愧，感到耻辱！至于负有引导、管理、教育职责的政府部门及公职人员，尤其应该扪心自问、反躬自省，甚至应该受到谴责和"问责"！

可以肯定地说，"老人摔倒无人扶"本不应成为一个社会难题。如果不幸成了难题，那也必须解决，并且，必须只争朝夕地加以解决！目前，在相当程度上，能否真正重视和解决这个问题，已经成了衡量社会道德水平的一个标尺，成了衡量社会文明程度的一个标尺，也成了是否能够收复人心的一个标尺。

彻底解决"老人摔倒了无人扶"的问题，看似简单，其实不然。简单的问题之所以成为引人注目、积重难返的问题，往往有着非常深刻的原因，往往牵涉到一系列复杂的因素。在当今全球化、信息化和市场经济条件下，如何怀着"老人老、幼人幼"的善心，及时有效地"扶老人"，营造友善、诚信、公正、和谐的社会环境，恐怕需要的远非一己之力，一日之功，而是必须协力同心，"下大决心"，"动大手术"，必须运用系统思维，启动一个庞大的社会系统工程。

工程之一：民生基础工程。

依据唯物史观，道德建设是以经济建设为基础的，道德的养成、道德水平的提升，往往受制于一定的物质产生状况，特别是当事人的物质生活水平。这正如古人所谓"仓廪实而知礼仪，衣食足而知荣辱"。就"老人摔倒了无人扶"问题来说，最根本的恐怕还在于经济利益的纠结：相对贫困的老人的医药费、抚养费没有着落，老人及其亲属难以承担，或者承担起来比较困难。一旦出现老人摔倒受伤之类情形，老人及其亲属引发纠纷的目的，往往是希望能够解决高昂的医疗费、抚养费等，有时"无奈之中""情急之下"，甚至不惜将之推给无辜的见义勇为者。因此，解决问题的根本还在于发展社会生产力，夯实物质基础，更好地满足人们基本的物质和文化需求。具体而言，一个健全的社会应该坚持"发展是硬道理"，普遍而有效地改善民生问题，优先解决人们的住房、教育、医疗、养老等基本生活问题，特别是，政策性地尊重、关照、援助弱势群体，包括年老体弱多病的老人，通过多种方式，尽可能解决其基本的生活难题，提供尽可能多的公共服务。如果不幸摔倒的老人享有比较完善的医疗、养老等公共服务，那么，至少可能像今天强制保险后的交通事故纠纷一样，双方一句"让我们双方的保险公司来谈吧"，从而比较轻松、爽快地从纠纷中摆脱出来。

工程之二：政府改革工程。

今天，"老人摔倒了无人扶"问题之所以变得如此严重，关键还在于有些政府部门长期的"缺位"或不作为。改革开放以来，政府确实一直在"放权"，并且受到了相比过去更多的监督和制衡，但不容否认，目前政府仍然是社会居于主导地位的教育者和管理者。在道德、文明面临重大挑战的危急关头，政府肩负着神圣的义不容辞的责任，绝不能在其位不谋其政，"多一事不如少一事"。广大民众也不可能"只做纳税人"，听任政府、"公仆"长期、冷漠地"旁观"和"不作为"。毕竟，中国是广大人民当家作主的国家，政府的权力是人民赋予的，全心全意为人民服务是公职人员的宗旨，而且政府掌握着相关资源，最有能力介入，最有办法解决问题。例如，中国人口密度大，如果发生碰撞事件，马路上出现目击证人的概率高，而且，现在大街、小区、商场等地到处都是摄像头，通过录像取证方便可行，如果交通、公安、城管、医院、司法、媒体等相关机构及时介入，在大多数情况下，是不难还原事实真相，给相关人员一个公道的说法的。因此，只要在全面深化改革的过程中，将相关政府部门的职责、义务划分清晰，要求有关各方及时介入，还原事实真相并据此协调、处理，那么，好心人就会"心中有数"，就敢于"该出手时就出手"。

工程之三：法治正义工程。

在迈向法治社会的征程中，法律法规本身的公正、法官及其判决的公正是解决社会问题、维护社会秩序的基础。而类似"彭宇案"中的法官，在相当程度上忘记了"以事实为依据"之类常识，反而开创了以想象、推断代替事实的恶劣先例，并在整个社会事实上引发了莫名的恐慌！因此，应该及时修改、完善法律法规，实行"谁主张、谁举证"，即如果老人状告搀扶者系肇事者，须自己举证，或者请求相关机构收集证据；必须加强公检法队伍的教育和培训，大幅度提升法官素质，规范法官的判决行为，重申必须以事实为依据而不能以非必然性的"推理"为依据，防止"糊涂官断糊涂案"。对于一些处于弱势地位的涉者，法律界应该建立相应机制，及时提供必要的法律援助。对于那些敢于以身试法、讹诈好人的老人及其亲友，必须根据情节、运用法律武器予以惩处，包括在经济上进行制裁，绝不允许其以所谓"没看清楚""老糊涂了"进行开脱，逃避应该承担的责任。

工程之四：人心修复工程。

改革开放以来，古老中国的道德经过市场和金钱的洗礼，早已经面目全非了。目前应该正视，人心已经涣散"不古"，社会信任屡受冲击，道德底线频频失守，社会道德状况正处于严峻的危机之中。除了通过价值观和道德教育，普遍提升民众的思想觉悟和道德水准之外，更为基础的是必须以脚踏实地的实际行动争取民心，给广大民众以"看得见的希望"。撮其要者，目前至少必须做好两方面的工作：一是对公职部门和公职人员重申"为人民服务"的宗旨，在其位必须有所为，严格恪守职业道德，严惩官僚主义、失职渎职、权力寻租、不作为、乱作为之类现象；二是政府、NGO 组织等可以联合有爱心的企业，并发动广大爱心人士，尽早设立并规范运作"见义勇为基金"。一旦出现了类似上述的纠纷或官司，不妨先动用"见义勇为基金"，为可能的"好心人"及时排忧解难，解除后顾之忧。在今天肇事逃逸屡见不鲜的情况下，动用"见义勇为基金"为责任模糊的纠纷"买单"，是可以接受的权宜之计，也是社会应该偿付的代价。当然，对于事实确凿、故意诈骗"见义勇为基金"的肇事者，可以启动法律程序，事后予以相应的惩处。

工程之五：老人教育工程。

道德是人之为人的基本属性。"老人摔倒了无人扶"之所以成为问题，某些涉事老人负有不可推卸的责任。应该可以这样说，至少存在这样的情况，即某些老人以各种理由，罔顾道义，将好心扶助自己的见义勇为者当作了肇事者。因此，必须启动一个教育和管理工程，教育、要求一切弱势群体自立、自重、自尊，做有道德、遵纪守法的合格公民。例如，不能容忍任何老人"倚老卖老"，将余热"发挥"在坑蒙拐骗上面；不能容许任何老人恩将仇报，恶意透支社会日益稀缺的良善、友爱资源。随着中国日益老龄化，老年人口越来越多，社会负担越来越沉重，老人群体难免鱼龙混杂，老人之间的分化也日益明显。对于庞大的老人群体来说，要求每一位都做到心地纯净、"德高望重"、诚实守信是不现实的，但是，至少也应该要求老人们与其他年龄群体一样，同样做到诚信友爱、遵纪守法，没有理由给予老人在法律或道德方面的"特权"或"豁免权"。

对于那些心怀不轨、为老不尊、刻意讹诈、无耻纠缠、突破底线的"老坏人"，必须重申"法律面前人人平等"的原则，意志坚决、毫不留情地绳之以法，并予以道德上的公开谴责，令其颜面扫地，如过街老鼠，甚至遗臭万年！

或许有人会说，当代中国正面临空前的"大变局"，大问题、大挑战实在太多了，解决"老人摔倒了无人扶"之类小问题，不值得大动干戈。这种观点看似有理，但其实不然，于情于理都难以成立。一般说来，越是"不起眼"的小问题成了老大难问题，越是不应该成为问题的问题成了问题，就越是难以想清楚弄明白，就越是难以形成社会共识，就越是难以扭转局面，就越是难以彻底解决。就此而言，我们迫切需要"小题大做"，运用系统思维、动员全社会力量加以解决；并且，还得有打持久战的准备，准备付出长期、艰苦且智慧的努力。

三、以建设的姿态"扶道德"

在当今社会转型时期，应该对"摔倒了"的道德进行全面反思，道德建设也应该有新的路径选择和具体方略。实际上，在全球化、信息化和社会主义市场经济条件下，照搬或"恢复"自给自足的小农经济条件下产生的"传统美德"显然是不可能的；而"引进"西方资本主义道德又与社会主义根本原则相冲突，并且，西方的药方能否治愈"中国病"也大可怀疑。因此，走出目前道德困境的出路，在于"以我为主"，注重自身的建设，确立一套与中国优秀文化传统相衔接、与社会主义市场经济相适应的新型道德。这是一个综合的系统工程，包括的内容十分丰富，不同时期的内容还应该与时俱进地进行调整。除了上文提及的一些措施之外，大致可以从如下几个方面入手：

首先，重新审视道德的地位和价值，既反对"道德一元论"，又反对"道德无用论"。在中国历史上，人们常常把一切问题都视为政治问题、道德问题，形成了强烈的唯政治化、唯道德化倾向，这种"道德一元论"造成了道德泛化、道德虚化等不良后果。当解放思想、改革开放之后，社会环境变得比较宽松，有些人"如释重负"，对传统道德产生了强烈的"逆反"心理，甚至滑向另一个极端，故意反其道而行，赤裸裸地鼓吹道德虚无主义和"道德无用论"，公开叫嚷"人格值几个钱？""良心多少钱一斤？""道德有什么用？"为了实现自己的目的，有人不择手段，任意妄为，甚至将信仰、人格、良心、尊严、诚信等统统置诸脑后，从而造成了一些道德滑坡现象，以至恩将仇报之类令人不齿的事件也屡屡发生。道德是以经济发展和人的发展为基础、以自律和舆论监督为规范手段的，有其特定的作用范围，对之我们应有清醒、客观的认识。既要反对刻意夸大道德作用的"道德一元论"，如无视其他方面的考量，仅仅局限在道德层面解决"老人摔倒无人扶"之类问题；又要反对否认道德价值的"道德无用论"，如听任道德失守底线而无动于衷，无所作为。这是我们实事求是地进行道德建设的出发点。

其次，加强道德立法，将部分基本的道德规范法律化，变成相应的法律规范。沉疴当用猛药。在当今恶行肆虐、道德频频失守底线的危急关头，应该在广泛调查、深入研究的基础上，使道德建设与法制建设并轨，发挥相辅相成、相得益彰的作用。例如，将对公职人员的道德要求——恪尽职守、禁止权力寻租等，对公民的道德要求——诚实守信、禁止坑蒙拐骗等，在法律上给予严格而详尽的规定，对敢于以身试法者（包括似乎处于弱势地位的老人）及时绳之以法，坚决扼制道德进一步下滑的势头。此外，还可根据"救死扶伤""扶危救难"等道德原则，考虑制定《公民义务法》，将禁止见死不救、"救命索要救命钱"等制定成相应的法规，强制广大民众参与进来，逐渐减少甚至杜绝"冷漠的旁观""见义而不为"。只有以法治为后盾，道德底线才不至于频频失守，道德义士才不至于屡屡心寒；也只有以法治为后盾，才能维护道德的基本尊严，有效地扭转社会风气。

再次，以道德人格的塑造和健全为核心，打造"道德新人"。传统伦理道德的一个非常重要的特点，是重人伦规范，轻人格塑造。或者说，重外在表现，轻内在"做人"。虽然我们并不否认历史上存在不少顶天立地、具有健全人格的思想与个人，如孟子主张大丈夫应"富贵不能淫，贫贱不能移，威武不能屈"，陶渊明主张"不为五斗米折腰"，范仲淹提出"先天下之忧而忧，后天下之乐而乐"，顾炎武提出"天下兴亡，匹夫有责"……正是这些闪耀着个性的人格，构筑了"中国人的脊梁""民族的自信"（鲁迅语）。但是，传统道德往往更多地注重道德规范的制定和论证，注重道德规范的遵循和约束力，较少鼓励、欢迎甚至允许人们以自主的姿态，自由地探讨为什么要这么做。而重人伦规范、轻人格塑造，导致了人们道德上的非自觉性，人们的道德表现往往是做给别人看的，而不是发自内心的一种道德自觉。道德甚至常常沦为一种统治、管理、教育的"工具""利器"。由于人格不健全，道德上并不过硬，一些人往往在熟人面前是一种表现，在陌生人面前又是另一种表现。今天发生的大多数"扶老人"纠纷，也主要发生在陌生人之间，因为是"没有关系"的陌生人，因而往往"不客气"，甚至敢于明目张胆地挑战道德底线。因此，道德重建应该以道德人格的塑造和健全为核心，努力造就一代独立自主、责权利相统一的道德新人。当然，我们也应该看到，改革特别是商品经济、市场经济建设，导致人们的主体地位不断得以强化，主体意识不断觉醒，人们对各种道德规范与行为自主选择的自由度与责任感不断增强，这为人们的道德人格的确立与健全打下了良好的基础，需要的是不断地学习和实践。

最后，在道德管理、监督与教育方式上，重在示范。"榜样的力量是无穷的"。过去的道德建设过多地注意了灌输式的教育，生硬粗暴地要求人们应该这样，禁止那样，动辄批判、惩治、罚款。更有少数管理者、教育者，嘴里要求别人的是一套，自己私下里干的又是另一套，倒起了反面的示范作用，令人感受到道德之虚伪以及对弱势群体的戏弄。如果我们能从高高在上的指手画脚中，从生硬的灌输、禁止、罚款的误区中走出来，重点要求人们自主自立，做好自己分内的事，在扮演的社会角色方面遵守职业道德，用自己的身体力行去弘扬美德，如干部守"官德"勤政廉洁，教师重"师德"为人师表，商人讲诚信童叟无欺，服务人员遵守服务公约和蔼可亲，执法人员讲公正秉公而断……凡是要求他人做到的，自己首先信念坚定，自觉奉行，不打折扣，那么，往往会产生强烈的暗示作用和良好的示范效果。这也是"从我做起""从现在做起"的当然之意。

总之，有良知，讲道德，不是一个人对他人和社会的恩赐，而是人与人之间相互交往的起码要求，是"人之为人"的标志之一。《荀子·王制》云："水火有气而无生，草木有生而无知，禽兽有知而无义。人有气、有生、有知亦且有义，故最为天下贵也。"这即是说，讲仁义，有道德，是人别于动物界，甚至"人之为人"的标志性特征。"人无德，其异于禽兽几希？"突破底线、极端不讲道德的人，历来被认为"形同禽兽"，甚至"禽兽不如"！至于一个民族、国家，伦理道德规定着其发展的方向和方式，道德水平是其发达程度和文明程度的标志。如果"老人摔倒了无人扶"之类的问题都解决不了，那么不仅说明该民族、国家之混乱，之不堪，而且可以断言，未来也不可能乐观，甚至不可能有什么希望。因此，道德绝非可有可无的，可讲可不讲的，有时甚至不是可以讨价还价的，而是一种无条件的"绝对律令"。当然，受制于社会环境的变化，扎根于人心的道德修养、道德建设，也并非一日之功，我们要有打持久战的准备。

第十四讲　全球化时代的东亚价值观

　　东亚价值观即"东亚共同价值"，是东亚（主要包括中国、日本、朝鲜半岛）人民在长期交往实践中形成的价值信念、价值理想、价值标准和价值取向的综合体系，是东亚人民共同利益、需要、能力的综合反映，是东亚人民心理和行为的内心定向系统。相对于人类共同价值，东亚价值观是东亚区域的特殊价值观；相对于东亚各国各地区，它又是一种东亚共识、普遍价值。东亚价值观源远流长，在历史上主要与"汉字文化圈""儒家文化圈"相联系，与儒释道思想和价值观相联系，与东亚各国的文化传承和民众心理相联系。在东亚价值观形成的过程中，中国曾经长时间占据中心位置，对日本、朝鲜半岛产生过广泛且深刻的影响。

　　东亚价值观内容芜杂，兼容并包，特色鲜明，是人类文化的有机组成部分，是人类共同价值的重要资源。在全球化、信息化浪潮席卷世界的情况下，在西方（特别是美国）卖力推销"普适价值"

的情况下，东亚和东亚价值观何去何从，令人关注，也令人忧虑。毋庸讳言，东亚价值观如何在保持自身的个性和特色的基础上，实现其发展，发挥其价值，是摆在人们面前的一个紧迫而现实的重大课题。

一、东亚价值观的基本特质和现实意义

一定价值观的基本特质是在与其他价值观的比较中凸显出来的。东亚价值观最直接的参照物是西方价值观（主要指美国和西欧的价值观）。之所以单独提出"东亚价值观"，也是因为东亚价值观与西方价值观之间存在着明显的差别。例如，陈独秀指出："西洋民族以战争为本位，东洋民族以安息为本位"，"西洋民族以个人为本位，东洋民族以家族为本位"，"西洋民族以法治为本位，以实利为本位；东洋民族以感情为本位，以虚文为本位"。

东西方价值观的基本特质不同。相对于西方价值观坚持"个体本位"，以冲突和竞争为特质，坚持"群体本位"，注重和谐则是东亚价值观的重要特色。这里所谓"和谐"，是指不同事物，事物的各个不同部分，多种成分和平、协调地"共生"，即"多样化的有机统一"。

第一，在人与自然的关系上，东亚价值观信守"天人合一"，致力于人与自然和谐相处。

在天人相分、"人定胜天"等观念引导下，在以利润为核心的市场经济和"资本的逻辑"驱使下，贪婪、短视的人类将自然仅仅视

为征服、改造、利用的对象。这诚然冲破了慢节奏的、田园牧歌式的农业文明，促进了生产力的快速发展，促进了社会的快速现代化，但是，急功近利、掠夺式地对待自然，打破了人与自然的原始平衡，破坏了原始的生态圈、生物链，造成了环境污染、生态失衡、能源危机等灾难性后果，人类正面临"失去家园"的惶恐与困惑。

东亚价值观处理天人关系的重要原则是和谐。《国语·郑语》云："和实生物，同则不继。""和"是生成万物的基础，万物皆由"和"而生，并存在于"和"的状态之中；而"同"是无矛盾、无质的差别的同一，相同的事物相合，既不可能产生新事物，也不会促使事物继续发展。东亚文化信奉"天人合一""天人合德"，要求人与自然之间保持和谐，在和谐中求发展。道家强调"道法自然"，"不与自然争职"，一切因任自然，顺应自然，"无为而治"。《中庸》将自然之和表述为："万物并育而不相害，道并行而不相悖"。《易传》则曰："夫大人者，与天地合其德，与日月合其明，与四时合其序，……先天而天弗违，后天而奉天时。"即顺从自然，按照自然的本性和规律办事，达到人与自然之间的高度和谐。"和"的状态在于，万物各在其位，各有其分，各得其所。这体现为"度"，适度即为"中"，因此谓之"中和"。《中庸》云："喜怒哀乐之未发，谓之中，发而皆中节，谓之和。中也者，天下之大本也；和也者，天下之达道也。致中和，天下位焉，万物育焉。"可见，无论是道家的"道法自然"，还是儒家的"天人合德"，都强调人与自然之间的平衡与和谐，强调"适度"的可持续发展，这对于纠正二元对立的天人关系、掠夺式的自然观具有重要意义。

第二，在人与人的关系上，东亚价值观坚持"群体本位"，崇尚秩序与团队精神。

在"物竞天择，适者生存"的市场经济大潮中，"资本的逻辑"无比强势、霸道。生存竞争中对于金钱和利润的疯狂追逐，扭曲了人的心灵，毒化了淳朴的社会环境，败坏了传统的人际关系。面对生存竞争中残酷无情的优胜劣汰，个人的利益、需要和欲望得以强化，人与人之间不断发生激烈冲突，一些人甚至认为"人对人是狼"，"他人就是地狱"。这种紧张、对立的社会关系导致人们的集体观念、社会责任感相对淡漠，并使人们陷入深深的焦虑、不安与愤懑之中。

"和为贵"，重"和"，则是东亚各国文化的特色，是东亚处理人与人之间关系的重要价值取向。儒家以仁为本位。《论语·雍也》云："夫仁者，己欲立而立人，己欲达而达人。"人我具立，人我具达，也即人人和谐。"和也者，天下之达道也。"东亚一向讲究和平共处，和气生财，"家和万事兴"。如有子强调"和为贵"，孟子认为"天时不如地利，地利不如人和"，董仲舒主张"德莫大于和"，7世纪初日本推古朝圣德太子制定的《十七条宪法》中，也提出了"以和为贵，无忤为宗"的主张。"和为贵"，重"和"，基于对"和实生物"的认识，是人道追求的最高目标，是治理国家、处理各种事物的准则。这种价值取向有助于社会的稳定和秩序，有助于增强社会的亲和力和凝聚力，有助于缓解可能存在和突显的各种矛盾和冲突，有助于避免因为矛盾激化、激烈对抗而导致的社会动荡。当然，这里的"和"不是无差别的"同"，不是没有原则的一团和气。《论语·子路》强调："君子和而不同，小人同而不和。"允许差异、个性、多样性存在的"和而不同"，才是待人接物、处世处事的基本态度，才是实现其乐融融、和谐美好的"大同社会"的途径。

第三，在身心关系上，东亚价值观力求通过内在的修身养性，追求内心的和谐、良心的安宁。

伴随着科技、经济、社会的高速发展，人与自然、他人、社会之间关系的变化，人的内在精神世界也开始失衡。整个社会为发展而发展，为增长而增长，增长成了一种无目的、无理性的竞赛，经济发展本身成了目的（人力资源），人自身不是作为目的居于发展的中心，反而成为经济发展的手段（人力资源），人被物化、异化了。在先进的科技工具面前，在高度自动化的大机器生产过程中，人成了"机器的奴隶"，"人为物役"成为普遍的事实，人自身遭到了冷落，变得渺小而无助……这导致人的心灵受到巨大冲击，普遍产生孤独、寂寞、苦闷等心理，产生焦虑、紧张、不安等情绪，甚至导致人存在的意义失落了，人成了无居所的流浪者，生活本身荒谬化了。

东亚文化传统以和谐为最高境界，它对人"最为天下贵也"的强调，对人的欲念的节制，对人的观念和行为持道中庸、追求和谐的要求，对于缓解和解决人内心的冲突与失衡，明显具有现实意义。佛、道、儒等多认为，人的私欲、贪欲、功名利禄之心等，是扰乱人的心神、导致内心失衡的原因。虽然儒学等在一定意义上确认了人类源自生物本能的利己私心的正当性，肯定私心（人欲）是人类谋求进取的原动力，但是，又多认为利己私心容易失去控制，膨胀为自私的贪欲，从而导致伦理意义上的罪恶。因此，佛、道、儒多提倡"寡欲"乃至"无欲"，通过制欲，从而求得内心的平衡和宁静。如儒家希望将私心升华，弘扬利他的爱心（公心），制约与导引私心，实现"两心调谐"，从而"致中和"，"与天地参"。

只要我们不是假装看不见，那么不难发现，当今世界正面临着广泛而深刻的价值危机。西方以个人主义为基础、以竞争和冲突为特质的文化价值观普遍流行，人与自然、人与人之间的关系日趋紧张，人内心的失衡日益严重。而"异质性"的东亚价值观独树一帜，它重视天人一体，重视群体和社会，注重"关系"的和谐，推崇"中庸之道"。这种价值观具有西方价值观所没有的一些资源，蕴含着西方价值观所缺乏的精神特质，如果能够立足现时代，加以必要的现代解释，完全可能济世界文化之穷，助世界文化实现现代转型，并对世界文化的丰富性、多样性和人类共同价值的形成做出独特的贡献。实际上，这也是东西方有识之士的期待与共识。

二、近代以来关于东亚价值观的认知变化

在东亚历史上，东亚价值观曾经以其博大精深和不容置疑的权威，引领东亚各国实现了长期、稳定的发展，并在全世界产生了广泛、深沉的影响。但是，近代以来，随着西方的快速工业化，西方资本主义取得了巨大成功，生产力获得了人类历史上前所未有的发展，而东亚则封闭保守，抱残守缺，相对于西方大大落伍了。特别是，受"资本逻辑"的驱使，特别是开拓市场的需要，西方列强在全球疯狂扩张。他们依恃经济和技术优势，仗着船坚炮利，实行炮舰殖民政策，古老、宁静的东亚也成了被侵略、被殖民的对象。落后、挨打、割地、赔款、"开放"、殖民、屈辱之类词，成为近代东亚屈辱的标签，成为东亚人心头"永远的痛"。

随着东亚各国的落后挨打和被迫开放，东亚文化价值观完全暴

露在西方面前。因为"硬实力"相比明显落后，作为"软实力"的文化价值观受到牵累，前所未有的质疑、批评扑面而来。"好面子"的东亚人频频被"打脸"，内心的愤懑可想而知。

除了一些立足西方中心主义、充满歧视性的污蔑，如威廉二世提出的臭名昭著的"黄祸论"，1919年《巴黎和约》把东亚民族确定为"不能自我统治的民族"，等等，学者们也从理论上对于东亚价值观提出了不少理性的质疑。

马克斯·韦伯在《儒教与道教》中认为，儒家的"实质性伦理"与西方的"形式性法律"不同，它会阻碍中国发展工业资本主义。例如，资本主义市场经济要求诚信，与新教伦理将商业信任建立在共同的信仰和个人的伦理品质上不同，儒教的"一切信任，一切商业关系的基石明显地建立在亲戚关系或亲戚式的纯粹个人关系上面"，并且，"儒教中习以为常的不正直的官方独裁以及死要面子的独特含义造成的后果是尔虞我诈，是普遍的不信任"。"儒家君子只顾虑表面的'自制'，对别人普遍不信任，这种不信任阻碍了一切信贷和商业活动的发展；与此相对的是清教徒对教友的信任，特别是从经济上信任教友的无条件的、不可动摇的正当性，因为它是受宗教制约的。"儒教抑制了经济组织和企业形式的产生："对宗族制约的维系和政治、经济的组织形式完全系于个人关系的性质。这些组织形式明显缺乏理性的客观化和绝对的人际目的联合性，一开始就没有独立的团体，尤其在城市中，最后也没有完全客观地与目的结合起来的经济客观化的形式和企业形式。""反之，清教则将所有这一切都客观化了，消化为理性的'企业'和纯粹客观的经营关系，并用理性的法律和契约代替了中国那种原则上万能的传统、地方习惯以及具体的官场上的任人唯亲。"虽然儒教认为，"财富是能够高尚地，亦即合乎尊严地生活，并致力于自身的完善的重要手段"，但又觉得财富"靠不住，会破坏高贵的心灵平衡，一切本来的经济职业工作都是庸俗的匠人的活儿。"因为"君子不器"，"匠人即使借助他的社会功利价值也不能提高真正积极的尊严"。"儒教伦理的这个核心命题反对专业化，反对近代的专业科层和专业训练，尤其反对为营利而进行的经济训练。"儒教极端"唯物主义""功利主义"的入世态度和清心寡欲之类的道德信念，阻碍了作为近代资本主义前提的伟大的经营思想的产生。"在中国，肯定现世的功利主义和对作为全面完善的道德的、万能手段的、财富的伦理价值的信念，同巨大的人口密度结合起来，把'精打细算'和寡欲提到了闻所未闻的高度。"而从"高度紧张的无止境的经济努力和那种往往很可悲的极端'唯物主义'中，并没有发展出至少在经济领域中作为近代资本主义前提的有计划的伟大经营思想。"①

J.R.列文森认为，"在现代世界里，儒教的'中庸'特性已没有存在的余地，它不再是可供选择的一种方法，而成了来自新的权力中心之新精神的对立物。""儒家文明所推崇的是非职业化的人文理想，而现代的时代特征则是专业化"，而在"学而优则仕"观念的主导之下，儒家的教育体制、与科举制有着密切联系的官僚制度，却阻止了社会向职业化方面的发展。儒家要求"君子不器"的传统，儒家反对专业化，意味着儒家"反对（和剥夺）科学，反对（和剥夺）合理化和抽象化的符合逻辑的经济系统，反对（和剥夺）历史发展的观念"。儒家传统在近代西方文化的冲击下，"失去了生命

① 马克斯·韦伯：《儒教与道教》，王容芬译，商务印书馆1995年版，第289—298页。

力"，并且由于脱离了它所赖以生长的宗法封建社会，而"博物馆化"了，成了博物馆中的陈列品。"就博物馆学的意义而言，陈列品都只具有历史的意义，它们代表的是既不能要求什么，也不能对现实构成威胁的过去。""儒教中国不断衰落，成为历史意义的历史，这种衰落的标志之一是'汉学'成了西方对儒教文明兴趣的顶点。"①在他看来，尽管儒家学说作为"博物馆中的陈列品"还可以供人鉴赏，但却仅仅具有审美价值，满足人们的某些爱好；仅仅具有作为历史研究的史料的意义，供人们参观和研究。因此，儒家思想与现代社会、科学精神等水火不容。东亚若想迈入现代社会，若想拥有和利用科学，必须抛弃儒家思想。

由于韦伯、列文森在学术界的显赫地位，也由于他们的相对深入的理性研究，由于他们的观点的广泛传播和巨大影响，东亚传统文化价值观之"落后"似成定论。东亚文化是一种停滞的文化，是一种只适应农业社会的文化，是与现代化、现代文明格格不入的文化，必须用西方文化对其进行启蒙和引导，这类观点在西方占据了主流地位。这种论调至今阴魂不散，不时沉渣泛起。

当然，对于东亚文化价值观的质疑与批判，并非西方人的专利。中国鸦片战争战败，东亚诸国都倍感震惊，许多志士仁人开始"睁眼看世界"，进行落后挨打后的多方位反思。这种反思无疑既十分痛苦，身处传统文化环境之中，又非常艰难。开始的时候，囿于"文明古国""中央帝国"的传统思路，有些人找到的是些枝节方面的原因，甚至颇为荒唐、可笑。例如，洋人都是"蓝眼高鼻"的妖

---

① 列文森：《儒教中国及其现代命运》，郑大华、任菁译，中国社会科学出版社2000年版，第367—377页。

怪，洋枪洋炮能用秽物巫术制之……但是，也有些思想家的思考是严肃而且深入的。

例如，福泽谕吉、西周、津田真道、加藤弘之、中村正直、森有礼等日本思想家认为，儒学是空理虚谈的"虚学"，应该提倡"实学"；儒学宣扬"克己"的禁欲主义，应该引进进取性的功利主义；儒家提倡以封建纲常为内容的等级观念和服从道德，应该引进天赋人权说和社会契约论，提倡独立自尊；儒家思想维护君主专制，应该引进君主立宪主义；等等。

中国启蒙思想家严复把科学与民主视为西方近代化的命脉，西方之所以行科学与民主而常通，中国行科学与民主则常病，在于以个人为本位的西方有自由，而以群体为本位的中国没有自由。

林毓生指出，中国五四运动时期和之后，传统文化遭到猛烈抨击，产生了所谓"整体性的反传统思想"或"整体性的反传统主义"。他在《中国意识的危机》中认为，辛亥革命之后，以儒家传统为主的中国传统在文化秩序与道德秩序方面已经遭受一种结构性的解体。

余英时在《现代儒学的困境》一文中，认为儒学不只是一种单纯的哲学与宗教，而是一套全面安排人间秩序的思想体系，因此，传统儒学一方面透过制度化来支配传统文化，另一方面又托身于中国传统的制度。而近百年来，由于中国传统制度之逐步崩解，儒学在现实社会中逐渐失去立足点，及至儒学与现实社会之间的联系完全断绝，它便"死亡"而成为一个"游魂"了。

胡适和陈序经等人更是抱着恨铁不成钢的心态，提出了彻底否定传统文化价值观的"全盘西化"主张。"全盘西化"论自此就一直没有消失过。

二战之后，由于日本、"东亚四小龙"（韩国、新加坡、中国台湾、中国香港）等相继创造了举世瞩目的经济奇迹，中国大陆自20世纪80年代开始改革开放，也走上了现代化的快车道，人们又开始重新审视东亚和东亚价值观。学者们的态度发生了明显的反转，逐渐"发现"了东亚价值观包含的优秀资源、独特品质，以及其在当今世界的价值。

例如，H.卡恩在《1979年及其后的世界经济发展》中认为，包括日本在内的东亚是"新儒教国家"。一些源自儒家的共同文化特质，如强调群体、等级、和谐，重视教育和技艺的学习，以严肃的态度对待工作、家庭和义务，等等，使东亚国家特别善于组织，达到良好的秩序，从而获得经济上的成功。

R.马若然教授在《后儒家的挑战》中指出，在20世纪末的"后儒家时代"，儒家的意识形态是东亚人的"内在准矩"。如果西方的个人主义适合于工业化的初期发展，那么儒家的集体主义可能更适合工业化更高的时代。

大英百科全书主编弗兰克·吉布尼认为：日本是东西合璧的"儒家资本主义"。日本取得经济成功的真正动因，乃是将古老的儒家伦理与战后由美国引入的经济民主主义糅合在一起，并加以巧妙运用，如创造出以人为中心的"人力资本思想"、"和谐高于一切"的人际关系、"高产乃是为善"的劳动道德观等。

P.伯格尔教授在《世俗化：西方与东方》中进一步认为，世界上存在着两种形式的现代化，即西方式的现代化和东亚特色的现代化，前者以基督教为基础，后者以儒家思想为基础。

著名未来学家约翰·奈斯比高度评价了东亚模式："亚洲的现代化绝非等同于'西化'，它呈现出的是特有的'亚洲模式'。现在，亚洲踏上了富强发展之路，经济复苏使东方人有机会重新审视传统文明的价值。随着技术和科学的引进，亚洲向世界展示了现代化的新模式，一种包容、自由、有序、社会关注和个人主义等信念的模式，东方崛起的最大意义是孕育了世界现代化的新模式。亚洲正以'亚洲方式'完成自己的现代化，它要引导西方一起迈入机遇与挑战并存的21世纪。"①

与西方学者越来越多的相关论述相呼应，东亚一些学者的态度几乎同时发生了转变。许多学者不再坚持东亚价值观与现代化互不相容，转而认为东亚价值观在现代化的过程中"扮演了积极的角色"，其中有许多值得保存的有利于现代化的因素，这些因素经过"批判地继承和创造地发展"或"创造性的转化"，完全可能成为现代化的有用资源。

例如，日本学者森岛通夫认为，日本之所以能够成功，在于将"日本精神"与西方科技相结合。这里所谓的"日本精神"，主要指的是日本的儒家思想。

韩国学者金日坤认为，在日、新两国中，儒教是最具有优势的传统文化，至今仍作为重要的秩序原理而生存。儒教国家经济发展的成功，是由于"儒教伦理具有与经济发展的适应性"。

1992年10月，日本学者池田大作在中国社会科学院发表演讲《21世纪与东亚文明》时指出，在风云变幻的世界形势下，东亚地区正逐渐发展为21世纪的极其重要的区域。人们不仅关注东亚的经济发展，而且越来越关注其文化因素。当21世纪宣告黎明之时，东

---

① 约翰·奈斯比特：《亚洲大趋势》，蔚文译，外文出版社、经济日报出版社、上海远东出版社联合出版，1996，第275页。

亚不仅在经济层面，甚至深入至精神领域，定会为世人瞩目，成为引导人类历史的动力。

由于在20世纪70年代之后世界经济不太景气的年代里，东亚经济仍然表现出强劲的增长势头，于是有些学者飘飘然，在膨胀中又走向另一个极端，做出了未经严密论证、过分乐观的预言。如东亚经济将在不太长的时间里超过以美国为代表的西方；"儒家文化比西方文化优越"，"儒家文化在21世纪会成为世界文化的主流和中心"；"三十年河东，三十年河西，21世纪将是东方的世纪，东方文化在世界文化中将再领风骚"；等等。这明显是一些夸大其词、有待论证、有待检验的言论。

实际上，同一时期，也存在许多对于东亚模式和东亚价值观的质疑。如保罗·克鲁格曼在《亚洲奇迹之谜》中认为，东亚奇迹主要是通过大量投入资本和劳动力而取得的，是通过延宕欲望的满足，为了未来的收获而牺牲现在的享受获得的，它与美国通过提高要素生产率实现经济增长迥然不同，不可同日而语。因此，东亚模式不过是一个虚构的神话，是靠不住的"纸老虎"，不可能持续下去。罗宾·布劳德等人认为，东亚经济的成功是当时特定的国际背景造成的。美国出于冷战反华抗苏的目的，大力扶植东亚国家对内稳定政权，对外发展外向型经济，并向它们开放美国市场。他们认为，如果不是因为共产主义威胁，东亚的今天也许会截然不同。还有学者认为，高储蓄、高投入的东亚经济发展模式，只会在短期内有效，长期来看则必将失败，因而是一种发展中国家的"不可取的发展模式"。世界银行1993年发表的题为《东亚奇迹》的研究报告更是以东亚的经验、机制和政策各不相同为由，否认存在一种东亚区域普遍适用的"单一的东亚经济模式"。

　　1997年亚洲金融危机的爆发，东亚经济遭受了重大损失，风头正劲的东亚价值观也遭到连累。当其时，一些学者见风使舵，转而断言东亚价值观或"儒家神话"彻底破产了。近些年来，随着日本陷入长期的停滞，在泥潭中挣扎；东亚"四小龙"分化加剧，风光不再；中国也告别高增长，进入"新常态"。加上东亚自身的矛盾和分裂，东亚价值观受到了冷落，一些东亚学者也对之没有自信，有人经常不以为然，极端的甚至嗤之以鼻。当然，多数学者比较理性，拒绝过早地草率地下结论，而倾向"拉长"周期，基于东亚自身的实际情形，对东亚价值观进行深层次、全方位的检讨。

　　当今人类正在迈入全球化、信息化时代。在新的时代背景下，在新的世界格局中，东亚呈现出非常复杂的情形，意识形态之争、历史问题、岛屿争端、统独（如朝鲜半岛）问题、环境问题、发展路径选择以及美国的警察式干预，等等，都深刻地困扰着东亚，"撕裂"着东亚。东亚甚至越来越难以整合立场和利益，各国之间的矛盾、冲突不断，有些矛盾和冲突甚至有失控之虞，各国各地区也越来越强调自己的差异性、独特性，乐于展示自己的个性和特色。在一些人心目中，"东亚"甚至变成了一个尴尬的"符号"（概念）。例如，不少日本人就不认同东亚身份，而自"脱亚入欧"后，就自认为自己是黄皮肤的"西方人"。此外，伴随着全球化和信息化的深入，近些年来，东西文化价值观的交流与碰撞日益频繁，东亚价值观正受到来自西方强势文化的巨大冲击，特别是西方所推广的"自由、民主、人权"等"普适价值"的全方位挤压。在这种全新的情况下，"东亚"向何处去，东亚价值观向何处去，如何进行建设，显然没有确定、清晰的答案，需要进行理性的判断和系统的反思。

三、全球化时代东亚价值观的综合创新

关于全球化背景下东亚价值观的建设路径，近些年来，一直众说纷纭，莫衷一是。有人提出了"向外看"、照搬西方价值观的"普遍主义"的"西化论"，也有人主张"向后看"、回归传统价值观的"特殊主义"的"传统复兴论"。而我认为，建设东亚价值观是当代东亚人自己的事情，应该依据东亚价值观的基本特质，立足东亚自身的现代化实践，进行自主性、综合性的创建，即主张"创建论"。

"创建论"是在全球化、信息化时代，在东亚各国开启新的历史征程条件下，东亚社会立足自我"向前看"、以建设和创新为本的文化价值观取向。按照"创建论"的思路，必须超越普遍主义的"西化论"，超越特殊主义的"传统复兴论"，但"创建论"并不是与"西化论"和"传统复兴论"毫不相关。它将西方先进文化与东亚优秀传统文化作为自身发展的有益资源，充分吸取其优点，取其精华。"创建论"不鄙视传统，割断传统，而是要求尊重传统，"古为今用"；也不排斥西方合理的文化价值观，而是要求尊重西方现代化的经验，"西为东用"。当然，"创建论"的核心是"自我"，即东亚社会当下的现代化实践，以及实践过程中的真实需要。无论是分析批判西方文化价值观，还是总结鉴别东亚传统价值观，都有一个立足东亚社会的实际、以科学的理论和方法为武器的问题；无论是"西为东用"，还是"古为今用"，最终都必须立足自我"向前看"，以东亚文化的现代化为目标；无论是东亚传统文化已有的东

西，还是自身缺少而西方独有的东西，都不能盲目照搬，简单套用。

东亚文化价值观建设的落脚点是高扬东亚社会的主体性，发挥东亚自身的自觉性和能动性，在借鉴人类一切优秀文化成果的基础上，在实践中进行自主的综合的创建。

从建设的具体内容来说，必须在全球化与东亚化、人类共同价值与东亚特色价值观之间，保持必要的张力。新型的东亚价值观不是传统价值观的简单复兴，而是在当代生活实践中，适应全球化时代，将人类共同价值与东亚传统价值观的精华相结合的现代价值观。它不回避时代和时代的要求，而努力做时代的"弄潮儿"，并随着时代的发展而与时俱进；它也不否定全球业已取得的价值实践成果，而是希望主动纳入全球化的进程之中，在与整个世界的充分联系、交往互动中，吸取人类共同价值（科学、民主、人权、法治等）并以之作为东亚价值观的基础。同时，它拒绝全盘西化，反对"西方中心主义"和霸权主义，反对作为西方的附庸而存在，旗帜鲜明地保持东亚传统文化价值观的个性与特色。因为，如果背离了东亚的文化传统与具体情况，失去了东亚的文化个性和特色，那么东亚价值观就失去了存在的理由和意义。

从建设的具体方式来说，必须在东亚内部的自我创建与世界的交往实践、共存合作之间，保持必要的张力。东亚价值观的创建是东亚社会自身的权利与责任，域外的任何人都不可能包办代替，也不可能简单地"克隆"他人，而必须以"我"为主，依靠东亚诸国诸地区的自我整合，协调合作，特别是脚踏实地的创造性努力加以实现。放弃自我，乞怜于人，既于事无补，又贻笑他人。同时，在全球化背景下，东亚价值观的创建并非孤立的、与世界其他国家和地区毫不相关的事业，自我封闭、盲目自大、唯我独尊，既没有益处，也没有前途。相反，东亚价值观只能在全球性的交往实践中逐渐生成，与人类共同价值的追寻一道丰富与成长。因此，既必须以自立的姿态，通过自我奋斗求发展，又必须注意处理与世界各国各地区的关系，在与世界各国各地区的交往实践中，互相尊重与宽容，通过学习、沟通、理解、对话与合作，共同建设，协调发展。

全球化时代新型的东亚价值观的综合创建，东亚价值观与人类共同价值之间的交往互动，是一个漫长的逐步积累、逐步进步的历史过程，一个在"两极的张力"之间互动整合、走向和谐的历史过程。这一过程与东亚自身的现代化进程息息相关，与东亚自身的命运相互塑造。在这一历史过程中，虽然难免存在一些问题和挑战，包括"东亚"内部的认同、利益的整合、矛盾的协调、冲突的调解，但是，我们有理由相信，东西方学者面对工业文明和"资本逻辑"的深刻反思，东西方文化价值观的相资借鉴，东西方在"人类共同价值"追寻中的交流、合作，特别是面向时代和实践的创造性构建，一定会引领人们走出各种价值矛盾和冲突，形成新的具有先进性、感召力的价值共识。

第十五讲　文化多样性与跨文化交流

　　文化多样性是人类社会的一种正常的客观的存在。文化即"人化"与"化人",而人及人的组织结构千差万别,"人化"与"化人"的结果自然不尽相同。而不同文化之间的交流与融合、碰撞与冲突,是各种文化共存、发展的基本条件和基本途径。

　　迈入全球化、信息化时代,在"全球普遍交往"过程中,不同文化应该怎么相处?应该采取什么样的方略?在历史和现实中,人们已经提供了不少"选项",如有的抱残守缺,有的侵略殖民……或许,正确的态度应该是,倡导不同文化相互尊重和包容,承认和发展文化多样性,推动实现文化之间的交流、沟通、对话和合作,进而建设一个和平、公正、和谐的"人类命运共同体"。

一、文化多样性及其意义

汹涌的时代变革创造了新的文化环境。随着全球化、信息化时代的到来，世界正在变成一个休戚与共的"地球村"。各文化主体相对封闭的生活状态被打破了，"他者"及其文化成为可感知、可比较的"存在"。这导致多样化、差异化的文化"暴露"在世人面前，难以避免他人的审视、评说。

不难理解，文化主体的差异和多样性，他们所具有的不尽相同的现实利益和需要，他们在经济发展、政治要求、宗教信仰、风俗习惯等方面的多样化，必然会导致文化的差异和多样化。这种差异和多样化有其深厚的历史积淀，也有其自身的客观价值。2001年11月2日，联合国教科文组织第三十一届（部长级）会议通过的《世界文化多样性宣言》宣称："文化在不同的时代和不同的地方具有各种不同的表现形式。这种多样性的具体表现是构成人类的各群体和各社会的特性所具有的独特性和多样化。文化多样性是交流、革新和创作的源泉，对人类来讲就像生物多样性对维持生物平衡那样必不可少。从这个意义上讲，文化多样性是人类的共同遗产，应当从当代人和子孙后代的利益考虑予以承认和肯定。"

例如，不同的民族有其自身的文化传统和风俗习惯，不同的宗教有其各具特色的信仰信念和规范戒律，不同的社会阶层有其自身的现实利益和价值追求，不同的地区要求有符合其具体情况的发展道路和模式，不同的行业有其具体的职业特点和关注重心……不同的社团组织、社会群体也有其独特的价值旨趣和要求。例如，环境保护主义者（绿色和平组织等）疾呼环境保护的急迫性，要求维护生态平衡，保护大自然、动物和植物的权益；女权主义者反对一切性别歧视，主张妇女解放和全面平等，维护妇女的正当权益；黑客组织反对信息和技术垄断，呼吁公开一切信息，向那些不可一世的"庞然大物"发出挑战；等等。

此外，多样化的文化不是静止、固定不变的。除了部分已经或行将消亡的文化形态之外，它们往往处于动态的创新、发展过程之中。但无论如何发展、变化，也难以避免地要接受他人的审视、评说。

文化的这种个性化、多样化现象，是一个客观的事实，也是一个令人欣喜的现象。它既彰显了不同文化主体的权利和责任，也有利于不同文化相资借鉴，获得良性、健康的发展，维护世界文化生态平衡。

首先，个性化、独特性是一种文化之魂，是其存在和不可替代的理由与根据。

如果一种文化仅仅只是追随、模仿其他文化，只是单纯地引进和吸收其他文化，而没有真正的创新，没有自己独特的内涵，没有自己个性化的品格和特色，那么，它不过是其他文化的附属品或复制品。这类文化缺乏存在的理由，至少其存在的理由已经大打折扣，其折扣率与其个性、独特性、创新程度等成反比。

其次，多样性、个性化追求是文化发展的基本动力。

文化多样性不仅是促进经济社会可持续发展的必要因素，还是使人类享有令人愉悦的智力、情感、道德和精神生活的重要条件。文化多样性创造了一种丰富、多样和从审美上能令人愉悦的世界，体现着人类社会的生活世界丰富多彩的特点。与现代工业文明和机器文明相适应的批量化、标准化、单一化、模式化，无论是对人本身，还是对于文化，都是一种异化力量。马尔库塞认为，它将人变成没有个性、畸形发展的"单向度的人"，将社会变成兴趣单一、片面和病态发展的"单向度的社会"。人们越来越认识到这种单质"大一统"的潜在的和现实的威胁，同时，也越来越认识到，多样性、个性是一种文化不可替代的特征。允许多样性、个性的存在和发展，就意味着允许创新和发展；而扼制多样性、个性的存在和发展，扼杀创造的权力，必然将文化导向因循守旧、墨守成规，变成一潭波澜不惊的死水。因此，只有每一种文化以其自身特有的方式、个性存在着，世界文化才可能丰富多彩，才可能充满创造活力。

再次，任何一种文化的发展都必须在与其他文化的交往中吸收营养，获取资源。

文化的个性化、独特性是一种宝贵的资源。不同文化之间的差异乃至对立，经常诱发人们的灵感和创新，提供看待问题的多种视角和解决问题的多种可能性。一种富有生命力的文化总是十分注意在交流中吸取营养，在双方或多方的互动之中寻求启迪之源，寻求创新的灵感。在世界文化交流中，不同文化的互相学习、借鉴，多种文化的交汇、融合，是人类文化发展、进步的源泉。罗素在《中西文化之比较》中指出：不同文化之间的交流过去已经被多次证明是人类文明发展的里程碑。希腊学习埃及，罗马借鉴希腊，阿拉伯参照罗马帝国，中世纪的欧洲又模仿阿拉伯，而文艺复兴时期的欧洲则仿效拜占庭帝国。当一种文化吸取了另一种文化的合理成分后，往往会派生出许多新的文化品质、新的文化价值、新的文化形式。人们有时把这种新生的文化称为"边缘文化""嫁接文化""杂交文化""共生文化"。这使文化的衍生形态更多，文化的具体形态更加复杂，文化资源更加丰富，文化的创造力也更强。追溯世界文化发展史，或许可以将之归纳为一部各种文化交流、互动，并推动世界文化、文明发展与创新的历史。

又次，世界文化是一个庞大、复杂的生态系统。任何个性化、独特性文化的消亡，都可能是整个文化生态系统的巨大的、无可挽回的损失。

孟子说："夫物之不齐，物之情也。"世界文化就像一个色彩缤纷的"百花园"，再辉煌、再绚烂的一花独放，也是单调、缺乏生气的，难免给人一种肃杀的感觉，真正的文化繁荣必须是百花竞放，各呈风姿，万紫千红。在世界文化的生态系统之中，任何文化形态、文化价值观都有着不容替代的意义和魅力。面对全球化的步步推进，面对西方强势文化的高歌猛进，各种文化冲突与纷争日益加剧，民族文化的个性和特色受到关注。尤其是原始部落、落后地区、发展中国家，面对西方强势文化的入侵、殖民，充满了对于民族文化传统流失、日益沦落为西方文化之附庸的深切忧虑。因此，在目前全球化尚未彻底"剿灭"多样化的弱势文化之前，有必要对各民族和各地域丰富的文化传统、文化资源进行抢救性的发掘保护，将民族文化传统中的优秀成分转化成具有全球意义的文化价值资源。

总之，文化多样性是人类社会的基本特征，是文明世界充满活力的表现，也是人类文明进步的重要动力。文化多样性体现了世界不同文明以往的经验、智慧和实践的精华。存在个性和差异，各种文化才能相互借鉴、共同提高；将其他文化视为异端和仇视的对象，强求文化"一律"和"趋同"，只会导致人类文明失去动力、僵化衰落。历史证明，各种试图消灭一切个性、多样性，从而让利益不尽相同、需要各具特色的文化主体"大一统"的做法，如同在自然界消灭生物的多样性，从而导致生态灾难一样，是同样有害的。正因为此，联合国教科文组织等国际组织和一些国家正在开展一些旨在保护受到威胁的文化的行动。充分理解文化的独特性、多样化，对于在文化生态上改善各种中心主义、霸权主义造成的片面状况，避免无谓的消耗和冲突，对于不同文化相互尊重、和睦相处、存异求同、相互借鉴，共同促进世界文化的繁荣与发展，都具有重要的现实意义。

二、坚持文化主权，弘扬民族文化

文化是一个民族的实质性内涵和表征性"标签"。不同的民族往往具有不同风格、不同内涵的文化。在一个民族内部，其文化也可能包含着多种风格、多种品位。多样性的民族文化是由各个民族历史与现实生活的复杂性、丰富性决定的，是由各个民族创造文化的多种多样的主观和客观条件（因素）造成的。一个民族之所以是该民族，它之所以能够与其他民族区别开来，实质性的根据往往在于其独特的文化传统。

各种不同的民族文化具有鲜明的个性，即民族性。民族性意味着：在民族内部，由于一定的共同历史和现实利益而形成了共同的联系纽带，形成了特有的民族性格和民族精神，使众多的个人和群体凝聚成一个统一的整体；而在不同的民族之间，则表现出主体生存权益、生活方式以及性格特征等方面的独立特征，彼此之间存在着不可互相取代的个性和差异。也就是说，民族文化对内意味着文化上的共同性和统一性，对外则意味着文化上的独立性和多样性；对内意味着共同的规范和习俗，对外则意味着自主的意识与权利。这导致一个民族往往具有共同的信念、信仰、喜好、标准和愿景，具有相似的心理倾向性、思维方式和行为方式。贝淡宁以权利为例指出：文化因素会影响权利的优先顺序，这在权利发生冲突必须决定牺牲哪一项权利时非常重要。也就是说，不同的文化会以不同的方式排列各种权利，即使他们面临着相似的语境和问题，也会在选择哪些权利时形成不同的结论。文化因素还会影响权利的合法性，可以为独具特色的政治实践和制度提供道德基础。

文化的民族性是一个民族自身的"标签"，也是这个民族对于世界的独特贡献。尽管在全球化时代，正如马克思所指出的，各民族的精神产品将成为全人类公共的财产；但是，马克思并未因此否定文化的民族性，他认为，所谓"世界文学"是由许多"民族的和地方的文学"形成的。西方著名诗人歌德、中国著名作家鲁迅等人都明确指出，"越是民族的，越是世界的"。文化的发展具有特殊的规律，它与一定民族的传统紧密联系在一起。越是具有民族性特点的文化，往往越能开阔他人的视野，活跃他人的思维，越能激发他人的灵感，促进文化创意的产生，因而越有价值和生命力，越能走向世界。民族隔阂的消除，不仅不会削弱文化的民族性，反而可能大大加强人类文化的"差异性"，使人类的思想文化和精神生活更加异彩纷呈。毕竟，普遍存在于特殊之中，共性存在于个性之中。任何世界性的文化共性都存在于，并且仅仅存在于文化的民族个性、多样性之中。离开了个性、多样性，追寻超越个性、多样性的普遍，无异于缘木求鱼。因此，尊重和宽容、支持和鼓励民族文化的个性和多样性，是具有全球视野、发展需求和历史使命的表现。

在全球化时代，随着全球殖民制度的崩溃，随着各国各民族的持续觉醒和崛起，各民族文化正在前所未有地大力彰显自己，并开始关注民族文化的安全和命运问题。如为了与美国不断扩张的以《独立宣言》中强调的生命、自由和追求个人幸福的权利相对抗，加拿大学者提出了和平、秩序和善治，德国人则重申了自由、公正和团结，而东亚人则更多地强调群体、秩序与和谐。面对美国文化对法国文化的冲击，法国提出保护法语，禁止官方和公众使用英语外来语，制定并修订了保护法语的纯洁和真实性的法律和制度。加拿大试图控制美国文化产业在加拿大媒体和电信产业中所占的份额。1998年6月，加拿大在渥太华召开了联手抵制美国"文化霸权主义"的会议，讨论了将文化产品排除在降低贸易壁垒的有关协定之外的方法。苏联解体后，逐渐完成转型的俄罗斯更是大力重建自己的文化价值观，表现出传统的文化自信和自觉。俄罗斯契诃夫基金会主席科宁强调："西方一直想利用他们的宗教向俄罗斯推行他们的民主模式和政策，这是俄罗斯所不能接受的。我们有自己独特的宗教和文化传统，我们有不同于西方的价值观。因此，俄罗斯要建立的是具有俄罗斯特色的民主。"至于许许多多弱小民族和欠发达国家，更是想方设法维护民族文化的独立性，争取更大的生存和发展空间。

对于世界文化生态来说，这种保护、彰显和创新十分重要。因为，如果没有个性和差异，就不可能有实质性的创新和发展。保存并发扬文化的民族性、个性、多样性，正是世界文化发展的迫切需要。那种要求民族文化价值观简单"趋同"的要求，实质上是一个深不可测的陷阱。因为，这种观点实质上剥夺了某些民族国家的文化主体地位，取消了某些民族国家的文化发展权利，凸显的仅仅只是某些强势文化主体的利益，维护的仅仅是他们的文化需要。其结果，各种民族文化将在"趋同"的梦想之中，削弱甚至消灭自己，成为文化霸权主义的牺牲品。

强调文化的民族性、个性、多样性，需要在战略上防止走向如下两个极端：

一是各种文化中心论、文化霸权主义仍然有形无形地对其他文化进行压制，威胁文化的多元共存和发展，使文化的多样性日益削弱，导致人类文化资源无可挽回地流失，这种文化压制必然引发文化冲突，甚至战争。当前最具威胁的首推西方中心论。西方凭借其强大的经济和军事势力，总是顽固地坚持西方文化是最优越的，包含最合理的价值观念、行为方式和思维方式，最应普及到全世界。这种文化偏执、文化霸权和文化强制值得人们强烈关注。

二是文化相对主义、文化孤立主义的威胁。文化相对主义赞赏文化的多元并存，反对用产生于某一文化体系的价值观念去评判另一文化体系；它承认一切文化，无论它多么特殊，都有其合理性和存在价值，应该受到尊重。正如文化相对主义的代表人物赫斯科维奇所指出的："文化相对主义的核心是尊重差别并要求相互尊重的一种社会训练。它强调多种生活方式的价值，这种强调以寻求理解与和谐共处为目的，而不去评判甚至摧毁那些不与自己原有文化相吻合的东西。"但是，文化相对主义承认并保护不同文化的存在，反对用自身的是非善恶标准评判另一种文化，这可能导致一种文化保守主义的封闭性和排他性。如只强调本文化的优越而忽视其可能存在的缺陷；只强调本文化的"纯洁"而反对和其他文化交往；只强调本文化的"统一"而压制求新、求变的发展。文化相对主义发展到极端，可能演变为文化孤立主义。文化孤立主义无视数千年来各民族和各文化传统相互交流、相互影响的历史，反对文化交往和沟通，要求返回并发掘"未受任何外来影响的""以本土话语阐述的""原汁原味的"本土文化。在全球普遍交往过程中，这种文化相对主义所造成的文化孤立和隔绝，难免引起不同文化之间的对立，发展到极端，甚至可能引发相互对抗甚至战争。

因此，在全球化过程中，一个民族国家必须根据自己的具体国情，做出自己的战略考虑和政策建构，在维护自身的文化主权、保持自身文化特色和与国际文化接轨之间保持适当的张力，在坚持对外开放与反对文化霸权主义之间保持适当的张力。一方面，要确立民族国家在文化建设中的主体地位，坚持和弘扬自身的优良文化传统，以之为基础建设具有自身特色的现代文化，扩大文化的国际影响力和吸引力，提升自己的文化软实力。只有每一个民族保持本民族的特色，坚持自己文化的民族特性，丰富自己文化的独特内涵，才能保持世界文化的丰富性和多样性，维护世界文化的均衡、有机发展。例如，中国或东亚民族文化中的"天人合一"、人与自然和谐相处的思想，就既是中国或东亚的行动纲领，又对西方文明具有启迪作用。而以西方文化为范式的"全盘西化论"，不仅使人们丧失文化主体地位，忘记自己的责任和义务，造成崇洋媚外、缺乏民族自尊心和自信心的殖民心态，而且也必将损害世界文化的丰富性和多样性。另一方面，强调文化的民族性绝不是自我封闭，抱残守缺，唯我独尊。相反，必须顺应全球化之大势，在世界文化交往和竞争过程中，以开放和进取的态度，加强和其他国家和地区的沟通与合作，主动地融入世界经济、政治、文化一体化中去，主动参与世界文化之全球化进程，从而对世界文化的多样化发展、维护文化生态平衡、建设和谐世界做出贡献。那种极端民族主义的民族偏执、盲目排外，只会掩盖自身存在的落后因素，阻碍民族文化向外开放以及现代化的进程，并最终损害自己的主体地位和根本利益。

三、跨文化交流、对话与合作

在全球化、信息化时代，不同宗教、民族、国家、地区之间的交往日益频繁，不同文化之间的比较、碰撞和冲突也日益增多，文化对国际政治的影响日益深入、突出。为减少不同文化之间的偏见和误解，减少甚至消除文化冲突，促进多样化的文化和谐共处，维护世界和平，建设和谐世界，必须通过不同宗教、民族、国家、地区普遍的交往实践，基于共同问题、共同利益和要求，搭建全方位、多层次、立体交叉、不断变化的互动平台，促进不同文化之间的交流、沟通和对话，在相互尊重、相互理解、相互包容的基础上，求同存异，取长补短，进行富有成效的合作。

第一，主体之间互相尊重。

这包括互相尊重文化的传统、信仰、习俗、特质。相互尊重是一种基本的道德修养。只有主体之间相互尊重，才可能有交往、学习、对话、合作的基础。尊重可以产生信任，信任可以使人互相敞开心扉，寻找共识，寻求合作的可能。主体之间是平等的，尊重他人不是对他人的恩赐，而是他人的权利；要求他人的尊重也不是要求施舍，而是他人起码的素养和道德呈现。相互尊重，要求任何人都不能以"老大"自居，不能以"真理的化身"自居，自以为是，飞扬跋扈，对其他文化价值观妄加评论，甚至横加指责，并强行输出自己的政治理念和文化价值观。以霸权主义的方式，高高在上地提出文化要求，不仅不可能相互理解，和睦相处，不仅不可能确立"人类共同价值"，实现对话与合作，还有可能激化文化矛盾与冲突，令粗陋、残暴、血腥的"臣服与抗争"成为常态。

第二，主体之间相互宽容。

尊重必然伴随着宽容。宽容与极端、狭隘、偏执、歧视、仇恨、压迫、排外、残忍等相对。宽容是一种博大、悲天悯人的胸怀，是一种谦逊、礼让的美德。宽容是用心倾听、欣赏的前提，是学习、对话、合作的前提。只有宽容，才能允许不同的思想表达，克服"井蛙之见"，走向"他者"的世界，才能破除种族歧视、民族偏执、民族仇恨以及极端的宗教原教旨主义，承认、欣赏文化的差异性和多样性。倡导"厚德载物""和而不同""兼容并包"的多元、宽容精神，才谈得上不同行为主体之间真正的交流、对话与合作。

第三，主体之间的沟通、交流。

一种文化往往是以对自身文化的认知为基础来认识和理解其他文化的。在包括冲突、战争、交流、合作与融合的历史过程中，由于文化的差异和多样性，不同文化之间已经形成了或积极或消极、或正面或负面的看法。积极、正面的看法有助于文化之间的沟通、交流、对话与合作；消极、负面的看法，误解和偏见则会成为沟通、交流和对话的障碍。例如，爱德华·W.萨义德在《东方学》中指出，强势的西方已经形成了这样的东西方比较观："理性、发达、人道、高级的西方"，与"离经叛道、不发达、低级的东方"之间存在绝对的、系统的差异；东方"永恒如一、始终不变、没有能力界定自己"；东方要么是给西方带来威胁，如"黄祸"、蒙古游民等，要么是为西方所控制。这样的认知必然会导致误解和偏见，成为文化对话、合作的障碍。因此，必须强化国家与国家之间，地区与地区之间，民族与民族之间，宗教与宗教之间广泛、深入的文化沟通与交流。只有通过不同文化之间的沟通、交流，才能互相尊重，真正理解各种文化之间的差异，减少误解；只有通过沟通、交流，才能充分认识和理解其他文化的博大精深，克服偏见，形成不同文化之间客观、正面、积极的形象；也只有通过文化的沟通、交流，不同文化才能学会如何理解和尊重对方的利益，找到化解冲突和战争、实现公正和和平的途径。

第四，主体之间平等的对话。

多元文化只有对话机制，而不受其他任何制约。不同文化必须在开放式的对话中寻求共识，解决争端。对话是主体之间互相沟通、互相理解、增进感情、消除偏见、达成妥协、寻求共识、解决争端的有效手段。例如，针对亨廷顿提出的"文明冲突论"，1995年3月，哈佛大学杜维明教授邀请伊斯兰教学者和印度教学者，在马来西亚等地共同主持了一个"回儒对话"主题研讨会。会议试图在被亨廷顿称为存在一条"血淋淋的边界线"的伊斯兰教文明与儒教文明之间加强沟通和理解，并以此证明：处理全球文明间关系的主范式不一定是冲突，不一定是流血的战争，而是"交往、对话与合作"。这次对话取得了引人注目的成功，表明回儒之间存在不少共识，对抗并非最佳选项。近年来，这类对话日益增多，效果也很明显。

当然，在现实中，对话各方往往必须具备一定的资格和资本，包括经济、政治、军事、宗教以及文化方面的资源。如果在对话双方中,一方处于绝对劣势,那么,处于强势的一方必须自觉地平等地对待弱势的一方,倾听他们的声音,否则,弱势一方往往只能祈求强势一方的施舍、给予。此外,对话还需要确立基本的对话规则,确保对话不是压服,而是在一种平等的框架和程序中进行的有效沟通。只有通过主体间真诚、广泛、深入的对话,才能彰显各方独具特色的文化传统、信念信仰、利益需要,将"人类共同价值"的追寻、协调性的合作化为实质性的行动。

第五,主体之间真诚、注重实效的合作。

在多极化的世界中,冲突、对抗是一种零和游戏,往往意味着互相抵消,互相损害,两败(多败)俱伤,因而在国际社会的无政府状态下,面对各种利益冲突和全球性问题,寻求主体间具有约束力的价值共识,合作采取协调一致的行动,应该是各文化主体的共同利益和需要之所在,也应该是其自觉自愿的行动。为此,必须超越"井底之蛙"的视野,抛弃傲慢自大的心态,摒弃各种对抗习惯、冷战思维,反对任何意义上的中心主义、霸权主义,从而以相互尊重、宽容、谅解的态度,通过主体之间全面的交往、沟通、理解和对话,努力实现以双赢、共赢为目标的合作。

二战以来,特别是跨入新世纪以来,冲破传统的国家和地区界限,超越意识形态、社会制度和文化传统的差异,广泛拓展国际文化交往、对话与合作,正在成为一种世界性大趋势。文化交流与合作的规模、速度、内容的多样性,远远超过了历史上任何一个时期。一方面,不同层次的国际文化组织纷纷建立。例如,1945年11月,联合国成立了一个以促进国际文化合作、保护文化多样性和世界文化遗产、建设和平文化为宗旨的组织——联合国教育、科学及文化组织（UNESCO）。另一方面，各国各地区政府间的国际文化协议大量增加，内容涉及教育、科技、文化、艺术等领域。这类文化交流、合作促进了不同国家人民之间的了解，增进了不同国家人民之间的感情。同时，世界各国在建立观察和处理全球问题、谋求人类共同发展的合作方式方面，已经取得了不少共识和实际成果。例如，欧盟、东盟、阿盟、"非统"等区域性合作组织或一体化组织，在处理区域内的经济、政治和文化问题方面已经有所成就。当然，增进相互间的认识、理解、互信和共识，形成和确认国际社会的共同利益，构建能够为各方理解、具有普遍约束力的规则和制度，建立一个更加稳定、合理公正、和谐有序的国际秩序，依然任重而道远，还需要各文化主体基于现时代的哲学智慧，作出创造性的努力。

四、"文明的冲突"不可避免?

说到文化多样性，说到跨文化交流、合作，不能不谈谈亨廷顿的"文明冲突论"。

1993年，著名政治学家、哈佛大学教授塞缪尔·亨廷顿在美国《外交》季刊夏季号上发表了《文明的冲突?》一文。亨廷顿对世界文化和文明进行了新的区分。他引人注目地提出，冷战后全球政治在历史上第一次成为多极的和多文化的，文明之间的冲突将左右全球政治，下一次世界大战将是"文明大战"。

亨廷顿的"文明冲突论"出炉后，在世界上引起了轩然大波，引起了广泛的争论和如潮的批评。第三世界，包括伊斯兰教国家，包括中国，反应尤其激烈。甚至在西方世界也是批评的声音居多。如《外交》秋季号就反应迅速，刊登了7篇驳斥亨廷顿的文章。

为了回应各种质疑与批评，亨廷顿又在同年的《外交》杂志11/12月号上，发表了《不是文明是什么？——冷战后世界的范式》一文，进一步阐述"文明冲突论"，提出了冷战后"指导和理解世界政治主要发展变化"的"文明范式"。1996年底，意犹未尽的亨廷顿更是抛出了系统的论著——《文明的冲突与世界秩序的重建》，试图全面确立分析和处理冷战后的国际关系、国际秩序的"范式"。

亨廷顿认为，冷战结束后，世界格局以文明为单位重新组合，宗教、价值观念等文化因素日益取代意识形态成为划分文明的新标准。按此标准，全球政治在历史上第一次成为多极的和多文化的，世界格局的决定因素表现为八大文明，即中华文明、日本文明、印度文明、伊斯兰文明、西方文明、东正教文明、拉美文明以及可能存在的非洲文明。此外，还有一些"无所适从"的文明，如俄罗斯在归于西方还是认同本土文明（东正教文明）之间徘徊，墨西哥在把自己当作北美国家还是拉美国家之间无所适从，土耳其在把自己当作北约国家还是穆斯林国家之间拿不定主意，澳大利亚则无法把自己定位为西方国家抑或亚洲国家……

亨廷顿认为，冷战后的世界，冲突的基本根源不再是意识形态的或经济的争夺，而是文化方面的差异，主宰全球的将是所谓"文明的冲突"。全球政治的主要冲突将发生在不同文明的国家或集团之间，文明的冲突将主宰全球政治，不同文明之间的地理分界线，将是未来的战争分界线。

而不同文明之间之所以会发生冲突，并成为社会一切冲突之源，其主要原因在于：第一，文明之间的差异不仅确实存在，而且是根本的差异，人类历史上最持久、最激烈的冲突都是由文明之间的差异引起的。第二，世界越来越小，归属于不同文明的人们之间的交往日益频繁。属于不同文明的人们的交流强化了人们的文明意识，从而把可以追溯到历史深处中的文明歧异和文明敌视引发了出来。第三，全球经济现代化和社会变革的进程，使人们脱离传统的地域认同，也削弱了把民族国家作为认同的根源。因此，宗教以各种形式介入，填补了这一空白。"宗教复兴"为超越国界将文明联合为一体的认同和作用提供了基础。第四，文明的强化由西方的双重角色引起，西方处于权力的顶峰，同时又出现西方文明大举寻根热潮。处于权力顶峰的西方文明面临着非西方文明的对抗，非西方文明有着越来越强烈的想法、愿望和条件，以按照非西方文明的方式改造世界。西方文明和非西方文明的冲突在所难免。第五，文化特征的差异较难改变，因而也就比政治、经济特征的差异难妥协和解决。不同宗教的人比不同种群的人互相更为排斥和敌视。一个人可以拥有双重国籍，但多数情况下，不能信仰不同宗教。第六，经济区域主义日趋上升。成功的经济区域主义将加强文明意识，而经济区域主义只有根植于共同的文明土壤之中才可能成功。文化的共同性正在不断克服意识形态上的差异，文化和宗教成为"经济合作组织"的基础。区域性经济集团的形成，将不断强化文明的冲突。

基于以上分析，亨廷顿认为，文明的冲突将在两个层次上发生：在微观层次，在文明的地理分界线上，相邻的族群为了控制领土和主宰对方而发生冲突；在宏观层次，不同文明的国家为开展经济和军事竞争，为争夺对国际组织和弱小的第三者的控制权，为宣传推广自己独特的政治和宗教价值观而发生冲突与斗争。

在这些文明冲突之中，亨廷顿进一步认为，世界势力日益明显地按基督教文明、伊斯兰文明和中华文明三大集团分化。基督教文明以西欧和北美为中心，并逐步向中欧扩展，到历史上的奥匈帝国的边界为止；伊斯兰文明包括从埃及、土耳其、中亚诸国到印尼的以信奉伊斯兰教为主的国家；中华文明则指中国大陆、中国台湾以及以华人为主体或者是历史上深受中华文化影响的国家，包括新加坡、越南、朝鲜、韩国等。亨廷顿妄言，冷战结束后，共产主义的意识形态对西方不再构成威胁，而民族主义的意识形态，特别是中华文明和伊斯兰文明及其结盟，才是西方的"心腹大患"。

亨廷顿的文明冲突论基于冷战后东亚现代化模式的崛起，首次发现并凸显了文化价值观的意义，看到了特殊的文化价值观日益重要的作用，这是其敏锐、深刻的一面。而且，亨廷顿还注意到，冷战结束后，由于意识形态的"二分格局"不再存在，各国开始重新发现、承认、弘扬自己的文化传统，国家、民族之间开始以文明为依托，寻找自己的"伙伴"和盟友，如当今世界的许多重大问题，包括经贸合作、国家防务、外交活动甚至体育运动，大多以文明集团为准则采取不同的态度，这在很大程度上也是符合事实的。

但是，亨廷顿的观点在理论上过于简约，也过于武断，根本站不住脚。众所周知，人类文明或文化价值观本来就是多元的，不同的民族、国家一直具有和认同着自己的文化价值观。正因为这种多元化，正因为其中的差异，人类文化和文明才不断地相互借鉴、取长补短，从而促进创新与进步。就如同生物的多样性和动物的多样性是生态环境平衡、生存和发展的必要条件一样，多元化的文化价值观的存在也是任何一种文化存在、发展的前提。特别是，无论是东方文明，还是西方文明，目前都遇到了许多自身难以克服的问题。如果它们要解决自身的问题，走出面临的困境，向其他文化学习、借鉴，当是最省力、最有效的捷径。

　　而且，文化价值观的多元化、差异化并不一定会导致冲突。在全球化、信息化背景下，只有人为地将自己特殊的文化价值观普遍化，从而蛮横地凌驾于其他文化之上，霸权主义地强加于人，或只是狭隘地固守自己的文化价值观，拒绝正常的交流、沟通，拒绝一切审视和批评，并对他人的审视和评价作出过激反应，才有可能将矛盾公开化，导致文化冲突。如果各种文化价值观互相尊重，相互宽容，摒弃霸权主义心态，如果各种文明都能相互理解、相互欣赏，在交往过程中加强相互学习和合作，那么，就绝不至于互不相容，干戈相见。

　　事实上，世界文化、文明除了冲突的一面之外，确实还存在着另一面，即相互交流、相互理解、相互学习、相互合作的一面。在新的时代背景下，越来越多的有识之士公开呼吁，每一种文化都应该端正态度，致力交流、对话与合作，在全人类共同利益的基础上，逐步形成"人类共同价值"。这是人类文明与文化和平共处的基础和动力。

　　在实践中，亨廷顿的观点则是值得深究的。他从西方中心论出发，认为西方大国对亚洲及其他国家的绝对优势，以及第三世界对西方国家的服从是"正常的"。而随着殖民制度的崩溃、以西方为中心的文化建制的日渐衰落、世界各国各民族的觉醒和崛起，非西方国家认同自己的价值，各民族文化大力彰显自己，却意味着一种危险，意味着人类文化会发生激烈的冲突。他将这种变化视为危险的文明冲突的根源。这种观点是霸道的，也是没有道理的。这实际上是其根深蒂固的"西方中心论"思想在作祟，是美国以自身狭隘利益为基础的霸权主义思想在作祟。这里真正起作用的，恐怕已不是文化或文明的差异，而是赤裸裸的"美国利益"!

当然，亨廷顿也说过，他并不主张西方应该压迫东方，向东方宣战，而主张对话、交流，以避免可能的冲突。但是，他把文明的冲突作为一个严重的问题提出来，隐藏着一个潜台词：即西方文明正在面临威胁，西方支配世界格局的"合理性"正在受到挑战。除了抛出这套耸人听闻的理论，试图引起西方社会，特别是西方政治家们的注意，他甚至明确地叫嚣，西方文明要联合和拉拢相近的文明，以抑制中华文明和伊斯兰文明，从而永远保持西方自近代以来的辉煌。具体地，他主张，西方文明内部，尤其是欧洲和北美各"子文明"之间加强合作；将东欧和拉美融入西方文明，促进与西方文明有联系的俄国、日本的合作；抑制中华文明和伊斯兰文明的扩张，并充分利用这两大文明之间的差异；支持其他文明中与西方价值观和利益相投的集团；巩固能够反映西方利益与价值、并使之合法化的国际组织，推动西方国家参与这些组织；等等。总之，要用西方文明限制、围剿非西方文明，巩固和扩张西方文化价值观的强势地位。

只是，不知道亨廷顿以及其他持类似观念的人们为什么不想想：西方文明有什么"天赋权利"做人类文明的主宰？其他文明为什么一定要认同西方文明的价值，而忽视自己的传统文化价值观？其他民族对自己的文化传统感到自豪，认同、弘扬自己的特色文化价值，西方为什么就那么害怕？近代以来，西方国家在经济、技术、军事、文化等方面的绝对优势，以及西方凭借这种优势对全世界的主宰，没有被认为不合理，没有被认为潜伏危机。相反，一旦这种绝对优势开始动摇，一旦非西方国家开始放弃对西方的崇拜和依赖，一旦开始认同、张扬自己的文化价值观，为什么文明的冲突就会到来？这种逻辑后面的东西也几乎是一目了然的——从根本上说，源自其文化霸权主义心态和策略，在于西方发达国家强迫第三世界国家接受其文化价值观，在于文化殖民主义者遏制被殖民国家回归自己的文化，从而永远屈从异民族文化。今天，我们只有揭露和肃清这种文化霸权主义，承认世界文化价值观的多元化，承认各民族文化都有其独特的价值，都有其生存和发展的权利，"文明的冲突"才可能真正避免。

总之，在全球化、信息化时代，不同的文明和文化应该互相尊重、互相包容、平等相处、共同发展。一种文明、文化的发展壮大，没有必要非要以其他文明、文化的衰落和消失为代价。如果每一种文明、文化都西方化了，如果全球文明、文化只有一种视角和特质，即都追随和认同西方文化价值观，那么必将造成一个单质化的世界，这将是人类文化、文明的生态灾难，最终也将是西方文化、文明的末日。在文化形态上的霸权主义和侵略行径，或许能够得意于一时，最终却难免害人害己，自掘坟墓！

第十六讲　后工业时代呼唤生态文明

"我们只有一个地球!"

1969年7月20日，人类首次登上了心驰神往的月球。当宇航员回首眺望悬挂在太空中的渺小的地球时，他们的心灵被深深地震撼了："这是一个看上去美丽、和谐、平静的星球，蓝白相间的云团，无不给你深深的感受……家、存在、本体。"

地球，我们世世代代的家园，我们永恒、唯一的家园! •我们周围的一切: 土地、森林、河流、湖海、植物、动物……是我们生存、活动、繁衍、栖息所必需的条件。它既默默、无私地养育了我们，我们也与它休戚与共，无条件地融为一体。如果哪一天，地球变得满目疮痍，天空被雾霾笼罩，城乡不再适宜人类居住，那么，我们必将成为无家可归、无所依托的流浪者!

可是，人类在地球上"折腾"的时候，却像个鲁莽、任性、不负责任的"坏孩子"。随着工业革命的高歌猛进，在狭隘的文明观、偏执的发展模式的导引下，我们赖以生存、生活的这个蓝色星球已经被"弄坏"了，并且，人类仍然在傲慢无礼地进行征服、劫掠。"河水的眼泪不再清澈，高山的头发日见稀疏。"环境污染、生态失衡、能源危机等，不仅严重影响到经济、社会的可持续发展，威胁着许多国家和地区的生态安全，更是给身临其境的大众带来了难以言说的痛苦。这一点，今天置身重重雾霾之中、"呼吸困难"的国人当有铭心刻骨的感受。迈入后工业时代，面对严峻的资源环境形势，在人口不断膨胀的压力下，人类面临"无家可归"、发展难以为继的窘境。立足人自身、可持续发展的渴望，呼唤一种新型的"生态文明"。

一、扬弃偏执的发展理念和发展模式

人类是大自然长期进化的产物，本来是与自然"万物一体"的。在对自然的适应、改造过程中，人类逐渐远离了蒙昧，脱离了野蛮，诞生了"文明"。依照改造自然的程度和阶段不同，人类文明可以划分为依次提升的不同形态——原始文明、农业文明、工业文明，以及"后工业"的"生态文明"。当然，这样的划分方法，明显体现的是"历史进步论"者的观点。

作为人类文明发展的一个最新阶段，"生态文明"立足人本身，以尊重自然、维护生态平衡为主旨，以可持续、绿色发展为着眼点，强调人的自觉与自律，体现了人们尊重自然、顺应自然、利用自然、与自然和谐相处的思想。生态文明所涵盖的内容极为广泛，包括物质层面、精神层面和制度层面等，是这些方面所取得的成果的总和。

"生态兴则文明兴，生态衰则文明亡。"在后工业时代建设生态文明，首当其冲的目标指向是扼制工业文明时代所加剧的生态恶化，重建生态平衡。生态平衡是指生态系统内两个方面的稳定：一方面是生物种类（即动物、植物、微生物）的组成和数量比例相对稳定；另一方面是非生物环境（包括空气、阳光、水、土壤等）保持相对稳定。生态系统的平衡是大自然经过漫长岁月才建立起来的动态平衡，一旦受到人为的破坏，可能发生非常严重，甚至无法弥补的连锁性后果。滥伐森林、过度开垦、过度放牧等导致植被破坏和水土流失，进而导致土地荒漠化、沙漠化，就是典型。

概而言之，人类对生态平衡的破坏性影响主要体现在三个方面：一是大规模地把自然生态系统转变为人工生态系统，严重干扰和损害生物圈的正常运转，过度的农业开发和城市化是这种影响的典型代表；二是大量索取生物圈中有限的各种生物的或非生物的资源，典型例子是滥伐森林、过度抽取地下水、捕猎濒危野生动物；三是向生物圈中超量输入人类活动所产生的产品和废物，严重污染和毒害生物圈的物理环境和生物构成（包括人类自己），化肥、杀虫剂、除草剂、工业"三废"和城市"三废"是其代表。

人类野蛮破坏生态平衡，造成生态环境持续恶化的根源是多方面的、复杂的。对之进行彻底的清理、反思和批判，是生态文明建设的思想前提。

(1) 发展观或发展理念方面的误区。

在人与自然的关系问题上，自然目的论认为，人"天生"就是其他存在物的目的，大自然是为了人的利益而创造出来的，其他动植物的存在无非是为了给人提供食物和服务；神学目的论认为，人是大自然的主人，明显高于其他生命形式，所有创造物都是上帝创造出来为人类服务的，是为人类的利益而存在的；狭隘的人类中心主义则将人的私利、贪欲以及狂妄自大强加于自然，认为人应当通过征服自然，让自然交出自己的贡品……在上述傲慢自大的观念指导下，如果说，限于人类自身的能力，工业革命以前人与自然还基本上能够和谐共处的话，那么近代以来，由于理性认识的不断深化，科学技术的高歌猛进，工业革命的飞速发展，特别是资本逻辑的高歌猛进，大自然的劫难就真正开始了。

其实，在人类产生之前，大自然已经存在大约45亿年了。人本身是自然界长期发展的产物，是在一定的自然环境中并与这一环境一起发展起来的。自然界提供着人生产、生活的资源与场所。虽然人自视为"万物之灵"，但人与自然的关系，绝不应简单理解为征服与被征服、改造与被改造、利用与被利用的关系，而是相互依赖、共存共生的关系。"生态文明"的提出，就旨在把"善与恶"这类过去只用来说明人与人关系的伦理道德范畴，推广应用到人与自然的关系上去。因为人如何对待自然的问题，实质上映射的是人如何对待自己的问题，即人类生存发展中的部分与整体、片面与全面、眼前与长远、现在与未来的关系问题。因此，为了保护人类的家园，为了实现人类全面的幸福与未来发展，我们必须自觉树立科学的生态意识，以人道主义的态度与慈悲情怀对待大自然，建立人与自然共生共存的合作关系。

(2) 被异化的深层次的价值动机。

人的任何生活、活动、创造都需要消费资源，需要以一个稳定的生态环境为依托。在近代以来商品经济的刺激下，人们把满足自己的欲望视为生活的意义之所在，只关心如何最大限度地满足自己的利欲和贪欲，却很少追问这些欲望是否合理，甚至把生活的意义压缩、异化为单向度无止境的外在物质欲求，奢侈性消费、纵情享乐、无止境地占有……被认为是时髦、成功和幸福。以获取最高利润为原则的各类企业，更是疯狂地向外拓展，无休止地占有、消耗资源，对资源环境采取掠夺式、粗放型开发利用方式，如为了得到矿产不惜破坏植被，为了减少成本大肆放任排污，导致大多数资源面临枯竭危机，生态环境的承载能力严重超载。一些利欲熏心、贪得无厌的小人，更是可能为了一根象牙不惜牺牲一头大象，为了一个熊胆不惜猎杀一头黑熊，为了一张虎皮而残忍地屠戮一头老虎，为了换几个小钱而滥伐本就稀疏的林木……由于现代人日益膨胀的利欲、贪欲、急功近利，把地球视为无限制的能源基地、物质仓库、垃圾场，才造成环境满目疮痍，生态持续恶化。

"鸟儿渴望洁净的天空，人类渴望绿色的家园。"现代人应该理智地反思、彻底地追问，是否有必要以污染环境、破坏家园、牺牲健康等为代价，拼命满足各种被刺激起来的欲求，苦苦追求那样多的物质财富，追求那种崇尚高消费的工业化文明，从而永远地告别"雨打梨花深闭门"的宁静，告别"采菊东篱下，悠然见南山"的闲适，告别蓝天白云青山绿水新鲜空气？一个人维持生存、生活之所需十分有限，占有一座金山、拥有天文数字的财富，乃至富可敌国，除了满足虚荣、自大心理之外，又有什么真正的价值和意义？远离自然，远离心灵，在无止境地索求之中消耗生命，在五光十色的"器物世界"中逶迤穿行，这样的人生果真是我们应该追求、托付的么？在其中真能体会到发自内心的幸福与安宁么？

（3）偏执的发展模式或唯意志论的政策取向。

咀嚼历史我们发现，生态环境破坏的程度往往与工业化进程相一致。世界各国各地区在选择和具体实施工业化的过程中，在市场这只看不见的手的策动下，环境保护意识不强，重开发轻保护，重建设轻维护，一味追求效率、效益、有效性，以高度组织化、分工专业化、单调周期性重复的方式，通过利用空气、海洋、森林、矿产、土地等资源加工出前所未有的源源不断的财富。一些国家和地区甚至奉行"先制造，后销毁""先污染，后治理""先破坏，后保护"之类政策导向，单纯追求 GDP 的畸形发展，采取以高污染、高排放、高消耗为代价的粗放增长方式。其结果，是"经济增长的资源环境代价过大"，环境污染、生态失衡现象十分严重。至于战争、恐怖活动、地震、火山爆发、台风、水旱灾害等人祸天灾，更是"覆巢之下，焉有完卵"，常常直接造成极难恢复的生态灾难。

事实上，生态环境是有价值的，"绿水青山就是金山银山"。单纯的 GDP 增长指标或经济的粗放增长方式是片面的，它没有体现经济增长过程中的环境损失和资源消耗成本，而且，以污染环境和过度消耗自然资源为代价的增长没有前途，GDP 的增长难以为继。加强生态文明建设，把经济发展与环境、资源保护以及人的全面发展结合起来，实现人与自然和谐相处的可持续发展，才是人与社会发展的必由之路。

此外，还有两点值得强调指出：

其一，应该注意的是，人类自身的科技愈先进，"力量"愈强大，对生态环境的破坏性力度往往愈大，愈难以控制。人类交通发展史就非常典型，从牛车、马车、人力车、自行车，到汽车、轮船、火车、飞机，排放的规模和力度与日俱增。自工业革命以来，世界上那些发展迅猛的国家和地区，往往都造成了生态环境的持续恶化，就是明证。20世纪震惊世界的八大污染公害：日本四日市的哮喘事件（1961年）、水俣病事件（1935—1956年）、骨痛病事件（1955—1972年）、米糠油事件（1968年），美国的多诺拉烟雾事件（1948年）、洛杉矶化学烟雾事件（20世纪40年代末），英国的伦敦烟雾事件（1952年），以及比利时的马斯河谷事件（1930年），都发生在"先富起来"的发达国家，令其人民第一次"成批地"吞咽了未曾预料的苦果。1986年4月26日，发生在苏联的切尔诺贝利核反应堆爆炸事故，不仅造成大量人员伤亡，而且使许多人受到了不同程度的核辐射。乌克兰12个州的5万多平方公里土地受到核辐射污染，污染严重的核电站周围30公里区域至少100年内不适于人类居住……卡逊在《寂静的春天》中描绘的那个曾经生机盎然的小村庄的悲凉——由于某种"神奇的"化学药剂的使用，村庄里骤然生变，植物枯萎，鱼虾绝迹，禽兽毙命，疾病流行……死亡的阴影笼罩着一切——正在以花样翻新的方式，以更加"威力无穷"的方式，一幕幕不断在人间大地上演。迈入21世纪，一个不争的事实是，生态环境依然在持续恶化，这严重阻碍了经济的发展，影响了人民的生活质量，甚至，越来越多的人正在失去赖以生存的家园！

其二，在造成环境污染、生态失衡的问题上，率先实现工业化的发达国家、无孔不入的跨国企业、腰缠万贯的富豪们等"功不可没"，并且做出的"贡献"最大。毕竟，环境破坏的程度往往与人类征服、扩张、索取、掠夺的"力量"、时间成正比。就像一位长期驾车，乘坐火车、飞机出行的富豪，相比步行或骑自行车上班的工薪族，造成的污染更多一样。然而，极不公平的事实是，目前发展中国家和地区，穷人们却同样地，甚至更多地承受着环境破坏、生态失衡的苦果，而许多发达国家、跨国企业、富豪却拒绝承担更多的责任和义务，"为富不仁"、损害环境正义的现象依然如故。如2001年美国撕毁已经签署的旨在控制温室气体排放的《京都议定书》，2017年6月，美国特朗普政府又宣布退出应对全球气候危机的《巴黎协定》。发达国家一直向贫穷国家和地区大肆"输出"有毒、有害垃圾，以及将一些高能耗、高污染企业搬迁至落后地区。富国、富人们有的是钱，自己的家园是逐渐治理得山清水秀、空气清新、干净舒适了，穷国、穷人们却不得不与更严重的污染、灾难、疾病等为伍。有时，发达国家甚至是厚颜无耻、居心叵测的。2009年5月9日，奥巴马在面向全球的电视讲话中说："如果十多亿中国人口也过上与美国和澳大利亚同样的生活，那将是人类的悲剧和灾难，地球根本承受不了，全世界将陷入非常悲惨的境地。"可是，凭什么美国可以不思悔改，一意孤行，维持高能耗的生产方式、高消费的奢靡生活，而其他国家和地区则没有相应的权利？这种不公正的状况由来已久，值得深思。

"往者不可谏，来者犹可追。"已经没有太多的时间可以等待了，已经没有太多的理由加以拖延了。是地球上的每一个国家、每一个社会组织、每一位居民深刻反躬自省，意识到自己的责任和义务，切实发挥其主观能动性和主体作用，共同建设新型的"生态文明"的时候了。

二、以人为本是生态文明建设的核心

环境污染、生态危机是人类自己造成的，实际上，它是人类自身的危机。以人为本，通过拯救大自然而拯救我们自己，是我们治理环境污染、维护生态平衡、建设生态文明的出发点和核心。

必须正本清源的是，生态文明不是"非人的文明"，不是与人无关的文明，它明确地指向人的生存和活动环境，指向人的生活质量和幸福指数，指向人的自由、全面、可持续发展。良好的生态环境是最为公平的公共产品，是最为普惠的民生福祉。但自工业革命以来，工业资本主义所泛滥的个人本位、放任竞争和无限度聚敛财富，以及与之伴生的消费主义、享乐主义，本质上是鼓励无序扩张、纵欲奢靡，数百年积累的结果，不但严重破坏了自然生态平衡，也破坏了社会生态平衡，最终异化了人本旨归。只有从人出发，立足人自身，把经济发展与环境、资源保护以及人的全面发展结合起来，实现人与自然和谐相处的可持续发展，建设生态文明，才是人与社会发展的必由之路。同时，也只有从人出发，只有实现了人的全面发展，才能真正抑制人类的贪欲，重塑人与自然的和谐统一。

在反省环境生态问题、建设生态文明的过程中，坚持以人为本或以人为中心，是一项基础性的原则，其中涉及许多具体的问题。其中，我们无法回避的一个问题，是理论上的"人类中心主义"与"反人类中心主义"之争。

一些环保人士，特别是一些后现代主义者认为，目前全球性的环境和生态危机既是人类中心主义的产物，同时又构成了人类中心主义的困境。他们认为，人是大自然中并不特别的一分子，人的中心地位或主体地位应该消解，应该彻底否定"人类中心主义"和"人的主体性原则"；应该把人和自然界置于同等地位，将自然界、动物或生物视为与人平等的主体，承认其"内在价值"，尊重其"固有权利"，即坚持"动物中心主义"或"生物中心主义"；等等。还有人更进一步，认为应该用"天道论"取代"人道论"，因为先有天道（自然界的规律），后有人道（人类的价值原则），因此，人道必须服从天道。这类"反人类中心主义"观点被视为拯救人类的新价值观、新伦理观的核心。

在空前严峻的生态危机面前，在对环境污染的"亲身体验"中，上述观点很有"市场"，很有影响力，很有煽动性。例如，在生态失衡的西北、华北大地，包括在首都北京，当雾霾笼罩、无处藏身、躲无可躲的时候，人们有时陷入类似绝望的状态，我们随处可以听到各种各样的忧虑、激愤之辞。应该承认，在一定意义上，"反人类中心主义"对于纠正人类的傲慢自大、自以为是，抑制人类的自私自利、不计后果，建设绿水青山、人与自然和谐的生态文明，具有深刻的启迪意义。

然而，这种观点是似是而非的，存在不少值得商榷之处。

首先，上述观点混淆了"以人为中心"与"人类中心主义"概念。

实际上，"以人为中心"只是指人是人类一切活动、思考和情感的"中心"；人的尺度（人的本性、目的、需要和能力等）是人判断一切价值的标准的"中心"；人的自我实现和全面发展是人类一切价值理想、追求、选择、创造的目标"中心"……即"人是人的世界的中心，人是人自己的中心"。这是人类特有的且不可能没有的一种"自我中心"现象。当然，如果把"以人为中心"理念扩张为"主义"，如将某些地区、集团的理念混同于"人类"的"地区中心主义""集团中心主义"；忽略子孙后代利益，将当代人的理念混同于"人类"的代际利己主义；"我消费，所以我存在"等将人性、人的需要压缩为单纯物欲的粗鄙的消费主义；将人与自然对立起来，认为应该臣服自然，令自然向人类无限进贡的狂妄自大观念……就极端化、片面化了。不知反省的"人类中心主义"确实是造成环境污染、生态失衡的理论根源之一，但是，由于它与"以人为中心"并不等同，不容混淆，因而"人类中心主义"之谬不能直接强加于"以人为中心"之上。

其次，在人的生活世界里，一切都以人为中心，一切都是"人化"对象。

所谓资源、环境、生态问题，都是从人的视角提出的问题，都是人的活动造成的危机，即对人的生存、生活和发展构成困境和挑战的问题。R.格仑德曼在《马克思主义和生态学》中指出："生态中心论"假装完全从自然的立场来界定生态难题，但是，对自然和生态平衡的界定明显是一种人类的行动，一种与人的需要、愉悦和愿望相关的人类的界定。生态环境问题的解决不能也依靠"救世主"，而只能以人的方式、依照人的需要、借助人的能力、通过人的活动加以解决。自然界无所谓毁灭不毁灭，毁灭的只能是人类的生存环境，甚至人类自己。离开了"人"这一前提，不以人为本，坚持人的主体地位，规定人对于自然界的权利和义务还有什么必要？若要维护自然界本来的平衡，那么像有些人所说的，或许"灭绝人口的

91%"将是一件"好事"，或许地球上只保留5亿人口"比较合适"，因为，如果这样，自然界更可能"自在地"演化，在最少人干预的情况下重塑新的平衡。可见，保护环境、维护生态平衡没有否定"以人为本"或"以人为中心"，只是强调人的活动应该坚持人与自然和谐的新维度。

再次，"以人为本"或"以人为中心"主要意味着人在自然界面前的自我权利和责任意识，意味着人的行为的出发点和选择的界限之所在。

无论如何，生态环境问题的评价者是人，人的本性、利益、需要等才是衡量的标准。这一事实排除了某种激进的非人类中心主义价值谋划——接受一套与现存的人类价值观完全不同、没有任何联系的价值观——的可能性。即使要走出以往狭隘的"人类中心主义"的误区，也仍须以人为中心，从人出发，以人类的整体和长远利益为评价和选择的依据。换言之，只有以更加健全、理性的人为中心，只有以人的主体意识为基础，才可能清算狭隘的"人类中心主义"，走向人与自然和谐之境。在这里，既没有必要，也没有可能摆脱"以人为中心"，更不意味着走向以自然界或其他什么为中心。

可见，如果不是故意视而不见，那么我们不难发现：针锋相对的"人类中心主义"与"反人类中心主义"实际上拥有一个共同的前提，那就是"人"，即一切都是从人出发，都是为了人的，只不过在以人为本的前提下，如何保证人类的生存繁衍、促进人类发展的手段上有所差异而已。例如，"反人类中心主义"绝不是要反对人和人类，而是反对某些人无止境的贪欲和利欲熏心，对以人类为中心的种种盲目、近视、狂妄、自大、狭隘的做法深感忧虑，认为这类观念和做法已经严重损害了人与自然之间的和谐关系，已经对人与人类造成了巨大危害，而且正在危及人类自身的可持续发展，甚至可能对人类的未来产生毁灭性后果。"反人类中心主义"的这种深层忧虑不仅不是反人类，而且是立足人自身、从人出发、对人类的观念和行为进行的深刻反省，其目的仍然是为了人的，甚至是在更深层意义上为了人的。就此而言，"人类中心主义"与"反人类中心主义"虽然表面上互相对立，争辩起来水火不容，但实质上却两极相通，只是看待问题的视角有所区别而已，只是解决问题的手段和方法有所区别而已！将理论视野稍加拓展、提升，原本水火不容、争论不休的问题也就明朗了：需要争论的并不是什么主义，思想上的要害主要在于反对片面和极端，行动上的关键只限于方式与方法、手段与技术的选择而已！

三、可持续发展是生态文明建设的要义

新的以人为中心的或以人为本的生态文明观的要义，可以体现在一种深刻理解的"可持续发展"理论之中。

在这里，我们必须对"可持续发展"这一词组做一些解释。需要强调的是，"可持续发展"的最终目标指向是"发展"，而要害则是"可持续"。即是说，"发展"是目的，而"可持续""绿色"则是方式、手段。"发展是硬道理"，我们决不能"开历史倒车"，"退回"到低水平的人与自然和谐状态！例如，不能像有些人声称的那样，忽视或者牺牲经济发展，以前工业文明的方式重建人与自然的平衡；不能觉得汽车、轮船、火车、飞机排放太多，就改弦易辙，干

脆使用相对"清洁"的牛车、马车、人力车、自行车。尤其是像中国这样的发展中国家，近代不幸"错过"了工业革命，一直落后挨打，割地赔款，受尽屈辱，被西方辱称为"东亚病夫"，迄今为止虽有改观，但人均可支配收入仍然较低，不少地区不适宜人类生存，大量人口尚未真正脱贫。如果中国放弃发展，或者不竭尽全力谋发展，生产力发展倒退，综合国力和人民群众生活水平下降，那么，恐怕广大人民是不会答应的！难免又会给反华势力重新奴役国人的机会！——当然，这也不是强求任何民族国家采取千篇一律的发展道路和规范模式。实际上，实事求是、因地制宜的价值选择和灵活发展战略是应该欢迎的。可持续发展准则只在一个意义上是排斥性的：反对不可持续的发展！除此之外，它包容任何丰富多彩、富于创造性的想法和做法。

具体从生态视角而言，可持续发展强调如下几点：

（1）可持续发展强调整体或系统价值，是一种人与其他生命和谐共存的文明观。

联合国教科文组织颁布的《地球宪章》指出："保护地球的生命力、多样性和美丽是一项神圣的职责。"任何物种的生存都是以相应的小环境为依托的，但又与其他物种及其所处的环境共存于一个息息相关的大系统中。超越所有个体或部分价值之和的系统价值，具有优先性和重要性。如果作为某一物种栖息地的环境被破坏了，或某一动物的栖息地的食物资源枯竭了，那么，这一物种就可能由于不再适应环境，从而导致种群数量日渐减少，以至于无可挽回地走向灭绝。某一物种的消失，可能带来许多无法预料的后果。因为物种灭绝后不可再生，我们将失去生物多样性、基因资源、自然奇观、进化历史的"标本"，等等。更重要的，生命是神圣的，我们没有理由剥夺它。不仅人这种高级生命是神圣的，更低级的动物、植物也有生存的权利。唐代诗人白居易诗云："谁道群生性命微，一般骨肉一般皮。劝君莫打枝头鸟，子在巢中盼母归。"从诗人"人同此心、心同此理"的深情吟唱中，我们可以体会到一种深深的同情心、一种温暖的亲情。而且，一般而言，为了适应不断变化着的生态环境，物种都要经过一个漫长的地质年代才能进入或者退出自然界。任何一个个体诚然有其内在价值，但在历史长河之中，独特的个体总是转瞬即逝，但由无数个体构成的某一物种的生命之流却可能源远流长。逝去的个体可以被替补，然而，如若物种消失，则再也无法复生。霍尔姆斯·罗尔斯顿指出，对物种的灭绝是一种"超级杀戮"，因为这不仅灭绝了生物个体，还灭绝了生物的种类；不仅毁灭了生命的标志，还毁灭了生命的类型；不仅摧毁了生命的"存在"，还摧毁了生命的"本质"！特别是，对物种的人为灭绝，如工业化过程中热带雨林的消失，大规模污染等导致的物种灭绝，与那种贯穿于进化史中的、伴随新物种生成而产生的自然灭绝迥然不同，因为它不仅使生物资源遭受损失，而且阻断了大自然创造生命的源泉，更重要的，还可能彻底破坏整个生态系统的完整和平衡。

人作为自然衍化出来的一种最高级的生命形态，与其他生命共处于一种相互依存的生物链之中。在这一生物链之中，无数物种相互依赖，互为生存的前提。某些物种的灭绝，必然导致其他物种的泛滥或灭绝灾难；而大量物种的存在，是其他物种，特别是人类的生存和福利以及获得发展的前提条件。况且，在一个共同的进化过程中，人类的出现不过是一个较晚的事件，若要了解、展望人类自身的历史，也需要追溯地球上的物种早已存在的相互依存关系。因此，虽然人处于生物链和生命金字塔的顶端，是唯一有意识和能力反思、控制、制约其他存在物、植被以及每一块地表的"贵族",但是,人类没有剥夺其他物种生存、繁衍的特权。如果对其他生命、其他物种赶尽杀绝,破坏了大自然这个相互依赖的系统,那么无异于直接毁损自己的家园,自掘坟墓。正因为此,利奥波德在《沙乡的沉思》中,极力呼唤一种"大地伦理"。在利奥波德看来,一件事情,如果它有助于保护生命共同体的完整、稳定和美丽,它就是正确的;反之,它就是错误的!

(2)可持续发展坚持代际公平与正义,主张子孙后代拥有与我们一样的生存、发展权利。

任何人的生命,包括未来的人的生命都是有价值的,种的繁衍、类的价值创造(物质的、思想的、艺术的成就之积累)也是有价值的。就如同我们不赞成因为人总是要死的,便可随时或提前结束生命一样,我们同样反对这样的观点:地球迟早要毁灭(如果这是可能的),人这一物种迟早要灭绝,因而可以耗尽资源、破坏环境,放纵自己,及时行乐,自取灭亡!

在利己主义、消费主义的导引下,我们通过工业化运动,已经将地球家园透支得千疮百孔了,许多人生存生活的环境不再那么美丽富饶,不再那么富有生机。过去,甚至现在,那些疯狂追逐利润的企业家还可能"打一枪换一个地方",在掠夺、污染一番后,又转移到另一个地方去掠夺、污染;那些放纵自己贪欲的人,还可能或偷偷地、或明目张胆地滥伐林木,偷猎珍稀野生动物。但随着地球越来越拥挤,越来越难以找到放纵人类掠夺、索取的地方了,事实上,类似南美亚马逊原始森林这样的地方已经所剩无几了,许多国家、许多地区已经面临严峻的环境资源瓶颈。难道我们真要以毁灭家园、毁灭自己而告终么?

人类的出现不过是大自然进化过程中的一个"突发事件"，是大自然进化过程的一部分。大自然的先在性，说明一切自然资源、一切适宜于生存的环境，并不仅仅只是属于我们的私产。从代际伦理的角度看，任何社会或世代的发展不应该限制其他社会或世代的发展，每一代人都应该为下一代人留下一个至少与他们继续下来的一样丰富多彩和富有生产力的世界。作为人类生命延续链条中的一环，作为唯一具有理智能力的高级生命体，任何人都没有权力竭泽而渔，没有权力透支子孙生存、繁衍、发展的资本。中国有句古话，"不孝有三，无后为大"，这话虽非绝对真理，但可以感受到人类维持种之生生不息的繁衍、延续的责任。一切竭泽而渔、杀鸡取卵的透支行为，一切不计后果的破坏行为（如随意扩散或倾倒有毒、有辐射废弃物），都是对子孙后代不负责任，甚至是对子孙后代的无耻犯罪。为子孙后代保持一种生存、发展可能性的自我约束，是对于当代人最低的道义要求，也是社会公平和正义的基本体现。当然，这也不是说，当代人不能消耗地球上的资源，应该放弃发展，而只是说，应合理地有节制地使用资源，使资源的循环利用成为可能；或者，如果某种资源耗尽了，但并未损害地球产出资源的总能力。这种为子孙后代保持一种生存、发展可能性的自我约束，应该说，是对于有理性的人们的最低道义要求。

因此，保护环境，维护生态平衡，倡导绿色生产和生活方式，也就是在维持人类种的繁衍、类的价值创造，维护社会公平与代际正义，是一件功在当代、惠及子孙的神圣事业。洁净的水、未开垦的森林、未被污染的大地、一片蔚蓝的天空……也可能是我们唯一能为后人留下的最珍贵的礼物。但愿我们不要放纵自己，自取其辱，"遗臭万年"！

（3）可持续发展排斥片面、偏执的发展观，倡导新型的理智的全面、动态、平衡发展观。

人的生存发展离不开一个稳定和谐的生态环境，否则就将失去根基和家园，沦为无根的甚至无处可遁的流浪者。但人的生存、发展与维护生态平衡之间往往存在许多矛盾，最突出的是局部的经济效益与环境代价之间的矛盾，暂时的欲望满足与长远的发展可能性之间的矛盾。自工业革命以来，在短视的利益和欲望支配下，不少国家和地区曾经采取"先污染，后治理""边污染，边治理"，甚至只污染、不治理等发展方略，为业已取得的发展付出了沉重的生态代价，导致大众承受了许多不该承受的苦难。诚然，"发展是硬道理"，发展仍是当今世界的主题。没有任何理由要求人们停下发展的脚步。但是，发展是有前提、有规律的，必须讲究方式方法，必须建立一种新型的理智的全面、动态、平衡发展观，而不能将发展建立在对自然、生态、环境的单纯索取和掠夺之上，不能建立在牺牲人们的生活质量的基础之上，更不能建立在透支子孙后代发展可能性的基础之上。面对已经造成的资源短缺，面对既有的生态环境困局，既有的发展观应该进行深刻而彻底的反省：发展应该是以人为本和增进人类福祉的，应该是合乎人际公正和代际公正的，应该是全面、协调、可持续的，应该是不断进行反省和批判的。

反省与批判令我们永远坚持人自身的立场，保持健全、理智、客观的科学态度。批判性思维提醒我们，任何意义上的可持续发展都不是保持可持续掠夺的可能性。人是一种需要"家"的社会动物，家园的建设与人的建设是一致的，保护环境，维护生态平衡，也是人自身的发展之内在意蕴。也许，表面上看，环境保护、维护生态平衡与人们的钱袋相冲突，与人们的生活水平相冲突——因为需要投资，需要抑制某些消费，需要克制某些欲望……但长远来看，却绝对利大于弊。试想，如果周围环境"脏乱差"，"蝇"飞"蚊"舞，疾病滋生，健康受损；如果家园被毁，不再适宜居住，人们成了无家可归的流浪者。那么，一时的钱袋充实，一时的快乐逍遥，又有多大的意义呢？世界上是没有地方买后悔药的！

可持续发展的生态文明观不仅要求在生存（生活）与发展、目前与长远之间保持一种必要的张力，保持一种动态的平衡，而且要求人类以史为鉴，从挫折、失败和灾难中学习，彻底反省自己的行为，面对自然保持一种谦逊和敬畏，为今后的生存、发展永远保留一种现实的可能性。尽管在生活实践中，这样做需要极高的智慧，需要理智的科学的分析和决策，需要自我反思和自我批判的精神，但是，完整的科学确定性等的缺乏，绝不是挥霍纵欲的理由，不是麻木而无所作为的借口。人类不能原谅自己一再犯同样的错误！

值得特别指出的是，"可持续发展"不仅是为了以人为中心的发展，而且，也只有依靠人（包括各类人的共同体）、依靠人的现实努力才能实现。这也是人的权利、责任和义务之所在。实际上，有识之士们已经或正在积极地行动起来。各种政府的和民间的环保组织、动物保护协会、学术机构大量涌现，各种环保纲领、政策、法规纷纷出台，特别是无数环保人士正在用行动实践自己的诺言：传播绿色理念，建立环保企业，发展循环经济，生产绿色食品，倡导绿色消费，养成环保习惯，将"绿色智慧"渗透进生产方式、生活方式以及休闲娱乐方式之中……

在人口、贫困、资源、环境、发展多重压力之下的中国，生态环境保护工作也已经起步，正在采取一系列保护环境、改善生态的重大举措。特别是，中国已将"生态文明"确定为治国理念，决心摒弃唯 GDP 主义的政绩观，转换经济和社会发展方式，走"绿色发展"之路，建设绿水青山、鸟语花香的"美丽中国"。这一切，是在客观分析了中国所面临的严峻的资源环境形势后，在现代化发展模式和发展道路方面作出的明智决策。然而，相对世界上的发达国家，中国的环保"欠账"更多，资源环境形势更加严峻，今后的路也难免更加崎岖，更加漫长，需要我们付出更加持久、更加艰苦的努力！

第十七讲　当代中国哲学理论与实践的互动

在大多数人的心目中，哲学是理性的、灰色的，是一种象牙塔中的抽象劳动。在相当程度上，这是一种误解。当然，这种误解事出有因，主要是由一些"象牙塔"中的哲学工作者造成的。例如，不少"哲学家"故意"装深沉"，"吓唬人"，他们拼命将哲学"学术化""概念化""技术化"，除了少数"同仁"，谁也读不懂，更用不上。

其实，哲学并不一定是灰色的，也并一定非得"技术化"，它具有——或者说，应该具有——鲜明的"实践品格"。哲学发展的动力和源泉是人们的生活实践；哲学存在的目的和价值，也在于应用于人们的生活实践，与生活实践深刻互动，推动社会的发展与人自身的提升。

马克思对哲学的理解就很"现实"。他在发动哲学革命的时候明确指出，以往的哲学家们只是用不同的方式"解释世界"，而真正的问题在于"改变世界"。人们当然需要"解释世界"的哲学，但归根结蒂，理论必须联系实际，"掌握群众"，才能化为物质力量，实现自己的价值，并在实践中得到检验、丰富和发展。

一、"真理标准大讨论"与当代中国的历史性转折

哲学理论与生活实践的互动，在人类历史上有不少成功的范例。这曾为哲学赢得了声誉，赢得了信众。当然，哲学理论与生活实践的互动机制一直没有建立起来，其间的相互影响并没有什么保障，"时灵时不灵"。如果谈到当代中国哲学理论与实践的成功互动，人们首先可能想到的，十之八九会是"实践是检验真理的唯一标准"的大讨论。

"实践是检验真理的唯一标准"，这是哲学，特别是马克思主义哲学中的一个基本命题。马克思在《关于费尔巴哈的提纲》中曾经指出："人的思维是否具有客观的真理性，这不是一个理论的问题，而是一个实践的问题。人应该在实践中证明自己思维的真理性，即自己思维的现实性和力量，自己思维的此岸性。"[①]在各种哲学著作中，在各类哲学教科书中，这几乎是一个常识性的命题，并不高深、难懂。至少，在哲学工作者看来，这并不是一个什么"新命题"。

然而，在国际共运史上，这个并不高深、难懂的命题的真理性，却并不是那么显而易见，并非总是存在"共识"。例如，在中国

---

① 《马克思恩格斯选集》第1卷，人民出版社2012年版，第134页。

认真地搞个人崇拜的"极左"年代，流行的说法是"毛主席的话句句是真理"，"一句顶一万句"；经典作家的语录，领导人的话，不允许任何置疑，更不容许进行反思和批判。实际上，这是让经典作家、领导人的话充当了真理的标准。1976年10月，中国共产党一举粉碎了"四人帮"，结束了延续10年之久的"文化大革命"。从"十年浩劫"中摆脱出来，中国举国欢腾，人民充满期待。但主持中央工作的华国锋仍然坚持"两个凡是"——"凡是毛主席作出的决策，我们都坚决维护；凡是毛主席的指示，我们都始终不渝地遵循"。这导致"文化大革命"时期的"左"倾错误无法纠正，拨乱反正和建设事业徘徊不前。在这样的背景下，"实践是检验真理的唯一标准"这个命题，虽然是简明的"常识"，虽然并不高深难懂，却被从政治上否定了，至少被人为地模糊和淡忘了。

面对"文革"后百业待举的困难情况，究竟中国应该向何处去？中国处在决定前途和命运的历史转折关头。事关重大，人们翘首盼望，议论纷纷。这个时候，早有政治家、哲学家在思考，在行动！1978年5月10日，中共中央党校内部刊物《理论动态》发表了由南京大学哲学系教师胡福明等写作、经胡耀邦审阅定稿的《实践是检验真理的唯一标准》一文。该文指出，检验真理的标准只能是社会实践，理论与实践的统一是马克思主义的一个最基本的原则，任何理论都要不断接受实践的检验等。

1978年5月11日，这篇文章以特约评论员名义在《光明日报》发表。当天，新华社转发。5月12日，《人民日报》和《解放军报》同时转载，全国绝大多数省、自治区、直辖市的报纸也陆续转载。

一石激起千层浪！《实践是检验真理的唯一标准》一经发表，全国立即掀起了一场声势浩大的"真理标准大讨论"。虽然这篇文章的道理并不深奥，却犹如一道思想上的闪电，划破了灰暗、沉闷的夜空。它直接对"两个凡是"提出了挑战，冲垮了"左"倾思想防线。它令人们从狂热的个人崇拜的迷梦中惊醒过来，令整个中国解放思想，实事求是，拨乱反正，走向了改革开放的康庄大道。

在真理标准大讨论过程中，中国人民对于哲学的兴趣、热爱甚至狂热，或者说，哲学对于生活实践的实际影响，在人类历史上恐怕是空前绝后，令人叹为观止的。回顾大讨论时的情形，许多数据、事例可以证明这一点。

在当年的大讨论中，我所供职的中国社会科学院哲学研究所冲在最前列。不少部门、学者热血沸腾，发挥了社会大众不一定知晓的重要作用。在这里，我们不妨试举两例：

其一，《哲学研究》编辑部编辑出版的《哲学研究》杂志，直接引导着这场讨论走向深入。虽然所刊登的文章专业性比较强，不是那么容易看懂，但读者却出人意料的多，多到不可胜数。在今天看来，每期的发行量都是"天量"，高峰时，居然一度达到400万册左右。不用说，其中绝大多数都是并不富裕的各界群众自掏腰包订阅的。

其二，辩证唯物主义研究室主持编写的《实践是检验真理的唯一标准》，先是由当时覆盖城乡、传播力最强的媒体——中央人民广播电台——在全国范围反复广播，听众高达数亿人次。后来，"顺应群众要求"出版的小册子，破天荒地发行了2300万册，报纸转载发行近3000万份！当时，在出版社印刷厂的库房门口，来自五湖四海等候拉书的卡车排成了长龙！

这样"不可思议"的神奇数据，应该说是抽象、冷寂的哲学从未有过的奇迹了！想想当年的盛况，自然可以管窥到哲学的神奇伟力!

　　当然，理论与实践的互动是双向的。在看到哲学深刻影响现实的同时，我们将眼光拉回到学术界，又惊奇地发现了另一个事实：随着真理标准大讨论的深入，以及实践中对于彻底弄清这一问题的要求，极大地促进了实践、主体、真理、价值等问题的研究，推动认识论研究不断走向深入，诱导价值论出现并改变整个哲学理论结构。例如，如果说实践是检验真理的唯一标准，那么：(1) 什么是实践? 实践与认识的区别究竟何在? 实践的主体、客体和中介相互作用的方式和规律是怎么样的? 这导致了对实践的本质、实践与人的本质的关系的探讨; (2) 如何判定实践是否成功? 是否存在判定实践是否成功的标准? 这又引向了实践的结构、特别是实践目的和价值问题的探讨; (3) 实践如何才能达到目的，取得成功? 这要求人们立足马克思提出的"两个尺度"(即客体、对象的尺度，主体、人的尺度)，注重发挥人的主观能动性，既反对宿命论，又反对唯意志论; (4) 什么是真理? 真理与谬误的区分何在? "价值真理"概念是否成立? 真理有一些什么样的类型? (5) 如何理解真理的绝对性和相对性? 是否存在"绝对真理"? 把握真理应该遵循一些什么样的规律? (6) 实践是如何检验真理的? 在某些情况下，如在检验数学和逻辑真理时，逻辑证明是否也可能充当检验标准? 等等。熟悉当代中国哲学发展历程的学者们都知道，通过这些问题的讨论，当代中国哲学，特别是马克思主义哲学，相比真理标准大讨论之前，视野变得更加开阔，问题变得更加丰富，涌现的观点更加多样化，哲学理论得到了全方位的拓展和深化。

二、哲学的进步与中国的发展

古代中国是人类文明的摇篮之一，也是哲学的发源地之一。老庄的道家哲学、孔孟的儒家哲学以及中国化的佛教哲学，是东方智慧的杰出代表，至今仍然启迪着世人。但中国近代以来的命运坎坷，因错过工业革命而落后挨打，几乎被"开除球籍"，哲学思想也因停留在农业时代，鲜见具有时代特征的创新性建树，与世界哲学发展大势渐行渐远。

在拨乱反正、改革开放之后，中国的快速发展举世瞩目，"中国奇迹"令世人惊叹。仔细分析当代中国的发展历程，有心人应该已经发现了这样的印象：它所取得的每一个实质性的、重大的进步，几乎都与中国哲学取得的具体成就息息相关。当代哲学所讨论的一些问题，包括一些新领域的开拓，与中国的发展一直或显或隐地交织在一起。除了上述真理标准大讨论之外，人道主义和异化问题的讨论，实践和主体性问题的讨论，复杂巨系统与系统思维的探索，价值论的兴起和人们对自我价值的追寻，发展理论和现代化模式的求索，应用伦理、政治哲学成为"显学"，文化、文明理念、文明道路的选择……都与中国社会的改革、发展"同呼吸，共命运"。

实际上，哲学是社会变革的先导。咀嚼中国的发展历程，我们会发现，哲学中的许多新观念、新命题、新方法，一直在或隐或显地改变、塑造着中国，改变、塑造着每一位中国人。只不过，大多数人平时没有太在意，有时甚至"视而不见"而已。在这里，我们不妨略举数例，扼要地进行一些分析：

"以人为本"——作为一个基本的哲学命题，"以人为本"与中国思想史上的"贵人"思想一脉相承，又是现代社会人权价值的合理引申。在现代中国，它是"中国人民站起来了""当家作主"的内在要求。但对于"人"自身的关注和讨论，"以人为本"成为治国理念，至少实实在在地改变了政府、官员的思想和行为，改变了普通百姓多舛无助的命运。那种草菅人命、不把人的死伤当回事的政府官员，再也混不下去了，至少，有了被弹劾、丢掉乌纱帽的巨大风险。有人幸灾乐祸地开玩笑说，一个"官不聊生"的时代终于开启了！

"人的价值"——这是"价值"的一种基本形态，也是"人之为人"的一项基本指标。在中国历史上，我们不能说全然不重视人的价值，但平心而论，重视的主要是人的社会价值，即个人对群体和社会的贡献，包括"有用"和牺牲，而个人的利益、需要、权利和自我价值，甚至个人的生命，似乎是微不足道的，从来没有什么"正人君子"敢大胆地说"为己"。改革开放以来，人终于能够作为一个"人""站起来"，自己为自己做主，选择自己的活法，活出自己的个性和精彩，尽可能挖掘自己的潜能，实现自我价值。这种时髦、浩荡的时代潮流，体现了现代社会的宽容与进步。

"系统思维"——它是对西方线性的分析思维的扬弃，也是对中国传统的综合思维的发展。近代以来，西方延续理性主义、逻各斯主义的传统，高举"科学"和"民主"大旗，率先实现了工业化和现代化，令重理性、重逻辑的分析思维风行一时，成为主导性的思维方式。然而，随着全球化、信息化时代的到来，随着工业文明的弊端逐渐显现，那种"头痛医头、脚痛医脚"的思维方式已经不再适用了。面对前所未有的互联互通，面对"信息爆炸"、大数据，面对各种错综复杂、不断变化的"巨系统"，综合性、系统性地思考问题，已成为思考和解决问题、引领发展方向的大势所趋。

"生态文明"——它是超越工业文明的一种全新的文明形态，标志着人类文明发展的转型升级。在工业时代，秉持"人定胜天"的理念，通过科技进步、机械化和"资本的运作"，生产力水平得到了飞跃式发展，物质财富得到前所未有的丰富，但为此付出的代价也异常高昂，资源环境承载力逼近极限，高投入、高消耗、高污染的传统发展方式已经不可持续。常年生活在干旱缺水、垃圾遍地、雾霾笼罩中的国人，对此想必感受深刻。中国必须适应信息化、生态化的时代趋势，以资源环境承载力为基础，通过系统的社会变革，转变经济发展方式，闯出一条人与自然和谐、可持续发展的新型道路。

当然，哲学理念的进步，哲学与生活实践的互动，往往不是直线式的，不是一蹴而就的，而是一个极其复杂、多样化的过程，它往往表现出一个曲折、螺旋式上升的过程。

我们不妨聚焦生态文明建设进行分析。生态文明的探索可以从不同的维度、不同的领域进行。从区域来看，它主要包括了"生态农村"和"生态城市"的建设。我们主要以生态城市的探索为例略作分析。

近些年来，在生态文明和绿色发展理念的引领下，中国大多数城市都在尝试建设生态城市，也取得了一定成就。但根据我们的观察，中国生态城市建设中存在着两个根本性的误区。

一是以"前工业文明的方式"建设生态城市。例如，有些城市为了保护"绿水青山"，干脆放弃工业化，放弃工业化发展的可能性；有些城市将生态城市建设仅仅理解为种树种草，整治河湖水道，建设广场公园，美化自然环境，或者通过大量关闭污染、排放不达标的企业的方式，节能减排，治理环境；有些城市进一步提出，要在城市中拓展森林面积，建设花园城市或田园城市……这些做法针对存在的问题，着力重建人与自然的平衡、协调发展，从这个角度说，自然有其合理性，也有不容低估的意义。但是，这种做法的实质，是按照前工业文明的方式建设生态城市，即恢复农业时代的那种田园牧歌式的文明，那种人与自然之间的高度和谐。从价值维度来说，这种做法可能牺牲经济和社会的发展速度，难以持续地提高人们的生活水平。而从发展的规律性来说，则呈现出一种不可能性：城市聚集着密集的人口，聚集着大量的工商业，承担着与乡村不一样的功能，无论如何"田园化"，都不可能建成所谓的"田园乡村"；而且，被工业化、信息化"重塑"了的市民，虽然向往山清水秀、鸟语花香的田园乡村，但大多不会愿意接受大幅降低生活水平和生活预期的代价。

二是以"工业文明的方式"建设生态城市。例如，有些城市将周边大量的乡村纳入城市规划，城市建设一味"摊大饼"；有些城市成片地推倒基础设施落后、显得"破旧"的古民居，建设"钢筋水泥森林"；有些城市成心消灭"效率低下"的手工业和民间艺术，引入效率较高的机器生产，令民俗特色无影无踪；有些城市觉得治理已经污染了的河流、池塘、滩涂、垃圾堆、化工厂等费时费力，干脆将之填埋了事，在其上覆盖光鲜亮丽的新建筑……当然，相对比较先进的理念和做法也有，如推崇和发展循环经济，节能减排降耗，废物回收利用，提高经济效益……在一定意义上，这一切都是以人们熟悉的工业文明的方式建设生态城市。而仅仅以工业文明的方式建设"更高级"的生态文明，注定了"眼界和能力有限"，注定了不可能完成全新的使命。

至于如何以"后工业的生态文明"的方式建设新型的生态城市，这明显需要全新的哲学理念，是历史与现实中都尚未解决的新课题。生态城市是一种建立在生产力比工业文明更加发达、人们生活水平和幸福指数持续提高基础上的新型城市。应该如何进行建设，目前尚没有"定论"，需要进行开放式的创新性的探索，包括从哲学理念方面取得突破。其中，至少需要处理好如下两个关系。一是生态化与信息化的关系。信息化是浩浩荡荡的时代潮流。信息化重塑了人类的生产方式、生活方式乃至休闲娱乐方式，推动了产业结构的创新调整，同时也带来了许多新的问题、新的挑战，包括信息化过程中造成的新污染，因而需要将社会发展的生态化与信息化结合起来，兴利除弊，良性互动。二是生态化与全球化的关系。生态、环境问题没有国界，生态、环境问题是典型的"全球性问题"。生态城市建设，包括相关问题的解决，需要尽可能形成全球共识，需要不同国家、地区、企业、NGO组织、个人等进行全方位的合作。单打独斗式的环保行为虽然可敬，但作用有如杯水车薪，绝难扭转生态恶化的趋势。

解决生态危机，建设生态城市，需要各尽其心，各显其能，付诸实实在在的行动。近些年来，中国社会科学院社会发展研究中心联合兰州城市学院、华东师范大学，一直在观察世界生态城市的建设经验，跟踪中国生态城市的进展，编纂年度性的《中国生态城市建设发展报告》，并尝试以"杜仲产业综合开发"为抓手，合作开展"生态农村基地"建设，在社会上受到了比较广泛的关注。例如，《中国生态城市建设发展报告》以绿色发展、循环经济、低碳生活、健康宜居为理念，以服务现代化建设、增进人的幸福、实现人的全面发展为宗旨，以更新民众观念、提供决策咨询、指导工程实践、引领绿色发展为己任，努力将生态文明理念全面融入城镇化建设进程中。报告按照"分类评价、分类指导、分类建设、分步实施"的原则，按照环境友好型、资源节约型、循环经济型、景观休闲型、绿色消费型、综合创新型六种类型，对中国生态城市建设状况从整体上按照两个层面进行评价。目前，报告课题组还走出书斋，积极介入部分城市的生态文明建设，努力在实践互动的过程中，摸索生态文明建设的规律，积累生态文明建设的经验，探寻一条具有中国特色的生态城市发展之路。从中，我们也切身体会到了新的哲学理念，方法对于现实生活的价值。

三、当代中国的"顶层设计"与马克思主义哲学中国化新形态的创建

我们正处在一个全新的时代，一个经典作家没有来得及经历，也没有具体讨论过的全球化时代、信息化时代。

在急剧变迁的现时代，世界格局发生了翻天覆地的变化，中国的改革开放进入了"深水区"，进入了"攻坚阶段"。众所周知，在深不可测、充满风险的"深水区"，根本不可能"摸着石头过河"，曾经有效的做法，曾经积累的经验，可能不再那么有效了，有时甚至难以为继。这要求我们志存高远，信念坚定，解放思想，加强高屋建瓴的"顶层设计"，探索具有中国特色的社会主义道路。而这一

切，明显地寄望于思想理论界解放思想，在理论上取得突破，特别是在哲学方面有实质性的创新。于是，探索当代中国的马克思主义哲学——马克思主义哲学中国化新形态，就成了实践的新要求，人们的新期待。

创建马克思主义哲学中国化新形态，首先要求我们准确判断我们所处的时代，尽可能把握"时代精神的精华"。

对于当代中国的马克思主义哲学来说，毋庸置疑，最具意义的正是时代的急剧变迁。信息时代、全球化时代的到来，改变了马克思主义哲学的理论视野，拓展了马克思主义哲学的理论基础，并直接对若干基本理论提出了尖锐的挑战。例如，全球一体化与分工协作，虚拟实践、虚拟交往的出现，改变了社会实践的结构和形式，导致人类的生存和活动方式发生革命性变化，实践与认识、知与行等之间的原则界限已经模糊；信息的重要性凸显，但信息"既不是物质，也不是能量"，当然也难以归入意识范畴，这冲破了物质和意识的截然二分，特别是随着人机互动、人工智能、机器思维等的迅猛发展，哲学的意识观正在悄然发生改变；信息成为最重要的经济和社会资源，传统产业日益信息化，特别是信息产业威风八面，导致了知识经济的快速扩张，传统的资源观、资本观、劳动观、价值观、财富观、权力观等都在发生改变；交通技术和工具的发展，信息的充分流通和共享，经济的全球化，一系列全球性问题，强化了世界的一体化和相互依存性，要求人们立足整体和全局的高度思考和解决问题；等等。这些问题时刻敲打着哲人敏感的神经，呼唤哲人们进行新的思考，给出新的答案。

与时代的变迁相呼应，马克思主义哲学的思想主体、依靠力量也正在发生令人瞩目的变化。一方面，由于苏东剧变，冷战结束，多数社会主义国家已经"改制"，苏联模式的社会主义遭遇了严重挫折，国际共产主义运动步入了相对的低潮期。而被诅咒的资本主义不仅没有"死亡"，而且表现出一定的多样性和活力。主要资本主义国家在一次次经济和社会危机中，偷偷地向马克思、列宁和社会主义中国学习，不断强化国家的宏观调控，不断进行生产关系的调整，不断改革社会保障和福利制度，令本来尖锐的社会矛盾，特别是劳资矛盾有所缓和。在西方社会，雇佣工人身处社会保障和福利制度中，生存、生活状况大大改善，思想状况也发生了引人注目的改变。一些雇佣工人有房有车、衣食无忧，甚至并不认为自己是"无产阶级"，而自认为是"有产阶级"，甚至"中产阶级"，革命动力、革命激情有所减弱，有些人甚至直言，自己活得还不错，不愿意拼着性命参与暴力革命了。在这种全新的情形下，马克思主义哲学需要重新确认自己的思想主体，国际共产主义运动需要重新确认自己的依靠力量。另一方面，中国作为唯一的社会主义大国，以"只有中国才能救社会主义"的历史使命感，高高擎起社会主义的大旗，以改革开放为主旋律，将国际共产主义运动大刀阔斧地推向前进。不过，中国特色社会主义与马克思主义经典作家设想的社会主义，与苏联模式的社会主义，与中国改革开放前的社会主义，都存在明显的不同。中国特色社会主义建设是一项"全新的事业"，改革开放以来，在艰难的摸索中一直充满着创造性，除了渐进式地进行经济、政治、文化体制改革，在坚持主权的前提下不断加大对全世界开放的力度之外，还有许多令人耳目一新的理论和实践成果："社会主义初级阶段""社会主义市场经济""一国两制""以人为本""小康社会""和谐社会""生态文明""中国梦"……"中国模式""北京共识"在世界上渐具示范效应和影响力，以之为基础，马克思主义哲学表现出强大的适应性和生命力。

认真观察现时代的这些重大的、实质性的变化，认真咀嚼生活实践中的新情况、新问题，在一定程度上，我们可以说，马克思、恩格斯、列宁、斯大林、毛泽东等经典作家基本没有具体讨论过，甚至未曾具体想象过。这样的时代局限性是难以避免的，也是完全可以理解的。毕竟，任何思想家都不可能超越他们生活的时代，宣布超历史的永恒的一劳永逸的具体真理。列宁说："我们并不苛求马克思或马克思主义者知道走向社会主义的道路上的一切具体情况。这是痴想。我们只知道这条道路的方向，我们只知道引导走这条道路的是什么样的阶级力量；至于在实践中具体如何走，那只能在千百万人开始行动以后由千百万人的经验来表明。"①毛泽东指出："马克思活着的时候，不能将后来出现的所有的问题都看到，也就不能在那时把所有的这些问题都加以解决。"②邓小平更是直言："马克思去世以后一百多年，究竟发生了什么变化，在变化的条件下，如何认识和发展马克思主义，没有搞清楚。绝不能要求马克思为解决他去世之后上百年、几百年所产生的问题提供现成答案。列宁同样也不能承担为他去世以后五十年、一百年所产生的问题提供现成答案的任务。真正的马克思列宁主义者必须根据现在的情况，认识、继承和发展马克思列宁主义。"③因此，迈入这样一个全新的时代，面对现实中的各种挑战和问题，人们经常会发现，找不到现成的具体的经典理论进行选择和应用。各种国外马克思主义思潮，虽

① 《列宁全集》第32卷，人民出版社1985年版，第111页。
② 《毛泽东文集》第8卷，人民出版社1999年版，第5页。
③ 《邓小平文选》第3卷，人民出版社1993年版，第291页。

然不乏新颖独到之处，对我们也不无启迪，但由于缺乏"中国语境"，无视"中国问题"，与当代中国实践是相互隔膜，甚至不相干的，应用起来如同隔靴搔痒。至于改革开放以来学术界提出的"历史唯物主义""实践唯物主义""实践人本主义""生存哲学""生活哲学""价值哲学""文化哲学"等风格各异的哲学形态，尽管在学术探索方面取得了不少进展，在指导实践方面也小有所成，然而，总体上说，理论上并未成熟，学术界争议不断，特别是，其中任何一种理论都没有真正成为公认的指导中国特色社会主义的哲学基础。因此，马克思主义哲学中国化新形态的创建，依然任重而道远。

生活并不会因为理论的不成熟，甚至缺少理论而停下自己的脚步。睁眼看一看现实，我们能够真切地感受到，中国特色社会主义建设日新月异，每个人的生活实践也日新月异。这既为马克思主义哲学提供了新的实践基础，同时，又不断对理论本身提出急迫的需求。例如，在全球化、信息化浪潮中，中国已经与世界紧密地联系在一起，正在崛起的中国的所思所想、所作所为，与西方资本主义世界反差明显，如何恰当处理中国和世界的关系，提升中国的"软实力"，需要一种新的"世界观"和方法论；在全球气候变暖、生态危机加剧的背景下，中国的资源环境形势更加严峻，如何保护环境、维护生态的脆弱平衡，如何保障经济社会发展所需要的资源能源，促进经济、社会可持续发展，需要开掘新思路、新举措；中国内部的经济体制改革已进入建立健全社会主义市场经济体制阶段，文化体制改革正在深入，但政治体制改革尚待"攻坚"，进入"深水区"的改革事业需要"新思维"；中国的新型工业化尚没有完成，又勇敢地选择了信息化，资源紧缺、环境污染、社会分化、"数字鸿沟"、文化冲突等各种问题纷至沓来，如何抓住机遇，创新性地解决问题，实现跨越式发展？……新型实践的史无前例、空前规模和纷繁复杂，对作为理论基础的马克思主义哲学创新充满期待，期待得到新的哲学观念、哲学理论和哲学思维方式的指导。

在这种形势下，马克思主义哲学中国化新形态的创建，必须既坚持马克思主义哲学的本真精神，又要确立当代中国人民的主体地位，以发展和创新为核心，实现哲学观、哲学理论、哲学方法和哲学思维的全方位突破；同时，还要理论联系实际，实现"实践版本"和"理论版本"的良性互动。值得特别指出的是，创建符合现时代特征和中国具体实际的马克思主义哲学中国化新形态，是为当代中国特色社会主义实践构筑理论基础，是当代中国人以自主创新的态度、走自己的路、开创自己美好生活的事业。这种创建是当代中国人义不容辞的责任和权利，既不能寄托已经辞世的马克思主义经典作家，也不能指望"不在场"的国外马克思主义者，更不可能依傍形形色色的非马克思主义者、反马克思主义者，而只能以当代中国人为主体，以当代中国人的创造性实践为基础，基于自觉的理论使命感、权利感和责任感，在马克思主义哲学的内容和形式上都有所突破、有所创新。

后　记

　　这里呈现给读者诸君的文字，选编的是我自20世纪90年代以来的部分讲演稿。当然，在尽量保持原貌的基础上，围绕时代的发展和本书的主题，进行了适当的增删、修改和完善。

　　20世纪90年代中期以来，我经常"耸人听闻"地挑起一个话题，或者说，试图向听众们"灌输"一个理念，即"时代变了"，"社会变了"！

　　那么，何谓"时代变了"？何谓"社会变了"？

　　时代、社会的变化，实际上可以从不同的视角、依据不同的理论进行刻画。如果我们立足生产力（包括科学技术），从技术社会形态的角度进行刻画，那么，人类社会大致经历了从渔猎社会、农业社会到工业社会，再到"后工业社会"的历史过程。至于"后工业社会"是一个什么社会？现在还存在一定的争议，不过，大多数人愿意称其为"信息社会"。

　　据此，从时代变迁的角度看，我们生活的世界正处于从工业社会向后工业的信息社会过渡这样一个历史阶段。当然，这个判断也会有分歧，像美国20世纪五六十年代就宣布进入了信息社会。然而，从整个世界来看，即便是领跑的发达国家，今天仍然可以说，处在从工业社会向信息社会、从工业时代向信息时代过渡这样一个历史阶段。

中国不幸错过了威力巨大、冲击猛烈的工业革命，在近代弱肉强食的市场竞争中落伍了，以至于长期落后挨打，备受羞辱，以至于今天的情况与世界相比，也明显有些"另类"。首先，中国目前在相当程度上还属于农业社会。为什么这么说呢？这不是说农业在GDP中占有多大的比重，而是农民的队伍实在太壮观了。2015年，中国城镇化率为56.1%，农业人口约占总人口的43.9%。事实上，这里的计算方法过于简单，并不准确，因为大约2亿农民进城之后，仍然是另类的农业户口，并没有享受到城市的各种保障、福利。因此，实际的农业人口超过一半，有人估计甚至高达60%左右。如此看来，中国当然可以算是农业社会。其次，中国的工业化虽然姗姗来迟，但改革开放以来势头迅猛，目前已经是公认的"世界工厂"，中国工业体系和产出在全球举足轻重。当然，中国的目标是"新型工业化"，但无论如何"新型"，"新型工业化"仍然是"工业化"，即中国处在从农业社会向新型工业化过渡的历史阶段。再次，几乎人人都能够感受到，今天的中国信息化浪潮汹涌澎湃，网民人数世界第一，信息产业风生水起，正在快速迈向信息社会。美国声称20世纪五六十年代就已经进入了信息社会，对此我们暂且存疑不论，但可以肯定的是，中国今天的信息化程度肯定比20世纪中后期的美国、欧洲更高。

综上所述，结论令人振奋，也令人拍案称奇：中国目前是农业社会、工业社会、信息社会并存共处的一种社会形态；或者说，处在从农业社会向工业社会、信息社会过渡的一个历史阶段。顺便想强调指出的是，能够生活在这样一个大变革时代，实在是很幸运的。因为这个时代的人们能够同时经历农业社会、工业社会、信息社会三种不同的社会形态。在人类历史上，一个人往往只能生活在一种社会形态之中，即使处在历史转折时期，也只能经历两种不同的社会形态。在有限的人生中，亲历三种不同的技术社会形态，是过去不可想象的事情。一个人的经历往往是他的研究背景、思想基础、理论来源，如果认真体验、观察、消化，就可能变成自己的"思想"。能够享有如此丰富多彩、迥然不同的生活经历，怎能不说我们这一代人幸运之至？！

　　因此，无论是从世界来看，还是从中国来说，当今时代都非同凡响，正在爆发一场"大变革"！即从农业时代向工业时代、信息时代变迁，或者说，从农业社会向工业社会、信息社会过渡。就此而言，我们断言"时代变了""社会变了"，这一判断明显具有合理性，是能够经得住考验的。

　　时代、社会的大变革不是无所谓的，不是可以假装看不见的，特别是对于哲学和哲人们来说。众所周知，哲学是"思想中的时代"，是"时代精神"，甚至是"时代精神的精华"。如果时代、社会发生了实质性的变化，那么，时代精神必然要发生相应的改变。哲人们应该有这样的理论自觉、学术自觉。这种自觉意识警示人们，任何时代、社会都应该努力捕捉自己时代的时代精神，"做历史的促进派"。毕竟，农业社会的理论和方法不可能真正解释、解决工业社会的问题，农业社会和工业社会的理论和方法也不可能真正解释、解决信息社会的问题。这一常识是如此基本，几乎不需要太多的论证。因为时代、社会的变化必然要求我们看问题的背景和视角发生变化，理论和方法发生变化，得出的结论也要放在新的时代背景和社会环境中进行检验和修正。如果死抱着"逝去了的时代"的理论工具不放，那么，根本就不可能理解新的时代，更甭说进行实质性的哲学创新了。因此，随着时代、社会的急剧变迁，哲学必须与时俱进，自觉跟上时代、社会发展的步伐，对时代、社会的发展进行批判性思考，为新时代、新社会的建设贡献智慧，当然，也为时代变迁中惊惶失措、无所适从的人们寻找安身立命之所。

　　这个讲演集呈现给读者诸君的内容，正是我立足不同角度，勉力追赶时代潮流，观察和咀嚼时代问题，所尝试进行的一些粗略、浅薄的哲学思考。由于时代的变化很快，社会变革并没有完成，变革的表现并不充分，因而我自己的经历和体验也难免苍白，加上我们这一代人天生的"学术营养不良"、孤陋寡闻、学力不逮，因而各部分的内容参差不齐，错漏颇多，有些内容确实存在"不到位"或者"过时"之嫌。这样粗糙的讲话稿，至多只能算是与读者诸君对话、供读者诸君批评的"靶子"。而我之所以勇敢地公之于世，除了自己想勉力抓住"时代的尾巴"，促使我的学生们与时俱进；还有敝帚自珍的心理，想必"文字工作者"是懂得的。学海无涯，思想无边，诚愿各位先贤、方家，不吝指正、赐教。

　　既然是讲演集，自然是以自己多年的学习和钻研为基础的，其中难免涉及合作者们的成果，涉及听众们的智慧。在这里，请允许我对我的博士生导师李德顺教授（在哲学价值论方面）、我指导的博士研究生赵宝军（在信息社会的核心价值理念方面）等，表示特别的感谢！同时，对唐凯麟、刘建武、李佑新、江畅、戴茂堂、刘进田、汪信砚、陆杰荣、廖小平、胡泽洪、李建华、吴怀友、王雨辰、林剑、吴向东、陈立新、孙美堂、易小明、尹岩、叶良茂、张军、陈曙光、樊勇、张加才等多年的厚爱和帮助，对李景源、吴元梁、赵剑英、严耕、陈新汉、陈新夏、程广云、李建会、余洋、宁莉娜、罗建文、徐德刚、何小勇、李肖、刘举科、张传开、崔唯航、刘新文、陈德中、胡文臻、周丹、杨洪源等多年来的关心和支持，表示最诚挚的谢意！对倾力扶持拙作整理和出版的广西人民出版社温六零社长、韦鸿学总编辑等先生，对帮助整理过部分讲演稿的李杨、孙研等博士研究生，表示由衷的感谢！

孙伟平

2017年8月于上海大学

图书在版编目（CIP）数据

大变革时代的哲学 / 孙伟平著.—南宁：广西人民出版社，2017.10
（新师说）
ISBN 978-7-219-10356-2

Ⅰ.①大… Ⅱ.①孙… Ⅲ.①哲学–研究–中国 Ⅳ.①B2

中国版本图书馆CIP数据核字（2017）第 214312 号

大变革时代的哲学

孙伟平 / 著

出 版 人　温六零
责任编辑　吴小龙　许晓琰
封面设计　姚明聚（广大迅风艺术）
责任校对　张莉聆　陈　威
印前制作　麦林书装

出版发行　广西人民出版社
社　　址　广西南宁市桂春路 6 号
邮　　编　530028
印　　刷　恒美印务（广州）有限公司
开　　本　880mm×1230mm　1/32
印　　张　12.5
字　　数　290 千字
版　　次　2017 年 10 月　第 1 版
印　　次　2017 年 10 月　第 1 次印刷
书　　号　ISBN 978-7-219-10356-2
定　　价　56.00 元